シリーズ・社会福祉の視座

北川清一／川向雅弘
[監修]

ソーシャルワークへの招待

北川清一／久保美紀
[編著]

SOCIAL WELFARE

ミネルヴァ書房

シリーズの刊行にあたって

　この度，2008年に刊行した「ベーシック社会福祉（全5巻）」の後継書となる「シリーズ・社会福祉の視座（全3巻）」を刊行する運びとなった。前シリーズ名を「ベーシック」としたのは，そこに社会福祉の学びに必要な基礎的能力や「力（コンピテンス）」を育みたいとの願いを込めてのものであった。その改訂版となる新シリーズでは，共有したい「アイデンティティ」を説く意味を込めて各巻書名に「招待」という文言を付した。その意図は以下の通りである。

　前シリーズの刊行以来，社会福祉の大衆化・普遍化が進展し，実際に運用されている制度や政策，支援の取り組みは，もはや特定の人びとを対象に展開されるものではないとする理解が一段と汎化したように思える。しかし，一方で，社会福祉への役割期待は，時の為政者の思惑もあって，市民本位に体系化（＝人間らしい暮らしの実現）されるべきとする「形」から一段と乖離したように思えてならない。私たちが「困ったときに機能しない」「かゆい所に手が届かない」社会福祉の実像が鮮明になり，本来的機能と使命まで見失われつつある事態が顕在していることは気がかりである。

　そこで，新シリーズは，学問としての社会福祉が社会科学の範疇にある限り，「リベラル・アーツ（liberal arts）」の学びを通じて育まれる「考え方」，すなわち「暮らし」の中に側聞する多様な事象を論じる際に共有すべき視座（＝社会福祉のアイデンティティ）とすべきものは何かを問いかけることにした。それは「社会福祉士」等の資格取得養成の求めにないものであり，以下の3点を全巻に共通するコンセプトとした。

　第1に，社会や歴史の現実を見据えて社会福祉のあり様を考えることのできる基礎的な能力や「力（コンピテンス）」を育むこと。

　第2に，今や「地域に軸足を置く社会福祉（支援）」なる考え方がメインストリームになっている状況に鑑み，人と社会の相互接触面の構造を読み解き，そこから浮上する「生きづらさ」への対応は，まず，そのことを実感している

「一人の人に軸足を置く取り組み」が優先されるべきとする視座の重要性を説くこと。

　第3に，社会福祉の立場から生活課題や社会状況（環境）をとらえる（つかむ）視点を獲得できるテキストとして編むこと。すなわち，時代状況がいかに変動しても，社会福祉として揺るぎない／変えてはならない「普遍性」を論じる内容とすること。

　なお，本シリーズを『社会福祉への招待』『ソーシャルワークへの招待』『子ども家庭福祉への招待』の3巻で構成したのは，「縮小化する日本」と表現される今日的状況に鑑み「持続可能な未来社会」のあり方を社会福祉の立場から問いかける「切り口（viewpoint）」を提起することにあった。つまり，私たちの「暮らし」の中に派生する社会福祉が射程に据えるべき生活課題（life tasks）の存在に気づき，その状況の解消に向け，分野を超えて共通する基盤に立ちながらソーシャルワーカーとして主体的に取り組む意義を説くガイドブックになることをめざした。

　したがって，各章を担当するにあたって，いくつかの共通理解にたって執筆にあたった。一つは，関連する制度や法の体系について説明するだけの方法はとらないこと，二つは，図表の使用は必要最低限にとどめること，したがって，三つは，各章で取り上げる「事象」をとらえる「分析視点」「理念的思考（critical thinking）の枠組み」を説くこととした。

　新シリーズにおいても，このような「ねらい」が多くの方々に支持され，各巻が，社会福祉の学びを始める際の水先案内人として活用されることを願っている。今回も前シリーズ同様にミネルヴァ書房編集部の音田潔氏には多大なお力添えをいただいた。なかなか味わい深い語らいを交わしながらの仕事は楽しい監修作業となった。深謝申し上げたい。

2017年1月

監　修　者

まえがき

　社会福祉士をはじめとする国家試験制度が発足して以来，私たちは，人々の暮らしの中に散見する生活課題の解消に向け，社会福祉の立場からの取り組みを社会福祉実践と呼称し，その際に駆使される道具を社会福祉援助技術，さらには，社会福祉における相談援助と説明してきている。しかし，そうした流れには違和感を覚える。

　社会福祉専門職（ソーシャルワーカー≠社会福祉士）の実践は，技術を介在することで自らの業務の独自性なり固有性が醸し出されるのではない，このような視座を本書の共通理解とした。なぜならば，現実に取り組まれているソーシャルワーカーとしての職務遂行過程に散見する課題として，「行為」に関する思考形式の共通性・一貫性を見出せず，専門性をうたえる共通基盤（common ground）との同一化も図りにくいという実態が指摘されているからである。

　誰も疑わないような典型的な「行為」については，「価値」「規範」「責任」「自由」等のような実践的概念も検討すべき適用範囲の課題となる。すると，ソーシャルワークという「行為」の特性を明らかにするには，「技術」から検討するのではなく，支援を必要とする利用者が直面している生活課題のとらえ方について，ソーシャルワーカーらしく考える（think like social worker）ことが可能な思考のスタイルの構築が何よりも必要になる。したがって，本書では，「価値」「規範」「責任」「自由」等からなる「知識」が，人の中にいかに埋め込まれていくのか，そこから「専門職」「らしさ」をいかに身に付けるのか，このような視点に関心を寄せながら問題の設定（setting）を企図した。学びの先には，ソーシャルワークとは何か，その本質から共に考え，ソーシャルワーカー・アイデンティティを共有できる仲間たちがいることを願いたい。

2016年12月

編　者

目　次

シリーズの刊行にあたって
まえがき

第1章　ソーシャルワークとは何か………………………………………1
　　はじめに………………………………………………………………1
　　1　私たちの暮らしと社会福祉………………………………………2
　　2　ソーシャルワークの理念…………………………………………5
　　3　ソーシャルワークにおける自立支援の方法……………………8
　　4　ソーシャルワークの課題…………………………………………11
　　まとめ…………………………………………………………………14

第2章　ソーシャルワークの萌芽…………………………………………17
　　はじめに………………………………………………………………17
　　1　ソーシャルワーク前史──慈善と博愛………………………17
　　　（1）中世ヨーロッパにおけるキリスト教の博愛精神と慈善活動　17
　　　（2）近世ヨーロッパにおけるキリスト教の博愛精神と慈善活動　19
　　2　COSの意義と影響…………………………………………………20
　　　（1）イギリスにおけるソーシャルワークの歴史とCOSの成立　20
　　　（2）アメリカにおけるソーシャルワークの歴史とCOSの成立　21
　　　（3）ソーシャルワークの原型を構築する──リッチモンドの功績①　22
　　　（4）環境を重視した実践を行う──リッチモンドの功績②　23
　　3　セツルメント活動の意義と影響…………………………………25

v

　　　　（1）イギリスにおけるセツルメント活動の歴史と特徴　25
　　　　（2）アメリカにおけるセツルメント活動の歴史と特徴　26
　　4　日本におけるソーシャルワークの萌芽——人物史………………………28
　　　　（1）近代（明治時代〜昭和初期）における日本のソーシャルワークと担い手たち　28
　　　　（2）昭和初期における医療社会事業専門職員と公私の支援者たち　29
　　まとめ……………………………………………………………………………31

第3章　ソーシャルワークの目的と価値………………………………………33
　　はじめに…………………………………………………………………………33
　　1　ソーシャルワークの目的と実際的目標……………………………………33
　　　　（1）ソーシャルワークの目的　33
　　　　（2）ソーシャルワークの実際的目標　38
　　2　ソーシャルワークの価値……………………………………………………40
　　　　（1）ソーシャルワークにおける価値の位置づけ　40
　　　　（2）ソーシャルワークの価値システム　41
　　3　ソーシャルワークを導く価値基盤…………………………………………42
　　　　（1）人間の尊厳　42
　　　　（2）人権尊重　44
　　　　（3）社会正義　45
　　4　価値の具現化における諸課題………………………………………………46
　　　　（1）諸価値間の葛藤　46
　　　　（2）より良き支援を展開するために　48
　　まとめ……………………………………………………………………………49

第4章　ソーシャルワークと倫理綱領…………………………………………51
　　はじめに…………………………………………………………………………51
　　1　専門職と倫理綱領……………………………………………………………52

2　ソーシャルワークにおけるシステムエラーとヒューマンエラー……54
　　3　ソーシャルワーカーの倫理綱領……………………………………57
　　　　（1）ソーシャルワークの定義　57
　　　　（2）日本ソーシャルワーカー協会の倫理綱領　59
　　4　専門職実践の質的向上をめざして…………………………………62
　　　　（1）倫理的ジレンマの課題　62
　　　　（2）倫理の実践言語化の課題——介護保険制度と「自己決定」　63
　ま と め……………………………………………………………………64

第5章　ソーシャルワークの基本原則…………………………………67
　はじめに……………………………………………………………………67
　　1　バイステックのケースワークの原則………………………………68
　　　　（1）「利用者として」ではなく「人として」のニーズから導き出された
　　　　　　7原則　68
　　　　（2）7原則の構造・原則に示されている「支援者としてのあり方」　70
　　2　利用者の自己決定……………………………………………………71
　　　　（1）自己決定とは　71
　　　　（2）日常生活における課題　72
　　　　（3）対人支援場面における課題　73
　　　　（4）利用者の自己決定を支える支援とは　75
　　3　利用者主体の支援と利用者の参加…………………………………76
　　　　（1）利用者主体の支援を前提とした七つのチェックリスト　76
　　　　（2）チェックリストに通底する社会福祉の価値　78
　　　　（3）利用者の参加　79
　　4　ソーシャルワーカーの自己活用……………………………………80
　　　　（1）「Life」を包括的に支援するソーシャルワーカー　80
　　　　（2）支援の「道具」としての自己活用　81
　　　　（3）自己活用の方法　83
　ま と め……………………………………………………………………85

第6章 ソーシャルワーカーの社会的使命と課題 …………87
はじめに …………87
1 ソーシャルワーカーの社会的使命 …………88
——ソーシャルワーカー機能としてのアドボカシー
（1）わが国における「アドボカシー」の理解　88
（2）システムとしての「権利擁護」への疑問　89
（3）アドボカシーを具現化するソーシャルアクション　90
2 ソーシャルワーカー支援の必要性と課題 …………92
（1）ソーシャルワーカーのジレンマ　92
（2）ソーシャルワーカーと組織　93
（3）ソーシャルワーカーが自らの実践環境を整える　93
3 専門職連携の意義と課題 …………97
（1）連携が困難な実践現場の状況　97
（2）「連携」を超えた「協働」——それぞれが「一歩踏み出す」こと　98
（3）専門職連携の前提となる「仕組み」　99
——コミュニティソーシャルワークの展開例から
4 ソーシャルワーカー養成と国家試験制度 …………101
（1）養成カリキュラムの問題　101
（2）学びの場としての実践現場の問題　102
（3）アイデンティティ構築への共通理解　103
まとめ …………103

第7章 ソーシャルワークの対象と構成要素 …………107
はじめに …………107
1 ソーシャルワークの射程 …………108
（1）現代社会の諸問題と「生きづらさの構造」　108
（2）「生きづらさの構造」から生ずる苦しみ　110
（3）レジリエンス——「生きづらさの構造」に対処する力　112
（4）レジリエンスを促進する支援としてのソーシャルワーク　112

2　ソーシャルワークの構造……………………………………………………113
　　　　（1）「生きづらさの構造」による苦しみからの脱出に向けたソーシャルワークの一事例　114
　　　　（2）ソーシャルワーク実践の仕組みと構造（構成要素）　115
　　3　社会資源………………………………………………………………………121
　　　　（1）ニーズを充足する社会資源の種類　122
　　　　（2）社会資源とソーシャルワーク　123
　　4　スーパービジョン……………………………………………………………124
　　　　（1）スーパービジョンを構成する要素　125
　　　　（2）スーパービジョンの内容　125
　　　　（3）スーパービジョンの形態　126
　　　　（4）スーパービジョンの機能　126
　　まとめ………………………………………………………………………………127

第8章　ソーシャルワークの展開過程……………………………………131

　　はじめに……………………………………………………………………………131
　　1　開始・インテーク……………………………………………………………131
　　　　（1）支援が始まる経路　131
　　　　（2）インテーク　133
　　2　アセスメント…………………………………………………………………135
　　　　（1）アセスメントとは　135
　　　　（2）アセスメントをする上で重要となる視座　136
　　　　（3）アセスメントのポイント　137
　　　　（4）分析と統合――アセスメントツール　140
　　3　計画・介入・モニタリング…………………………………………………142
　　　　（1）計画の策定　142
　　　　（2）介　入　143
　　　　（3）モニタリング　144
　　4　評価・終結……………………………………………………………………145

（1）評　　価　145
                （2）終　　結　146
        まとめ………………………………………………………………147

第9章　ソーシャルワークの基本技法……………………………149
        はじめに……………………………………………………………149
        1　面接技法………………………………………………………150
                （1）ソーシャルワークにおける面接の特性　150
                （2）面接の成立条件　151
                （3）面接の型——場・時間・期間・費用　153
        2　記　録　法……………………………………………………154
                （1）なぜ記録が必要か——記録の意義・目的・活用　154
                （2）どのように記録するか——記録の様式　155
                （3）記録に関する注意　157
        3　事例研究法……………………………………………………158
                （1）事例研究法の目的と活用の実際　158
                （2）事例研究の方法　159
        4　評価の方法……………………………………………………161
                （1）「生きづらさの構造」の評価　161
                （2）支援の評価　161
        まとめ………………………………………………………………162

第10章　ソーシャルワークの理論モデル…………………………165
        はじめに……………………………………………………………165
        1　ソーシャルワークにおける理論構築………………………166
        2　理論モデルの史的展開………………………………………168
                （1）ソーシャルワークのモデル形成　168
                        ——ソーシャル・ケースワークの理論化

（2）理論モデルの多様化　169
　　　（3）システム思考による二元論の克服　170
　　　（4）システム思考の限界から新潮流へ　170
　3　伝統的な理論モデル……………………………………………………172
　　　（1）心理社会的アプローチ　172
　　　（2）行動主義アプローチ　173
　　　（3）危機介入アプローチ　174
　　　（4）課題中心アプローチ　175
　4　新しい理論モデル………………………………………………………176
　　　（1）エコロジカルモデル——人と環境の統合　176
　　　（2）ストレングスモデル　178
　　　（3）ナラティブモデル　180
　ま と め……………………………………………………………………181

第11章　ソーシャルワークの新たな展開①——エンパワメント……185

　はじめに……………………………………………………………………185
　1　エンパワメントとは何か………………………………………………185
　　　（1）エンパワメントの意義　185
　　　（2）エンパワメントの多元性　187
　2　ソーシャルワークにエンパワメントを導入する意義………………189
　　　（1）支援対象者の周辺化　189
　　　（2）パワーの理解　191
　3　利用者のエンパワメントを支援する活動の枠組み…………………192
　　　（1）利用者‐ソーシャルワーカーとの協働作業　192
　　　（2）ストレングス視点　194
　4　利用者のエンパワメント支援をめぐる課題…………………………196
　　　（1）利用者が主体になるということ　196
　　　（2）エンパワメントのパラドックス　198
　　　（3）エンパワメントが支援理論となるために　200

まとめ………………………………………………………………………201

第12章　ソーシャルワークの新たな展開②——社会福祉と調査……203

はじめに………………………………………………………………………203

1　社会福祉リサーチとは………………………………………………203
　（1）社会福祉リサーチの構造と定義・意義・特徴　203
　（2）社会福祉リサーチの目的　205
　（3）社会福祉リサーチの種類　207

2　社会福祉における量的リサーチ……………………………………209
　（1）量的リサーチの目的・アプローチ・対象　209
　（2）量的リサーチの研究・分析方法・データ収集・結果　210
　（3）調査者（研究者）との関係性　210
　（4）研究の評価の厳密性　210

3　社会福祉における質的リサーチ……………………………………211
　（1）質的リサーチの目的・アプローチ・対象　211
　（2）質的リサーチの研究・分析方法・データ収集・結果　211
　（3）調査者（研究者）との関係性　212
　（4）研究の評価の厳密性　212

4　ソーシャルワークの専門性と評価…………………………………212
　　——ソーシャルワーク・リサーチと倫理的配慮
　（1）専門職としての責任を担保するソーシャルワーク・リサーチ　212
　（2）ソーシャルワーク・リサーチの方法と種類　213
　（3）ソーシャルワーク・リサーチの方法①——量的リサーチ　213
　（4）ソーシャルワーク・リサーチの方法②——質的リサーチ　214
　（5）社会福祉リサーチにおける倫理的配慮　215

まとめ………………………………………………………………………216

第13章　ソーシャルワークの新たな展開③……………………219
──クリティカル理論

はじめに……………………………………………………………219

1　ソーシャルワーカーのアイデンティティの喪失と混迷……220

2　内省的思考と自己理解…………………………………………223

3　暮らしにおける関係性の構造特徴をつかむ…………………225
　　──ソーシャルワークとクリティカル理論①
　　（1）社会構造と制度　226
　　（2）価　　値　227
　　（3）力関係・権力　227
　　（4）抑　　圧　229

4　利用者に寄りそう方法をつかむ………………………………230
　　──ソーシャルワークとクリティカル理論②
　　（1）協 働 性　230
　　（2）言葉・語り　231
　　（3）希望・可能性　232
　　（4）ストレングス　233
　　（5）社会資源──利用者（個人）の資源と社会の資源　234

　ま と め………………………………………………………………235

あとがき

索　　引

第1章 ソーシャルワークとは何か

はじめに

　社会福祉の立場から取り組む支援活動（ソーシャルワーク）の特徴は，働きかける側と働きかけを受け止める側の相互的な関係を通じて成り立つ点にある。しかし，その取り組みのあり様は，いつの時代にあっても，働きかける側，すなわち，何らかの形で対策を講じる側の意図や立場を重視する傾向の中で論じられてきたことは否めない。

　ソーシャルワークは，とりわけソーシャルワーカーとして参与する支援は，人の苦しみや悲しみに直接触れる側面を持つ。そのため，自分とは異なる人の痛みを感じとり，自分とは異なる人の不幸と誠実に対峙する関係が求められる。その過程で，人の思いを感じとる側，人にかかわる側が傲慢であったり，不遜であったり，差別的であったり，鈍感であったりするならば，それは，相手の苦しみや悲しみを軽減するというよりも，かえって増幅することになりかねない。その意味で，ソーシャルワークも，他の領域からの取り組みと同様に，支援を必要とする人びとが暮らしの中で実感する「福祉や安寧（well-being）」の確保にいかに貢献できるかがつねに意識化されていなければならない。

　したがって，その要請に応えるための取り組みは，人間の行為であることを自覚しつつ社会的な意義を踏まえて展開されなければならないし，そのような行為が蓄積されて体系化されたものでなければならない。また，その結果として体系化されたソーシャルワーカーによる実践は，ある一定の法則や理論に依拠した現状認識に基づいて遂行される点に特徴を求めることができる。具体的にいえば，人間そのものについて，社会の構造について，人間の情動と行動に

ついての理解とそれに関連する知識や技能（skill）が，そこに介在することになるからである。以下では，このような考え方の基盤となる「思考の枠組み（frame of perspective）」を整理してみたい。

1　私たちの暮らしと社会福祉

　私たち人間は，自分の「いのち」のある限り，自分自身を維持し，自分を自由に表現し，自分の特異性を持ち続けながら暮らしていきたいと望んでいる。また，いつ頃からいわれ出したのであろうか，私たちは，人間としての「いのち」の尊さを「地球より重たい私たちの〈いのち〉」と表現するようにもなった。

　　「家の窓を開けると，人の声がする。赤ちゃんの泣き声も聞こえる。大きな木に風があたり，さやさやと葉の擦れる音が耳に届く。鳥のさえずりも聞こえてきた。窓からこぼれる日差しが暖かい。何とものどかである。平和である。」

　このような穏やかさは，私たちに対して，自らの周囲に人間だけでない，さまざまないのちが交錯する地域社会が，環境が，自然が，相互に依存し合いながら息づいていることを気づかせることになる。ところが，目を転じると，同じ地域社会，環境，自然でありながら，まったく異なる状況の存在を知ることになる。それは，豊かさと引き替えに大切なものを失った文明の錯誤によって生じた現象なのであろうか。

　　「事件の背景について語り出すと記憶がない／分からないと表現されがちな身近な暮らしの場に蔓延する殺人事件。家庭内でおきる親殺し，子殺し。蔓延するセクハラ，いじめ，暴力，無視。人の痛みや苦しみに目もくれない拝金主義の台頭。生活に困窮し餓死した方が残した遺書に綴られた

悲しみ…。」

　なぜ，私たちは，他の人びとにはない自分らしさを喪失したくないとする願いを込めながら，その特異性を維持するための生き方を希求するのであろうか。なぜ，人間らしく生きることの意味を問い返しているような「地球より重たい私たちの〈いのち〉」なるスローガンを掲げることが必要とされるのであろうか。のどかさや平和を乱す何かが，私たちの生活の背後に迫りつつあるのだろうか。

　21世紀に生きる私たちの生活は，目まぐるしく変化する社会状況と相俟って混迷の度合いを深め，激しく揺り動かされている。私たちの生活に深刻かつ多大な影響を及ぼした第二次世界大戦が終了してすでに70年以上が過ぎた。この間に見られた，わが国の政治や経済に関する政策遂行の基調は，一貫して経済成長を促進するための産業振興を最優先するものであった。その結果，私たちの生活は，きわめて近代化され都市的なセンスに満ちあふれたものに変貌を遂げた。しかし，その取り組みの推進方法とそれによってもたらされた変化が，無計画かつ急激であったため，現実の生活は随所に多様な「歪み」を醸し出すことになった。

　私たちは，誰しもが時間の経過とともに多様な変化を遂げることになる。その過程で，私たちは，自分自身が打ち立てた生活の目標を達成しようとしてたえず努力を続けることになる。さらに，自分と環境・社会・自然との相互作用を通じて，つねに，自分らしく生きるために打ち立てた目標や，それを達成するための努力の仕方に自己修正を加え，暮らしの中で実感する「安寧（well-being）」の確保に努める。ところが，前述した状況は，私たちがそのような生活を円滑に営むことを難しくする阻害要因として大きく立ちはだかることになる。言い換えれば，のどかで平和な生活が破壊されたり，あるいは，そのような生活そのものがもはや手に届かない彼方に追いやられてしまったような実態を垣間見ることになる。

　多くの動物が本能のままに生きる姿を，私たちは「弱肉強食」とか「適者生

存」と表現したりする。人間社会も同様であるとすると，現代社会に生きる人間も，理性よりも本能のままに，自分本位な考え方に立ち，誰かを，あるいは何かを犠牲にすることなしに生きる手立てを得ることは，もはやできるはずもないのか。確かに，誰かが誰かの「いのち」をつねに脅かさずにおかない関係や状況が，私たちの社会に存在することを積極的に否定できる材料は余りにも少ない。国際連合が，国際婦人年（1975年），国際児童年（1979年），国際障害者年（1981年），国際平和年（1986年），国際家族年（1994年），貧困根絶のための国際年（1996年），国際高齢者年（1999年），人種主義，人種差別，排外主義，不寛容に反対する動員の国際年（2001年），国際和解年（2009年），文化の和解のための国際年（2010年），パレスチナ人民連帯の国際年（2014年）等々を次々に制定し，国際社会に潜む多様な問題の解決に努めてきたが，このような事実は，つねに脅かされる立場に置かれてきた人びとへの理解と擁護の必要性を国際的な視野に立って喚起しなければならない状況が，時代や民族，国家の違いを超えて広汎に存在していることを意味していたことになろう。

　私たちは，やはり，他の人たちの犠牲の上に自分ののどかで平和な生活が成り立っている事実を，少なからず認めざるを得ないのではないか。しかし，私たち人間は，その事実を何のためらいもなく正当化できる視座を見出せるはずがない。こうして，私たちは，他者との関係の中で生きる人間としての生活の特質を認識するに至った。そこには，いかなる危機的状況に遭遇してもお互いに「助け合う」「支え合う」イメージ，あるいは命をつなぎとめていくイメージに近いものがあり，対立や争いに染められた交互作用が作り出すイメージとはまったく異質なものが含意されている。

　わが国の場合，人口の高齢化が，他国に例を見ないスピードで進行している。だからこそ，高齢者の豊かな生活を保障できる政策を立案し，制度の整備に努め，高齢者の「いのち」と生活を十全に支援するため多くの努力を払っている。その高齢者と表裏の関係にある子どもたちへの支援は，どのような視点に立って組織化されているだろうか。子どもたちの健やかな成長と発達を促す取り組みが，高齢者の生活を支援することをねらいとした健全な労力や財源の一つと

してとらえる文脈の中で推進されているとするならば，それは，超高齢社会を生き抜くために子どもたちを手段化する発想でしかない。高齢者の生活を支援するための手段として子どもたちへの取り組みがあるとするならば，それは，子どもたちの「いのち」に対する畏敬の念や人権の擁護の視点を欠いた多くの大人のエゴイズムにほかならない。最も弱い立場に置かれている人びとのうち，時として，ややもすればその存在すら見逃されがちな，最後方にたたずんでいるその人の生活についても十分な配慮のもとで生活を営むことができる支援体制が整備されない限り，社会全体がのどかで平和な生活を享受できる時代の到来はあり得ない。

2　ソーシャルワークの理念

　人間社会において，人類の発生とともにあった最も古くかつ支配的な救済の類型は「自助（self-help）」と呼ばれるものであった。それは，自分でできることは自分で行うことを原則とするものであり，久しく，人間社会における社会行動の基本として語られてきた。その後，「自助」で対応できない状況が生じた場合には，「互助」の原則に基づくかかわりが「自助」を補充する考え方として浮上してくる。

　このような経緯を経て，ソーシャルワークは，そもそも，何か救済を必要とする状況に置かれている人に対して，例えば，神の下で平等に作られた同胞としてお互いに手をさしのべ合うことを動機に始まった側面もうかがえる。そして，そのような活動の成果が次第に蓄積され，時間が経過する過程で，やがて，その行為は明確な思想の具体的表現として取り組まれることになった。すなわち，「持てる者」が「持てない者」に対して行う「施与」であり，その行為を何時／どのように行うかは「持てる者」の自由裁量として決められるものであった。

　このような「持てる者」が「助け」，「持てない者」が「助けられる」という関係と行為は，今日に至っても，人びとの生活意識の中に間違いなく残存して

いる。しかし，ここで留意すべきは，このような行為や活動の背後に，「主」と「従」の関係が厳然として存在すること，すなわち，人間関係において「上下」の関係，「優劣」の関係が存在する現実についてである。このような関係と行為が生活関係の中に次第に定着する一方で，このような発想とは全く異質な視点に立って，人に手をさしのべる「仕方」とそのような行為を生み出す根源的「思想」を体系化する動きも生じてきた。

　いずれにしても，制度としての社会福祉は，これを利用する者の立場からすると，日常的な生活の営みの中で現実的な意味をもって機能することが必要となる。具体的には，社会福祉という制度や政策として整備された諸サービスと，これを何らかの理由により活用することを迫られている人びとの生活実態をいかに有機的に取り結ぶかが問われることになる。このような社会福祉のサービスと人びととの間を「橋渡し」する作業を社会福祉専門職による実践について，これをソーシャルワークと呼び，その担い手として中核的な立場に位置する専門職をソーシャルワーカーとして位置づけてきた。すると，ソーシャルワーカーに求められる条件として，人びとの生活の中で人間らしく生きる上で保証されるべき基本的な人権や権利が侵されていたり，いわれのない不平等や不公平な状態に置かれている状況を十分に認識できる感性や感覚を，そして，問題の所在を訴えることのできるような行動力をいかに涵養するかを挙げることができる。

　このように整理することで，制度としての社会福祉について，その特徴や機能の仕方等を考えるための素材は，私たちが日々営む生活そのものの中にあることが明らかになる。ところで，この営みは，現在，一層近代化・都市化する傾向にあるといわれているが，一方で，「豊かさ」を実感できる今この瞬間の生活を維持するため，いたるところで競争原理が強く打ち出されており，そのために生じる弊害や対立は，調和・調整することがきわめて難しい状況にあるようにうかがえる。

　確かに，現代社会において，私たちは，誰もがその生活の中で否応なしに遭遇せざるを得ない「さまざまな問題」を抱え込んでいる。その対応の一つとし

て，個人の生活レベルにおける「やりくり」に任せる方法があり，一人ひとりの生活の自立と主体性を維持・尊重する立場からすると，これを重視すべきという考え方が浮上してくる。しかし，現代社会の発展過程で徐々に明らかになってきた多様な形態からなる生活上の不安は，多くの人びとが自らの責任として対応を図ってきた「やりくり」に代表される「自助」の範囲だけでは克服するに困難なケースばかりといわなければならない。したがって，一方で「やりくり」による対応を図りながら，「均しく自由に」かつ「健康で文化的な」生活が，人びとの現実の生活の中で，いかなる条件を整えることで実現可能になるのか，人びとの生活や社会の変動を視野に入れつつ明らかにすることが必要になる。

　これまで，人間社会は，その構成員の階級や階層を多様に分化させつつ発展してきた。そして，その発展過程で生起した富や便益は，一部の者に偏る形で活用されがちであったため，いつの時代においても，また，どこの国においても，人びとの生活は，何らかの不平等や不均衡に翻弄され，解決するに余りある多くの困難な事態に直面してきた。そのため，現代社会では，生活上の不平等のみならず，富や所得の不均衡を是正する仕組みと併せて，人びとの日常生活を通じて生起する何らかの不安や不幸にも対処できる方法の確立が模索されることになった。社会福祉の諸サービスは，その状況に対応するため，制度化され機能する社会制度の一つとして期待されることになる。

　わが国における社会福祉の制度改革は，社会福祉にとって伝統的な課題ともいえる「貧困」への対応の制度化に努めることから始まった。それは，やがて，社会福祉の量的拡大を推進することと相俟って，広く国民一般を対象とする規模の社会制度になるよう努める時代へと移行することになる。さらに，現在では，ややもするとその取り組みの不十分さについての認識を欠いたまま，社会福祉サービスの「質」の拡充に努める段階にさしかかっているといえよう。「政府に過度に依存することなく国民の自立・自助を基本とする」意識の変革があったとして，そのような認識を前提とする制度改革のねらいと，そのサービスを享受する利用者の生活実感の間にある乖離は一体何を意味するのか。

社会福祉の制度は，時代とともに変わることを特徴とする。この間，確かに，社会福祉の政策主体（為政者）は，関連する法制度の整備に努めることによって，提供できるサービスの「普遍性」を達成したかのような状況を生み出した。しかし，その一方で，制度的欠陥が露呈したり，生活者の願いや意識と必ずしも十分に向き合えない政策主体の姿勢は変わることなく，むしろ一層鮮明になりつつある。すなわち，ここに醸し出された「普遍性」とは，誰もが，いつでも，どこでも，気軽に利用できるという本来の意味とは異なり，このサービスを真に必要とする人間と問題の存在に関する解釈とはまったく別の，制度やサービスを策定する政策主体の利害やねらい・判断等が大きく介在している側面があることを見逃してはならない。

　しかし，社会福祉の大衆化・普遍化の進展は，ソーシャルワークにおける主体のとらえ方に新たな視点を付加することになった。

　すなわち，特定の人びとのみを対象にしたウェルフェア・サービスから，すべての人びとを対象にしたサービスメニューの普遍性を強調するウェルビーイング・サービスへと大きく転換することになった点である。その結果，例えば，大衆化や普遍化によって創出された社会福祉の拡大は，社会福祉に関する政策の計画・立案にあたって，多くの人びとの従来までの生活や意識の中にあった依存や哀願に代わり，自らの意志を明確に反映させる「参加」の役割を自覚させるに至った。ここにいう「参加」の概念には，誰しもが自らの意志で行動し，生きる権利を有するとした人格に対する畏敬と，本質的に対等・平等である人間同士の関係の中でソーシャルワークが展開されるべきという考え方が包含されている。そして，このようなソーシャルワークに関する考え方の広がりは，人びとを社会福祉制度の客体としてだけではなく，新しい社会福祉の制度を創出する主体としての位置に転換させる契機となった。

3　ソーシャルワークにおける自立支援の方法

　人間としての生活は，それが実際にどのような場で営まれようとも，生命や

生存にかかわる部分と，人格や精神生活にかかわる部分とによって成り立っており，この両者を統合する形で展開されている。そのため，このような営みを日常的に発生する多種多様な危難や危機（例えば，一過性の問題や非日常的で偶発的な問題等）の処理過程としてとらえ直すこともできる。すると，人間の生活とは，これらの危難や危機を混乱することなく安定して，かつ迅速に解決・処理する体験が集積される場と言い換えることもできよう。

ところで，人間社会が成立して以来，いかなる時代であっても，他者からの保護や支援を必要とする人間が存在する一方で，彼らを保護・支援するために手をさしのべようとする行為が必ず見られた。ソーシャルワークも，間違いなく，このような行為の中から生まれてきたのである。すなわち，何か救済を必要とする状況にある人に対して，例えば，神の下で平等に作られた同胞としてお互いに手をさしのべ合うことを動機に始まった側面があったといえよう。そして，時間の経過とともにこのような活動の成果が次第に蓄積され，やがて，この手をさしのべる行為は明確な「思想」の具体的な表現として機能することになった。その「思想」を形作るコンセプトの一つに「自立」があった。さらに「自己決定」もコンセプトの一つに挙げることができる。

なお，社会福祉領域で論じる「自立」とは，単なる「経済的自立」「独立自活」を意味するものでない。そこには，かつて社会福祉制度への社会的要請でもあった「惰民の保護」なる発想を排除しつつ「多様性」に着目して説明しようとする特徴がある。ここでいう「多様性」とは，物の見方や考え方，価値観等の相違だけを指すことをしない。生活の仕方，嗜好，容姿（風貌）までも含め，そこに差別化できる明確な「違い」が存在し，その事実を相互に認め合うことを含意している。したがって，人間とは，このような多くの「違い」が集合することで形成される環境（時間，空間，関係）との交互作用（transaction）を通して安寧を維持し，発達する存在であり，多様なタイプの人や物が存在することは自分らしさを獲得する上で重要な要素になると説明できよう。換言すると，それぞれが自らの独自性（個性）を発揮し共生することによって，環境としてのバランスが成り立っていること，そしてそれは，一人ひとりが「束

の如き扱いを受けない社会・組織・集団が形成されていることを意味する。このような関係の中で初めて「生活要求の充足を通じて果たされる人間たるにふさわしい全面発達と自己実現」が促進されることになる。

　ここで，あらためて社会福祉制度の理念や目的をできるだけ簡潔に表現すると次のようになる。すなわち，誰しもが人間として平等に権利と義務を担いながら生きることを意味する「対等の生活原理」に則った「自立」の保障である。

　したがって，「自立」とは，本人の努力を基本に，持てる力や地域にある多様な物的・人的な（社会）資源や制度・情報等を活用し，自らの選択を前提とした，その意味で「リスクを負う権利」の行使ともいわれる自己決定の下に，生き甲斐に満ちた生活を過ごせるようになることをいう。また，「自立」によって引き出される「自律」した生活とは，経済的安定だけでなく健康，教育，家庭，仕事，社会参加等，生活の各部面にわたる多様な内容を含み込むことになる。すると，社会福祉における「自立」の支援とは，「自立」あるいは「自律」に向けて本人が努力した時，いかなる結果であっても他者に責任を転嫁することなく自身が引き受けることを了承した上で，その努力が実るための条件や環境の整備に努めることと説明できよう。

　このように社会福祉がとらえる「自立」の意義は，次のようにも説明できる。

　人間は，多様な環境の中で，その環境との相互作用を通じて生活を営むことになる。したがって，単に生命維持が継続している「生存」しているだけの状態を指して「生活」と呼ぶことをしない。その人独特の身体構造や習慣・習性に基づく「活動」あるいは意識的な「行為」を含む「行動」が伴う全体を指して「生活」と表現すべきであろう。さらに「生活」は，日々変化する特徴を持ち，この変化の過程を通じて人間として成長・発達が促進されることになる。そのため，人間は，まったく無能力な状態で誕生することになるが，この過程で社会規範や生活様式，生活行動のパターン等を次第に身に付けることが可能になる。さらに，人間として生きていくには，自分が所属する社会の文化や慣習等を身に付けることも求められる。すると，ソーシャルワークとは，まず，自分の置かれている状況を知覚し，自分の行動を促す動機や目標と照合しなが

ら行動計画を立て，それに基づき実際に行動することを試みる過程を目的意識的に脚色すること，すなわち，支援を企図することにより，その人たるにふさわしい生活を醸し出す行動へと転化できるよう促す働きかけとの説明が可能になる。

4 ソーシャルワークの課題

2000年にあった社会福祉の「基礎構造改革」や「2005年改革」をはじめとする社会福祉に関する制度改革は，ソーシャルワークの拡大をもたらした。この取り組みは，もはやソーシャルワーカーによってのみ担われるものではなく，当事者組織，市民参加型の非営利組織等，利用者やその家族員らとともに，それらの関係する組織や人びととソーシャルワーカーが双方向の関係を構築しながら推進するように要請されている。そのことは，一方で，支援活動の中にソーシャルワーカーが存在する意味，あるいは，社会福祉専門職としての貢献の仕方等が明確に説明でき，それが利用者の承認を得られるものか否かが問われる状況を生み出すこととなった。社会福祉の専門職と非専門職とのボーダレス化によってもたらされた新たな事態といえよう。

ソーシャルワーカーとして手を差しのべる人びとの全面発達や生存権を保障し，生活構造の整備や「社会的に機能する能力（social functioning）」の向上に貢献できるようになるには，個人的能力や裁量によって左右されない（＝提供するサービスの質や量に差があってはならないという意味）職務遂行が可能になる次のような資質の涵養を図ることが必要といえよう。

① 誤りのない実践を導くために，人間と社会に関する正確な理論と知識の習得に努めること。
② ソーシャルワークを的確に展開できる技能が内包する中立性は，支援を必要とする人が誰であろうと，民主的かつ公平なサービスの提供を可能にし，制度・政策の変革を可能にする礎となるものであり，このよう

な性質に留意しながら専門的な技能（skill）の習得に努めること。
③　弱い立場に置かれている人びとに集中的に覆いかぶさることの多い社会的な不正義や不平等を敏感に感じ取ることが可能な感受性を育むこと。とりわけ，人間の尊厳とは何かを問いながら，ソーシャルワーカーとなる者自らが人間を選別したり切り捨てることのないよう社会福祉的な人間観・価値観の習得に努めること。
④　社会的な問題の原因を見抜くことのできるクリティカルな思考，すなわち，内省的思考を可能にする能力を習得できるよう努めること[1]。

　そのため，ここでは，自分の考え方や「こだわり」の違いを越えて，一人の人間（市民）として，「社会福祉と暮らし」の関係を，「既存」の「枠組み」や「システム」にとらわれることなく，「普通」の感覚で「多様な」角度から重層的な構造からなる「事実」や「事象」「語り」の「現実」について「観る」「聴く」「考える」方法の探求が求められる。これまでの取り組みの特徴は，経験的な現実に依拠しながら，生活改善あるいは問題解決に役立ったと認識できた方略（strategy）に検討を加える方法を採用してきた点にあった。その点で，安直な経験至上主義と結びつかないためには，何よりも，自分の意見（信念・信条）や所感（持論：practice theory-in-use）を絶対視することなく，他のとらえ方と相対化する中で，たえず内省的に自己の知見を点検する意識的作業（自己認識）と併せて，当事者が直面している「現実」への分析・理解を欠落させない視点に立つ意義（他者理解：それは「現実」を客観的に見る，あるいは主観的に見るということではなく，当事者にとって何が「現実」であり，それをソーシャルワーカーとしてどのような価値観に立って認識しようとしているのかを把握すること）の理解を促すことが必要になる。
　また，1970年代から1980年代にかけて，社会科学分野における研究の多くが実証主義の考えに基づき専門知識の蓄積と体系化を図ってきた。ソーシャルワークもその例外ではなかったといえよう。むしろ，ソーシャルワークには，社会科学分野の一員として認められたいがために実証主義の考えを積極的に取り

入れてきた側面もうかがえる。結果，ソーシャルワーカーが向き合う課題や認識された「現実」は，実証的に見ることにより，誰もが同じようにとらえることが可能になるとの説明も垣間見られるようになった。そのため，「現実」を共有できないのは，ソーシャルワーカー自身に問題があるのか，そこで使われた道具や方法の性能や妥当性に問題があるためと考えられるようにもなってきた。言い換えると，万国共通の知識が存在し，「私」から発せられる立場や価値観（信念・信条・こだわりの類），すなわち，主観は客観的な知識の体系化に障害となり，そのため，「私」に左右されない知識の蓄積こそ有意義なものとして見なす傾向も顕在してきた。

　現在，社会科学分野における実証主義の立場に疑問が投げかけられている。すなわち，社会構成主義的な考え方の台頭である。クリティカルな思考に立って組み立てるソーシャルワークは，この考え方と同じ文脈で体系化を試みた視点を内包している。そこで，本節では，以下のような問いかけをしてみたい。

　一見揺るぎない，疑いの余地のない「現実」のように見えても，実際には多様な見方や認識の仕方があることは，ソーシャルワーカーとしての取り組みを通じても経験することといえよう。すると，「現実」を解釈する知識と営為とは相互に関連し合っており，そこから認識されてくる「現実」は，実は絶対的なもの／普遍的なものとして存在するわけではないことに気がつくことになる。このような考え方をさらに一歩進めてみると，「現実」とは，知識とは，一体誰が認めたものなのかを問う必要も明らかになろう。そうすることで，「現実」とは，知識とは，実は，「私」を含む環境あるいは人間関係と呼ばれる場の中で築き上げられたものでしかないことがわかる。その意味で少しも客観的でも普遍的でもないことが明確になってくる。

　ここで検討すべき「現実」の中には，今まで，ある意味において疑いなく展開してきたソーシャルワーカーによる取り組み，すなわち，ソーシャルワーク実践そのものも含まれる。

　ソーシャルワークを駆使した取り組みが，利用者の生活の営みに，ソーシャルワーカーの業務全般に，どのような影響を及ぼし，どのような効果をもたら

したのか，ここでは，そのことも検討の対象とすべきことを強調しておきたい。ソーシャルワーカーの中に「今まで行ってきた方法に問題はなかったのだから，今ここで着手すべき対応策もこれまで通りで良い」とする，いわゆる慣行や勘のみを重視する思考パターンがあったならば，それは利用者個々の独自性や生きる力，変化の可能性を軽視した不遜な態度といわねばならない。これは，ソーシャルワーカーが，かつて「技術屋」として揶揄されてきたような状況か，あるいは，対等な関係の否定につながるようなパターナリズム（paternalism）に陥っていることを意味する。したがって，ソーシャルワーカーは，認知した「現実」や習得した専門知識，積み上げてきた経験や勘，直感等々を絶対的なもの，あまりにも自明であり，議論の余地もない程にア・プリオリ（a priori）なものとしてとらえるべきでないかもしれない。そこで，クリティカルな思考を通して「現実」をとらえることの意義について，これを利用者との協働を前提とした，より良いソーシャルワークの展開を志向するものと説明しておきたい。

ま と め

　社会福祉の立場から取り組む支援活動としてのソーシャルワークは，これまで，例えば「人の苦境を軽減するための多くの努力が払われた」とのように，支援を求めている人への直接的なかかわり場面で，具体的な「努力」として一体何ができるかを強調する形で説明されてきたように思う。そのような取り組みの中核を担うソーシャルワーカーによる職務の遂行過程は，観察することを伴う「言語表現」や「コミュニケーション」を媒介として展開されることが多い。ここでいう媒介項の特徴は，相互に影響を及ぼす形で関係が形成される点にあり，それは一方的なやりとりを意味するものではない。すなわち，表現し，伝達する過程では，相互が送り手と受け手になる立場に置かれ，ソーシャルワーカーとその支援を必要とする人びととの間の関係は相互的なものとしての構造を持つことになるという意味である。しかし，それにもかかわらず，実際の場面では，表現し，伝達する過程を開始する第一義的な責任は支援する側（ソ

ーシャルワーカー）にあるとの認識に立ち，支援を必要とする人びとの主体的な「参与」を促す状況を目的意識的に創出することが求められる。

　このような問題提起から私たちは何を学ぶべきか。

　私たちは，支援を「する」という。あるいは「している」という。しかし，その実態はどうであろうか。支援とは，そもそも「する」ものなのであろうか。この活動に取り組む者が，どれほど自分の取り組みをソーシャルワーカーとして「している」と言ってみても，その事実が，客観的に「支援をする」「支援をしている」として証明されない限り，それは単なる主観的な思い込みでしかないこともあろう。それでは社会的な意味と価値を担った取り組みになり得ない。

　例えば，居住型の社会福祉施設で生活を送った経験をもつ人が，その生涯を終えようとする時，施設で過ごした生活を振り返る瞬間があったとしよう。施設職員として取り組んだ支援が，利用者の人生の営みを支えるに適切かつ十分に意味あるものであったと評価されて初めて意味をなすことになる。そのような評価と結果をもたらす支援とは，「する」「される」という単純で常識的な関係から作り出されるのであろうか。その取り組み場面では，単なる繰り返しや日常の慣れからの脱却を要求される。これが果たされて初めて支援「する」活動から，利用者にとって利用するだけの意味があった支援と「なる」活動へと変わることになる。

　支援を必要とする人びとは，一般的に，傷つきやすく弱い立場に置かれることが多い。そのため，ソーシャルワーカーとの出会いを通じて，安全で脅かされず，自由なままでいることが許容されていると感じ取れる場が必要となる。この時，初めて自分のこれまでの経験とは異質な経験の存在が認識でき，そのような経験を自らのうちに受け入れようとする柔軟な自分に変わる可能性が生じてくることになる。

　このように，社会福祉サービスの利用者が他者との関係の中で本当の自分を自由に安心して語れるようになるには，一つは，この仕事に携わる者が，仕事への責任と誠実性を現実のかかわりの中で明確に体現できることが必要になる。

二つは,多様な知識をバラバラに持っているのではなく,それらの知識をソーシャルワークの本質に照らして統合的に活用できることが必要になる。三つは,人間の生活が,現実の事態や状態にかかわって営まれる以上,ソーシャルワークは,どのような知識を必要とするかというよりも,その知識を利用者に対してどのように用いるべきかに関心を向けるよう求められることになる。このような視点への配慮が欠けた場合,制度としての社会福祉が機能的に作動することによって,一段と合理化し効率化が進むことになるが,その一方で,制度の内部構造に緊張や対立の構図を生み出し,何らかの生活困難に遭遇している人びとへの働きかけに相応しくない行為が定着しても,それは正されることなく放置されたり,恣意的に利用されたりする歴史が繰り返されることになる[2]。

注
(1) 詳細は,本書第13章を参照されたい。
(2) 松井二郎『社会福祉理論の再検討』ミネルヴァ書房,1992年,60-63頁。

参考文献
北川清一「社会福祉を取り巻く支援環境の構造変化を読み解く視座——越境するソーシャルワーク論序説」『ソーシャルワーク研究』Vol. 39, No. 4, 相川書房,2014年,5-15頁。
北川清一「児童養護施設退所者に見出す〈自立〉支援の課題と〈就労〉支援の隘路——ソーシャルワークがなすべきことを問う」『社会福祉研究』第126号,鉄道弘済会,2016年,68-75頁。

第2章　ソーシャルワークの萌芽

はじめに

　わが国をはじめ，現代のソーシャルワークは，イギリスやアメリカで発展した支援活動の歴史に多大な影響を受けている。さらに，イギリスやアメリカの支援活動は，ヨーロッパで形成されたキリスト教の精神と諸文化を基盤としている。そこで，本章では，ソーシャルワークの歴史的特徴を次の視点から理解する。一つは，中世以降のヨーロッパで形成されたキリスト教の博愛精神と慈善活動の歴史的特徴を理解する。二つは，16世紀以降のイギリスと19世紀以降のアメリカにおける支援活動の歴史的特徴を理解する。具体的には，①イギリスとアメリカにおける慈善組織協会（The Charity Organization Society：以下，COS）の歴史的特徴，②アメリカのCOSで活動したリッチモンド（Richmond, M. E.）の功績，③イギリスとアメリカにおけるセツルメント活動の歴史的特徴を理解する。三つは，イギリス・アメリカで発展したソーシャルワークに影響を受けつつ，明治期以降の日本社会で実践した日本人の支援活動（その歴史的特徴）を理解する。

1　ソーシャルワーク前史──慈善と博愛

（1）中世ヨーロッパにおけるキリスト教の博愛精神と慈善活動

　4世紀から15世紀後半まで続く中世ヨーロッパにおいて，地域社会の統合と人びとの精神的支柱となった組織はキリスト教の教会と修道院であった。
　5世紀初頭のベネディクトゥス（Benedictus de Nursia）による修道院創設以

降,ローマに拠点を置くカトリック教会（以下,ローマ・カトリック教会）は政治力を蓄積し,ヨーロッパ各地にキリスト教の信仰が広まっていった。

　キリスト教の信仰は,敬虔（Pietas）と愛徳（Caritas）が不可分と考える。したがって,キリスト教を信奉する人びとは,実際の生活場面で信仰（神への愛）を行動（隣人愛）に示すことを重視する。このような考え方がキリスト教の基本的な博愛精神といえよう。さらに,隣人愛を具現化するため,キリスト教を信奉する人びとは,慈悲（Misericordia）の善行に取り組んだ。このようにキリスト教の普及が契機となり,中世のヨーロッパ社会では,支援を必要とする人びとへの慈悲の善行,すなわち,慈善活動（Charity）が普及していった。

　キリスト教の博愛精神に基づく慈善活動には,5世紀以降,ヨーロッパ各地に設立された修道院（修道士）による実践と一般信徒（世俗的な生活をおくる人びと）の実践がある。このうち,修道院の実践例であるフランスのクリュニー修道院（10世紀初頭創設）は,院内における生活困窮者の保護・救済や病者の治療・看護,近隣地域で暮らす人びとの生活支援を行っていた。また,11世紀に創設されたフランスのシトー修道院は,資産の1/4を民衆への慈善活動に充てたという。さらに13世紀前半,ドイツの聖フランチェスコ会に所属する女性修道士のエリザベット（Elisabeth von Thüringen）は二つの救護施設を創設し,貧困状態におかれた女性支援や病者の治療・看護にあたった。一方,キリスト教会の一般信徒（世俗的な生活を送る人びと）による具体例として,13世紀以降,イタリア各地に創設された兄弟会（慈善活動に取り組む一般信徒の組織）の実践がある。

　このように,中世ヨーロッパでは,キリスト教の博愛精神に基づく慈善活動が修道院やキリスト教会に集う一般信徒の間で普及していった。しかし,中世末期になると貴族（領主や国王など）,キリスト教の聖職者,農民,商工業従事者という身分階層で構成される封建制が形骸化し,農民階層を支配する領主や政治力をもつローマ・カトリック教会の権威が次第に低下していった。また,信仰の拠りどころであるカトリック教会自体が形式化・世俗化し,博愛精神に基づく慈善活動も現世利益（免罪符制度など）と結びつき,本来の信仰に基づく

実践(神への愛を示す隣人愛)から乖離していった。

(2) 近世ヨーロッパにおけるキリスト教の博愛精神と慈善活動

14世紀以降,東方貿易で発展したイタリアの都市国家は,現実社会や生活者としての人間を肯定する文化潮流,すなわち,ルネッサンス文化を普及させた。ルネッサンス文化は,キリスト教を基盤とした人びとの価値観(神への愛を示す隣人愛など)や中世以降のキリスト教文化に影響を及ぼしました。さらに,ローマ・カトリック教会の権威低下と形式化・世俗化は,ドイツにおける宗教改革を生み出す契機となった。16世紀前半,ルター(Luther, M.)がローマ・カトリック教会の免罪符制度を批判し,形式化・世俗化したキリスト教の改革を提言したのである。

ルターが進めた宗教改革は,慈善の前提となる信仰のあり方を変えていった。その端的な考え方が義認論である。中世以来の人びとは,神の恵み(救い)を得るため,神に対する功績(慈善など)に取り組み,義人をめざした。また,日々の暮らしの中で神の教えに背いた時,人びとは教会で懺悔し,再び「功績による敬虔(Piety of achievement)」を志した。つまり,ローマ・カトリック教会の教義では,人びとが信仰(神への愛)に基づく行動(隣人愛:貧しい人びとへの慈善など)を積み重ね,同時に,日常生活上の個別的な反省・気づき(懺悔)を繰り返すことが重視された。

一方,ルターの宗教改革から生まれた義認論は,従来の「功績による敬虔」と異なる考え方であり,キリスト教の信仰に対する価値観を変えた。義認論によれば,人びとは,キリスト教を信じた瞬間(その人の罪をイエス・キリストが引き受けてくれた時)に義人となる。したがって,隣人愛に基づく慈善活動は,神の救いを得るために積み重ねる行為でなく,生活とともにある当たり前の行為となった。その結果,ルターの宗教改革は,貧しい人びとの社会的位置づけも変えた。

それまでのヨーロッパ社会は,義人となる功績(慈善活動)のために貧しい人びとの存在を容認してきた。しかし,ルターと宗教改革に取り組む人びと

（以下，ルター派）は，貧しい生活状況におかれた人びとを支援すべき隣人と考え，貧困を社会的問題に位置づけた。そこで，ルター派の人びとは，1523年，ライスニヒ教会教区で支援を必要とする貧困家庭や子ども・高齢者のための「共同金庫の規定」を制度化し，経済的支援を行った。彼らの実践は，キリスト教の博愛精神に基づく慈善活動を社会福祉制度に発展させた取り組みといえよう。

　また，ルターは，聖書をドイツ語に翻訳した際，神のために務める「召し」という原語を世俗的職業と訳した。その結果，教会の聖職と同じく，世俗的職業も神が与えた使命（天職）とする職業倫理が普及した。その後に登場したプロテスタント諸派は，世俗的職業の労働（信仰の顕れ）と私的所有（労働の成果として神から託された権利）を認め，資本主義経済の形成に影響を及ぼした。

2　COSの意義と影響

(1) イギリスにおけるソーシャルワークの歴史とCOSの成立

　1601年，エリザベス一世（Elisabeth I）が統治していた当時のイギリスは，従来の救貧制度を再編した救貧法（以下，エリザベス救貧法）を制定した。同法は，キリスト教会教区が担当地域内の貧しい人びとを救済する責任の明確化や貧困状態にある大人や子どもの就業促進，救済対象を労働能力のない貧困状態の人びとに限定する点を特徴とした。また，社会秩序の維持を図るため，労働意欲のない貧困状態の人びとを懲罰対象に位置づけていた。

　その後，18世紀後半よりイギリスで始まった産業革命は，富裕層と貧困層の経済的格差を広げ，ロンドンを中心とした都市部には路上生活を送る女性や子どもが増加した。エリザベス救貧法同様，イギリス政府は社会秩序の維持を目的とした二つの法律，すなわち，ワークハウス（労働能力のない人の収容施設）等を制度化するギルバート法（1782年）と低所得層の賃金補助を制度化するスピーナムランド法（1795年）を制定した。さらに，1834年，5年間の時限法であったエリザベス救貧法の代わりとなる新救貧法が制定された。同法は，救貧

行政の中央集権化等の新たな特徴を示す一方，エリザベス救貧法と同様の内容を規定した。

他方，当時のイギリスには慈善活動（Charity）を行う富裕層もいた。しかし，彼らの活動は統一感がなく，お互いの連携も希薄だった。そこで，1869年，慈善活動の組織化・効率化を図るため，慈善救済組織化及び乞食抑制のための協会（Society for Organizing Charitable Relief and Repressing Mendacity）が設立された。同協会は1年後に慈善組織協会（The Charity Organization Society：以下，COS）と改称されたが，支援対象の人びとを分類し「救済に値する貧民」を慈善活動の対象としていた。

このように，当時のCOSは，貧困を個人の問題に位置づけ，貧しい生活状況の人びとを取り巻く環境の問題は重視しなかったといえよう。つまり，COSの慈善活動は，新救貧法同様，従前の社会秩序の維持という特徴も有していた。この点は，COSが設立当初に用いていた慈善救済組織化及び乞食抑制のための協会という名称からも理解できる。

(2) アメリカにおけるソーシャルワークの歴史とCOSの成立

アメリカは，よく知られている通り移民の国である。生活習慣や言語・文化が異なるアメリカの社会に適応するため，諸外国から移り住んできた人びとは，すでにアメリカで暮らす人びとの支援を受けていた。つまり，アメリカにおける支援活動の歴史は，諸外国から移住する人びとの自立支援および貧しい移民（貧困家庭や子どもたち）を支援する実践から始まった。

例えば，1853年にブレイス（Brace, C. L.）と社会改良運動家の人びとは「児童保護協会（The Children's Aid Society）」（以下，CAS）を設立し，路上生活を送る子どもや貧困家庭の子どもを支援した。また，1873年に「ドイツ人街救済協会」が設立され，ドイツからの移民を対象とした支援を行った。なお，CASを設立・運営したブレイスらは，子どもの教育も重視し，1876年，ニューヨーク市に最初の幼稚園を開設した。幼稚園に勤務するスタッフは全員がニューヨーク州・同市教育委員会公認の教員免許を取得しており，専門的な幼児

図2-1　アメリカCOSで活動する人びと

出所：HISTORY OF SOCIAL WORK（http://www.historyofsocialwork.org/eng/index.php，2015年5月アクセス）

教育が行われた。

　1877年，アメリカ国内に最初のCOSが設立され，1900年代初頭には約140のCOSが国内の主要都市で活動していた。前述したイギリス国内のCOSが中央委員会の下に地区委員会を設置する中央集権的な組織形態であるのに対して，アメリカのCOSは，慈善活動の指導・調整と組織化，中央登録所の設置，支援を必要とする人びとの自立促進に向けた友愛訪問等が特徴であり，ボランティアだけでなく有給職員も支援に携わっていた（図2-1）。

（3）ソーシャルワークの原型を構築する——リッチモンドの功績①

　アメリカのCOSは，ボランティア中心の慈善活動から専門的な実践に発展する。その契機となった人物がリッチモンド（Richmond, M. E.）である。現代の社会福祉分野で「ケースワークの母」と呼ばれるリッチモンドは，1889年からボルチモアのCOSで支援活動に従事した。その後，彼女はボルチモア及びフィラデルフィアのCOSで指導的立場となり，1909年以降，ニューヨークの「ラッセル・セージ財団（The Russell Sage Foundation）」で役員を務めた。

　リッチモンドの功績は，慈善事業家（Charity Workers）によるCOSの実践から専門的なソーシャルワークの基盤を構築した点である。例えば，1899年に発表した『貧しい人たちへの友愛訪問——慈善事業家のためのハンドブック（*Friendly Visiting among the Poor. A Handbook for Charity Workers*）』（以下，『貧しい人たちへの友愛訪問』）では，慈善事業に三つの段階（Phase）を示した。第一の段階は支援者の慈善精神及び感情を満たすための実践であり，第二の段階は貧しい人びとへの慈善事業である。そして，第三の段階は社会における貧困層のための慈善事業であるという。リッチモンドは，第二の段階で個別支援の重

要性を示し，第三の段階で貧困層という社会的状況を重視したのである。

　また，リッチモンドは『貧しい人たちへの友愛訪問』で，支援を必要とする人びと（個人・家族）の利益及び事前調査の重要性を示し，①社会生活歴（年齢，出生地，住所，家族構成，教育状況，人間関係等），②健康面と病歴（健康状況，かかりつけの医師，習慣等），③職歴（今までの就労状況，就労先の情報，職業能力等），④家計の状況（現在の収入と貯蓄，家賃等の支出状況，賃金以外の収入，すでに受けている慈善救済等）を調査項目にかかげている。リッチモンドが提唱した調査に基づく慈善事業（友愛訪問等）は，現代のソーシャルワークで重視される支援過程（とりわけ，①ニーズ把握，②事前評価［アセスメント］，③支援計画策定，④支援の実施）の原型といえよう。

（4）環境を重視した実践を行う──リッチモンドの功績②

　1908年，リッチモンドは『近代都市における良き隣人（The good neighbor in the modern city）』を発表した。同書において，リッチモンドは"social work"という言葉も使っているが，その内容は近代的な慈善事業の考え方や実践方法が中心であった。具体的には，①子どもや家族に対する支援，②経済的支援，③住環境の改善，④路上生活を送る大人と子どもへの支援，⑤家庭生活を維持する予防的支援及び社会改善，⑥結核などの病気療養中の人に対する支援，⑦慈善事業への寄付行為，⑧キリスト教会と慈善事業団体の関係等が記されている。

　後年，リッチモンドが「ケースワークの母」と呼ばれる契機となった著書は，1917年発表の『社会診断（Social diagnosis）』と1922年発表の『ソーシャル・ケース・ワークとは何か（What is social case work?）』である。リッチモンドは，社会診断を，支援を必要とする人びと（クライエント）の社会的状況や個人的特性を正確に把握し，支援する取り組みとした。現代社会のソーシャルワークと比較すると，リッチモンドが提唱した社会診断（Social diagnosis）は支援過程の事前評価（アセスメント）に相当する。なお，リッチモンドは，ソーシャル・ケース・ワーク（Social case work）について，個別性を重視しながら支援

を必要とする人と社会的環境の間を効果的に調整し，その人の人格や個性を発達させる諸過程であると定義している。

このように，リッチモンドは，対人援助（個別的な相談援助や生活支援）と環境への働きかけというソーシャルワークの共通基盤を確立した。ここで重要なことは，彼女が対人援助の方法論だけでなく，COSの活動から環境の構造的理解と支援にかかわる社会資源を導き出した点である。

リッチモンドは，慈善事業家が協同する地域社会の諸力（Social Forces）として，A：家族の力，B：個人の力，C：近隣の力，D：市民の力，E：私的慈善の力，F：公的救済の力を構造的に示した。具体的な諸力は以下の通りである。

A：家族の力（Family Forces）　家族一人ひとりがもつ愛情，体調，努力，社会関係づくり，社会資源の活用。
B：個人の力（Personal Forces）　親族，友人。
C：近隣の力（Neighborhood Forces）　近隣住民，地主，集落，商人，雇用主，聖職者や教会関係者，医師，社交クラブ，職場の同僚，図書館，金融機関等。
D：市民の力（Civic Forces）　学校教員，警察・司法機関，保護観察官，保健所，郵便配達員，公園等。
E：私的慈善の力（Private Charitable Forces）　COS（Charity Organization Society），家族が所属する教会，個人の支援者，救済機関，専門的・総合的な支援機関，就労支援団体，CAS（Children's Aid Society），児童福祉施設，服役者の支援団体，訪問看護師，病院等。
F：公的救済の力（Public Relief Forces）　救貧院（Almshouses），路上生活者（貧困者）を支援する公的機関，公立病院及び公立薬局。

リッチモンドが社会資源（人・組織・制度など）を能動的な諸力と位置づけた点は特筆に値する。また，人びとを取り巻く環境の構造的理解（図2-2）は，

図 2 - 2　慈善事業家が協同する地域社会の諸力（Social Forces）

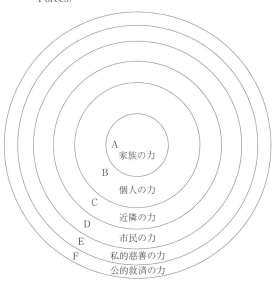

出所：Richmond, M. E., Charitable Co-operation (eds.) *The Long View*, Russell Sage Foundation, 1901, p. 188.

現代のソーシャルワークで援用されるシステム理論につながる発想といえよう。

3　セツルメント活動の意義と影響

(1) イギリスにおけるセツルメント活動の歴史と特徴

　イギリスのセツルメント活動は，COS の設立（1869年）にもかかわったデニスン（Denison, E.）の実践が原型とされる。1867年，慈善事業団体に参加したデニスンは，ロンドンのイーストエンド地区に移住し貧困層の人びとを支援した。当時の慈善事業は，生活が困窮している人びとへの施与（物品の提供）が主流であった。しかし，デニスンは，施与よりもスラム街で暮らす人びとの教育環境改善が貧困問題の解決に有効と考えたのである。さらに，知識人がスラム街へ移住し，教育環境改善に取り組む実践を提唱し，自ら実践した。

図2-3 トインビーホール（1902年頃）

出所：The Social Welfare History Project（http://socialwelfare.library.vcu.edu/，2015年5月アクセス）

オックスフォード大学で経済史を教えていたトインビー（Toynbee, A.）は，デニスンの実践方法に共感し，セツルメント活動の体系を提唱した。彼の提唱したセツルメント活動は，大学生がスラム街でボランティア活動に取り組み，貧困層の人びとの教育支援を通して，社会的不平等の現実を詳らかにし，学生自身の社会的責任の醸成を目的とした。その後に本格的なセツルメント活動が始まったのは19世紀後半以降であった。その代表的な活動拠点が1884年に開設されたトインビーホール（Toynbee Hall）である（図2-3）。

創立者のバーネット（Barnett, S. A.）は，英国国教会の牧師であり，社会改良家であった。1851年後半，バーネットはロンドンのイーストエンド地区にあるホワイトチャペルで活動を始めた。

イーストエンド地区はスラム街として知られており，住民は劣悪な住宅事情と不衛生な生活環境の中で暮らしていた。バーネットは，夜間学校の開設・運営，余暇活動の企画・運営，学校運営の協力等を通して，イーストエンド地区で暮らす人びととの生活改善に取り組んだ。1875年以降，トインビーはホワイトチャペルを何度も訪れ，バーネットとの交流を深めた。さらにバーネットは，トインビーが勤務するオックスフォード大学でセツルメント活動の組織化を支援し，1884年のトインビーホール開設に結実した。トインビーは1881年に死去したが，彼の功績はバーネットによるセツルメントの活動拠点を通して後世に伝わることとなった。

（2）アメリカにおけるセツルメント活動の歴史と特徴

イギリスで始まったセツルメント活動はアメリカにも導入された。その契機

は，アメリカの慈善事業家がイギリスのトインビーホールを視察したことである。その一人が1886年にネイバーフッド・ギルド（Neighborhood Guild）を開設したコイト（Coit, S.）である。

また，1888年にトインビーホールを視察したアダムス（Addams, J.）は，翌年の1889年，友人のスター（Starr, E. G.）と共にハル・ハウス（Hull-House）をシカゴに開設した。

ハル・ハウスを開設したシカゴの地域には，ドイツやイタリアをはじめヨーロッパ各地から移住してきた人びとが生活していた。開設当初のアダムスとスターは，移住して間もない人びとのために本の朗読や絵画のスライドショーを行った。しかし，活動を通して子育て中の家庭（特に子どもと母親たち）が支援を必要としていることに気づいた。そこで，アダムスとスターは，幼稚園を開設・運営するとともに母親たちが交流できるスペースもつくった。さらに，アダムスは，10代の少年が活動するクラブを設立し，スターは少女が料理や裁縫を学ぶ活動を支援した。

1890年，アダムスやスターとともにロックフォード女子神学校で学んだ弁護士のラスロップ（Lathrop, J.）も加わり，ハル・ハウスの運営を担った。彼女らは，いずれもトインビーホールを創設したバーネットが提唱するキリスト教社会主義（Christian Socialism）に影響を受けていた。

また，1894年よりシカゴ大学に在籍していた教育学者のデューイ（Dewey, J.）は，ハル・ハウスの理事を務めており，コロンビア大学に移籍した1904年以降もセツルメント活動に関心を持ち続けたという。デューイがシカゴを去った頃，アメリカ国内のセツルメントは400ヶ所に増加していた。このようにアメリカのセツルメント活動が発展した理由は，セツルメントが諸外国からの移住者が社会に適応できるよう支援する活動拠点になっていたからである。さらにセツルメントは，社会改良運動や女性解放運動を展開する拠点であり，社会保障制度の整備を促進する役割も担っていた。

4　日本におけるソーシャルワークの萌芽——人物史

(1) 近代 (明治時代～昭和初期) における日本のソーシャルワークと担い手たち

　1867年，王政復古の大号令が発布され，わが国は江戸幕府に代わる明治政府 (天皇中心の国家体制を企図する一部の武家階級と公家階級の連合政権) が統治する国家となった。当初，明治政府は江戸幕府と同様にキリスト教の信仰を禁止し，1870年には「大教宣布の詔」(天皇中心の思想統制を図る神道の国教化) を発布している。

　しかし，欧米諸国からの圧力もあり，明治政府は事実上，キリスト教の布教を容認していった。その結果，明治期には多種多様な宗派 (ローマ・カトリック教会やプロテスタント諸派など) のキリスト教関係者が来日し布教活動を始めた。そのような時代背景の中から，キリスト教の博愛精神に基づき支援活動を始める人びともいた。その代表的人物が山室軍平である。彼は，イギリスのメソジスト派キリスト教会牧師であったブース (Booth, W.) が創設し，1895年来日のイギリス人救世軍士官が設立した救世軍 (The Salvation Army Japan) で日本人初の士官となる。山室は，救世軍士官として社会的・経済的に課題を抱えた人びとの支援活動に取り組んだ。具体的には，無料宿泊所の運営，免囚保護事業，貧困層の人びとを支援する救済施設や病院の運営，売春行為を生業とする女性の救済，慈善鍋 (寄付金を集める活動) 等である。

　また，大正期には，キリスト教伝道者の賀川豊彦が神戸のスラム街で支援活動に取り組み，後年，大阪の労働者街でセツルメント活動を展開した。彼は，セツルメント活動における人格の交流 (支援者が貧困層の人びとに働きかける取り組み) を重視し，①セツルメント活動の担い手となる労働者階級の教化 (人道主義への覚醒)，②教化された労働者階級による貧困層の人びとの支援，③知識人の覚醒という段階的なセツルメント活動の構想を提唱した。

　一方，仏教の教えに基づきセツルメント活動に取り組んだ人びともいる。その代表的人物が長谷川良信である。僧侶であった長谷川は，1918年，巣鴨 (東

京) の救済委員 (現在の民生委員・児童委員の前身) として活動しながら，地域内のスラム街に移住した。翌1919年，長谷川はマハヤナ学園を創設し，組織的なセツルメント活動を継続した。

(2) 昭和初期における医療社会事業専門職員と公私の支援者たち

　1942年に発刊された『社会事業個別取扱の実際』(中央社会事業協会) は，東京市京橋区 (現・東京都中央区) で活動する専門職 (聖路加国際病院社会事業部員，保健婦) や公私の支援者による実践事例を「個別処遇 (Social Case work)」(以下，個別処遇) として記載している。

　このうち，聖路加国際病院 (現・聖路加病院) の社会事業部員は，医療ソーシャルワーカーの前身とされる医療社会事業専門職員であり，その先駆者が浅賀ふさであった。25歳で渡米した彼女は，マサチューセッツ総合病院のキャボット医師 (Cabot, R. C.) やソーシャルワーカーのキャノン (Cannon, I. M.) と出会う。浅賀は，キャノンらの実践 (結核患者の支援，病弱な子どものケア，予期せぬ妊娠で苦しむ未婚女性のケア，退院後の復職・転職の支援等) を通して，病院内ソーシャルワーク (Hospital-based Social Work) の重要性を理解した。

　1929年に帰国した浅賀は，聖路加国際病院社会事業部の医療社会事業専門職員として支援活動に取り組んだ。『社会事業個別取扱の実際』に集録された個別処遇は15事例であり，浅賀が養成した聖路加国際病院社会事業部員による個別処遇事例も紹介されている。また，現代の専門的なソーシャルワーカーには該当しない実践者，すなわち，保健婦 (保健師) や方面館員 (民生委員・児童委員の前身である方面委員の関連施設職員)，少年保護司の個別処遇事例等も掲載されている (表2-1)。

　さらに『社会事業個別取扱の実際』は，個別処遇を「自力では解決困難な問題を持っている家族なり個々人に対して，自力で解決出来る様に仕向けること」と定義し，①事前情報の活用 (聖路加国際病院の診療カード及び社会事業部の医療保護カード，保健館の保健相談票，方面館の方面世帯票，等)，②面接や関係書類の精査による調査，③資料の分析と診断，④治療計画の立案，⑤治療計画の

表2-1 『社会事業個別取扱の実際』に掲載された個別処遇事例の実践者(所属組織・団体)

①医療社会事業専門職員の個別処遇事例	
吉田ますみ(聖路加国際病院社会事業部)	三澤美代(聖路加国際病院社会事業部)
田村きみ(聖路加国際病院社会事業部)	神田タネ(聖路加国際病院社会事業部)
②保健婦の個別処遇事例	
名城テル(東京市特別衛生地区保健館)	宮岡アキ(東京市特別衛生地区保健館月島分館)
岩淵ケン(東京市特別衛生地区保健館)	平井雅惠(東京市特別衛生地区保健館保健指導部)
③その他の実践者による個別処遇事例	
少年保護司:横田忠郎(三井報恩会)	方面館員:工藤善助(東京市麻布区麻布方面館)

出所:『社会事業個別取扱の実際』中央社会事業協会,1942年,に基づき筆者作成。

実行,⑥個別処遇の記録を挙げている。

『社会事業個別取扱の実際』の事例は,実践者の違いによる個別処遇の特徴が顕著である。例えば,医療社会事業専門職員の事例では患者を中心とした個別処遇が多い。また,保健婦の事例では家族単位もしくは子ども中心の個別処遇という傾向が見られる。さらに,方面館員の事例は家族単位の個別処遇であり,少年保護司の事例は子どもを中心とした個別処遇である。

このうち,聖路加国際病院の医療社会事業専門職員による個別処遇は,医療を必要とする人びととの心理的課題や生活課題(経済的問題や家族関係,住居環境等)の解決支援が共通しており,専門的なソーシャルワークの特徴を示している。

一方,保健婦の場合,健康相談や育児指導等の保健活動から始まる個別処遇が特徴である。また,保健館の専門的な機能(身体検査・知能検査と医師の指導)を活用している事例もある。したがって,保健婦が取り組む個別処遇は,ソーシャル・ケース・ワークというよりも保健活動の一環に位置づけられる。この点について『社会事業個別取扱の実際』の編者は「社会事業取扱事例」と呼ばれることを迷惑に思う保健婦もいたと記している。

このように『社会事業個別取扱の実際』が取り上げた個別処遇は現代のソーシャルワークと異なる位置づけであった。浅賀や後継者の聖路加国際病院社会事業部員がめざすソーシャルワークは,わが国における病院内ソーシャルワークの専門化を志向していたのではないだろうか。しかし,『社会事業個別取扱の実際』が発刊された頃,日本社会は戦時国家体制へと移行しており,社会事

業も戦争に役立つ人的資源の維持培養・保護育成を目的とする戦時厚生事業に変容していた。さらに，一部の社会事業実践者や研究者は，1940年，戦時厚生事業を推進する専門職（国民厚生事業担当職員）の制度化を提唱した。このように昭和初期の支援活動は国益を優先する社会状況に埋没し，人びとの権利と尊厳を守る支援活動の確立には至らなかった。

まとめ

　本章では，まず，中世以降のヨーロッパで形成されたキリスト教の博愛精神や慈善活動の歴史的特徴を学んだ。慈善活動は，信仰（神への愛）を行動（隣人愛）に示す博愛精神が基盤である。中世ヨーロッパでは修道院や教会に集う一般信徒の間で慈善活動が普及するが，中世末期になるとローマ・カトリック教会の形式化・世俗化に伴い，慈善活動も現世利益と結びついた。しかし，ルターと宗教改革を進める人びとは貧困を社会的問題に位置づけ，博愛精神に基づく慈善活動を社会福祉制度に発展させた。

　キリスト教の博愛精神や慈善活動に影響を受けながら，イギリスとアメリカでは特徴的なソーシャルワークが発展する。また，明治期以降のわが国では，キリスト教の博愛精神に基づきソーシャルワークを取り込む人びともいた。

　このように，中世ヨーロッパの時代から始まる慈善活動は，キリスト教の博愛精神を内包しながら，より専門的なソーシャルワークへと発展した。しかし，イギリスやアメリカをはじめとするヨーロッパ諸国と異なり，わが国はキリスト教文化が基盤といえない。さらに，近年は，キリスト教以外の宗教を信仰し，その宗教に基づく文化や生活様式で暮らす人びとも支援活動にかかわっている。つまり，キリスト教の博愛精神以外の価値観（視点や考え方）に基づくソーシャルワークも重視しなければならない。本章が取り上げた近代（明治時代～昭和初期）における日本のソーシャルワークは，多様な価値観に基づく支援活動のあり方を考える上で多くの示唆を与えている。

注

(1) 中央社会事業協会・社会事業研究所編『社会事業個別取扱の実際——都市に於ける社会事業個別処遇事例集』中央社会事業協会，1942年，6-14頁。

参考文献

賀川豊彦『セツルメント運動の理論と実際』イエスの友会，1926年。

楠本史郎「聖書翻訳史の光と影・上」『北陸学院短期大学紀要』38，2006年，301-312頁。

田浦武雄『デューイとその時代』玉川大学出版部，1984年。

中央社会事業協会・社会事業研究所編『社会事業個別取扱の実際——都市に於ける社会事業個別処遇事例集』中央社会事業協会，1942年。

山室軍平（東京救世軍本部）『救世軍の活動』救世軍日本本営，1918年。

リッチモンド，M. E.／小松源助訳『ソーシャル・ケース・ワークとは何か』中央法規出版，1991年。

リッチモンド，M. E.／杉本一義監修，佐藤哲三監訳『社会診断』あいり出版，2012年。

Richmond, M. E., Charitable Co-operation (eds.) *The Long View*, Russell Sage Foundation, 1901.

Richmond, M. E. *The Good Neighbor in the Modern City*, J. B. Lippincott Company, 1908.

第3章 ソーシャルワークの目的と価値

はじめに

 ソーシャルワークは,どのようなことをめざしているのだろうか。その目的は,どのような価値判断に基づいたものなのだろうか。ソーシャルワークの担い手は,専門職に限らず,一般市民,ボランティア,セルフヘルプグループ等と多彩である。本章では,ソーシャルワークの目的を整理し,その目的を導き出す価値について検討していく。その上で,価値観多様化の時代にあって,ソーシャルワークはどのような価値の実現をめざしていくのか考えたい。

1 ソーシャルワークの目的と実際的目標

(1) ソーシャルワークの目的

 NASW(全米ソーシャルワーカー協会)のソーシャルワーク実践の基礎的定義では,ソーシャルワーク実践を「価値,目的,権限の委任,知識,及び方法という諸要素から構成されている[1]」としている。ソーシャルワークはどのような方向を見据え,何を達成しようとするのだろうか。目的とは,一般的には望ましいと判断された到達点を表しており,その達成のために適切な手段・戦略が選択・立案され実行される。目的は価値から導き出され,一定の価値判断に基づいて設定されるのである。

 ソーシャルワークの目的を考える手がかりとして,わが国の社会福祉法制に掲げられている目的を取り上げてみよう。社会福祉法第3条では社会福祉サービスの基本理念として,「個人の尊厳の保持を旨とし,その内容は,福祉サー

ビスの利用者が心身ともに健やかに育成され，又はその有する能力に応じ自立した日常生活を営むことができるように支援するものとして，良質かつ適切なものでなければならない」と明記している。生活保護法では，第1条で「国が生活に困窮するすべての国民に対し，その困窮の程度に応じ，必要な保護を行い，その最低限度の生活を保障するとともに，その自立を助長することを目的とする」としている。また，身体障害者福祉法では，第1条で「身体障害者の自立と社会経済活動への参加を促進するため，身体障害者を援助し，及び必要に応じて保護し，もつて身体障害者の福祉の増進を図ることを目的とする」と規定している。各法令により差異はあるが，政策サイドにとって自立が重要な位置を占めており，それはソーシャルワークの方向性に影響を及ぼしているといえよう。

次に，実践レベルからとらえた目的を見てみよう。日本ソーシャルワーカー協会の倫理綱領（2005年）は，前文で「すべての人が人間としての尊厳を有し，価値ある存在であり，平等であることを深く認識する。われわれは平和を擁護し，人権と社会正義の原理に則り，サービス利用者本位の質の高い福祉サービスの開発と提供に努めることによって，社会福祉の推進とサービス利用者の自己実現をめざす専門職である」としている。NASW（全米ソーシャルワーカー協会）の倫理綱領（1996年）の前文では「ソーシャルワーク専門職の第一のミッションは，人間のウェルビーイングを高めること，すべての人びとの基礎的なニーズが満たされるようにすること，特に，傷つきやすい人，抑圧されている人，貧困状態にある人のニーズとエンパワメントに特別な配慮をする」としている。NASWの「ソーシャルワーク実践に関する分類基準」（1981年）では「ソーシャルワーク専門職は，社会機能（social functioning）が強化され，生活の質（QOL）が向上するように，個人，家族，地域社会，社会全般に対して人道的で効果的なソーシャルサービスを提供するために存在する[(2)]」としている。また，2014年に改訂されたIFSW（国際ソーシャルワーカー連盟）とIASSW（国際ソーシャルワーク学校連盟）によるソーシャルワーク専門職のグローバル定義は「ソーシャルワークは，社会変革と社会開発，社会的結束，および人々のエ

ンパワメントと解放を促進する,実践に基づいた専門職であり学問である」としている。

さらに,アメリカのCSWE（ソーシャルワーク教育協議会）の教育方針と認定基準では,「ソーシャルワーク専門職の目的は,人間とコミュニティのウェルビーイングを促進することである。環境の中の人の枠組み,グローバルな視座,人間の多様性への尊厳,科学的探究に基づく知識にガイドされ,ソーシャルワークの目的は社会的,経済的正義の探求,人権を脅かす状態の予防,貧困の撲滅,すべての人びとにとってのQOLの向上をとおして,ローカルに,そしてグローバルに実現される[3]」としている。

以上から,全体として社会福祉の推進,自己実現の支援,社会生活機能の強化,QOLの向上,エンパワメントといった抽象的ではあるが究極的な目的が掲げられていることがわかる。ここでは,自己実現の支援,自立支援,QOLの向上について述べておく。

1）自己実現の支援

マズロー（Maslow, A. H.）は,自己実現とは人間を行動に向けさせる最も基本的・根源的な動因であるとし,人間の基本的ニーズの段階の中の最高位に自己実現のニーズをおいている[4]。そして,自己実現のニーズを人の自己充足への願望,すなわち,その人が潜在的に持っているものを実現しようとする傾向,すなわち,より一層自分自身であろうとし,自分がなりうるすべてのものになろうとする願望ととらえている。それは,NASWの「ソーシャルワーク実践の基礎的定義」検討委員会が,価値について,これを「各個人の持っている発達への可能性を生涯をとおして最大限に実現すること[5]」としてとらえている点と符合する。

自己実現とは,人間が自己の持つ才能,能力,可能性を十分に活かし,開発し,自己の到達しうる最高の状態を現実化することととらえることができる。それは,個人的世界で完結するのではなく,他者の承認を得ること,つまり社会に参画することによって可能になる。人間はそれぞれ自己実現のための権利を持っており,それぞれの目標に向かって,持てる可能性を最大限に実現して

いくのを，ソーシャルワーカーは支援するのである。

　嶋田啓一郎は，社会生活上の物質的，社会的な基本的ニードの欠損によって自己実現の可能性を喪失し，共同体の交わりから疎外され脱落する事態におかれようとする時，公私の福祉活動がその困難の緩和，予防，さらに生活標準向上の三つの重層的支援をもって対処するのが，人権確立を課題とすることが社会福祉の任務であるとしている。[6]

2）自立支援

　自立は何も新しいコトバではない。前述の法令上にその定義はないが，自立の概念は時代の変遷とともに変化してきており，人びとの自立のとらえ方も多様である。今日の社会は，人びとにどのような自立を求めているのだろうか。伝統的に，自立は，社会経済的に，かつ身体的，精神的にも他者の援助を必要としないような，他者・社会へ依存しない自主独立型の自立，すなわち，自労自活を意味していた。こうした自立概念に異議申立てをしたのが，障害のある人びとが中心となって展開した自立生活運動であった。それは施設収容主義，専門職支配に抗議し，経済的自立，身辺自立に収斂されていた自立概念から，社会的自立，自己決定権の行使を支柱にした精神的自立，さらには，他者の支援を活用しながらの肯定的な意味合いでの依存による自立といった，多様な形態の自立のあり方を提起し，権利としての自立へとコペルニクス的な転回をもたらしたのである。こうして，今日では，身辺自立や経済的自立を第一とする見方から，個人の能力の有無にかかわらず，その人なりの個性的な自立のスタイルを保障しようとする考え方に立つことが認められている。

　自立とは人格の尊厳を基盤に，社会環境との関係において，個人がより良い生活・人生を送ること，安定した社会的活動を展開することである。それは生活問題を抱えることによって破綻した生活の再建，利用者の全人的，社会的復権を意味している。自立は社会関係のネットワークから排除され，社会環境から遮断されては成り立たない。したがって，利用者が社会の正当な構成員として，他者の支援，社会資源を活用しながら自分自身の生活の支配権を握り，人生の主人公となって生きていくことを，側面から支援することがソーシャルワ

ークの今日的な目的ととらえることができる。

　人間は誕生から死に至るまで，その人生行路において，ある側面で，あるいは全面的に他者に依存せざるを得ない存在である。超高齢社会といわれる現代社会において，いわゆる近代の初期に要請された自主独立型の自立が困難な人口層が増加している。そこでは，他者に依存しない自立ではなく相互依存，つまり互いが互いの自立を支援し，互いが互いを必要とする関係的自立が求められている。

3）QOL の向上

　日本は高度成長時代を経て，物質的に豊かな社会を構築し，生活水準を向上させた。こうした中で，人間同士のつながりが弱体化し，地域間格差の拡大，弱者切り捨ての社会になったことは否定できない。人間中心主義に基づく乱開発や，公害の発生等による自然環境破壊は，人びとの安全な生活を脅かし，何のための豊かさか見直しを迫ることになり，生活の質的側面に着目させるようになった。すなわち，物量の充足の追求のみを至上価値とするのではなく，生活財の質の向上に価値を置く方向に向かわせたのである。

　社会福祉の領域においても，自立生活を追求していく過程において，身辺自立を超えた QOL の維持・向上に力点が置かれるようになった。このような ADL から QOL への転換の議論は，障害のある人の自立をめぐって展開された。リハビリテーションの目標が，機能回復訓練による ADL の向上から，ADL の向上は QOL の向上のための一過程であり，全人的復権，つまり，人間にふさわしい生活の回復をめざし，主体者である利用者の QOL を最大限に高めることに転換されたのである。そして，今では，すべての社会福祉サービスの利用者が，それぞれの状況の個別性に応じた，より質の高い自立生活を実現できることが，ソーシャルワークに共通する目的となっている。

　QOL は，身体的，精神的，社会的に快適で満足のいく生の状態としてとらえることができる。すなわち，スピリチュアリティ，精神性，身体性，社会性の四つの層を総合したトータルな人[7]であるという人間観を根底に持ち，生命の尊重，生存の保障，生きがい，生活環境の整備といったものを含む包括的な概

念である。個々人の意思や希望を基点として，環境を制限するのではなく，他者との交流を含めて，一人ひとりの個別のニーズに対応した支持的環境を調整していくことが求められる。さらに，ニーズの充足にとどまらず，アメニティ（快適さ）の追求を視野に入れ，生活の場がどのように変化しようとも，生活の継続性，その人らしい生活のリズムが維持できるような支援を用意しなければならない。なぜなら，生活とは休止することのできない現実的な営みであり，どのような状況の中にあっても，自己を貫徹しようとするのが生活主体者なのである。支援者側のニーズ・アセスメントに応じて社会資源を結び付け，ニーズの充足がなされたとしても，その人が満足感を得ているとは限らない。QOLは，客観的指標としての経済的，物質的な豊かさを基盤として，主観的な満足感，幸福感等を中心とする，その人の価値観，生活の意味的側面を考慮する概念である。

　ところで，QOLは人間の生物学的側面よりも，精神的社会的側面を重要視し，人びとの生き方や生活の価値を序列化する危険性をはらんでいる。その人の生活の質が維持されない時には，生き続けることを拒否することもありうるのであり，ややもすれば生命そのものの尊厳が背後に追いやられることもありうる。それに対して，人間の生命そのものが神聖であり，その価値は平等で，絶対的であるとみなす，生命の尊厳（SOL: sanctity of life）の視点から批判がある。第三者が他者の生のあり方に制限を加え，優勝劣敗のルールによって人間の尊厳が否定されることは，歴史的教訓としてある。これは，人間存在の唯一絶対性，生命倫理に関わる問題であり，他者の生活の過程に参画していくソーシャルワークの重さを物語っていよう。

（2）ソーシャルワークの実際的目標

　人はそれぞれの発達課題を達成しながら人生行路を歩んでいくが，社会生活の営みの中でさまざまな困難を抱え，社会生活上のニーズを充足できず，ソーシャルワークを必要とすることがある。ソーシャルワークの固有性は，タテ糸である時間軸とヨコ糸である環境とのつながりを考慮して，人間存在の全体性

第3章 ソーシャルワークの目的と価値

に焦点を当て，文化的，社会的，経済的諸条件，自然環境を含めた環境の中にある個人としてとらえるところにある。このような「環境の中の人」はソーシャルワークの固有の人間観である。ソーシャルワークの目的は，人と環境との交互作用に焦点を当てて，個人の成長と環境の良い変化を促進し，環境との関係の中で生きる生活主体者である人間の社会生活機能を高め，その人が最大限，人間らしく生きることを支援することである。それがソーシャルワークの存在意義であり，この目的の達成のために，人と環境との関係の調整のために種々の支援機能を果たしていくことになる。

　ソーシャルワークの実際的な目標を考えてみよう。NASWの「ソーシャルワーク実践の基礎的定義」では，目的について，①個人もしくは集団とその環境との間の不均衡からもたらされる問題を確認し，それを解決もしくは軽減していくよう援助する，②個人もしくは集団とその環境との間の不均衡が生じるのを予防するために，不均衡が生じる可能性のある領域を確認する，③このような治療的ないし予防的な目的に加えて，個人，集団，及び地域社会の持つ最高の潜在性を引き出し，確認し，強化する[8]，としており，人と環境の交互作用領域に焦点を当て，問題解決機能，予防的機能，治療的機能，開発的機能を発揮することが示されている。次に，NASWのソーシャルワーク実践に関する定義（1981年）では，「ソーシャルワーク実践は，次の目的のために専門職として責任をもって介入することからなる。①人々について，発達能力，問題解決能力，処理能力を強化する，②人々に資源やサービスを提供する制度の効果的，かつ人道的な運営を促進する，③人々と資源，サービス，機会を提供する制度とを結びつける，④社会政策の展開と改善に貢献する[9]」となっている。

　実際のソーシャルワークにおいては，その対象がどうであれ，個別の支援目標を設定していくことになるが，以上に見るように，ソーシャルワークの支援活動が目標設定し，それに向けて機能する領域は，直接利用者に個別の援助目標を設定して支援するレベルから，サービス供給組織の運営，サービス・プログラムのデザイン，制度・政策の展開まで含んでいる。そして，それらは別個に独立して機能するのではなく，相互補完的に機能することによって，ソーシ

ャルワークの支援活動の目的達成が図られるのである。

2　ソーシャルワークの価値

（1）ソーシャルワークにおける価値の位置づけ

　価値とは，広い意味では「良い」といわれる性質のことを指し，人間の欲求や関心を満たすもの，望ましいもの，ある目的に役立つもの等を意味する。そして，より日常的には，ある文化・人間集団・個人が好ましいと考える，習慣，行動基準，原則と定義される。

　価値は，否定を受けた欲求の見返りとして肯定された欲求を満たしうる客体に付着し，価値が発生するためには，まず，客体が主体から独立した対象として，主体によって意識される必要がある[10]。人間は，その生活において，何が望ましいか，何がより価値があるのかを判断し行動する。その意味で，価値判断は人間の全活動の本質を成しているといえよう。

　ウェーバー（Weber, M.）は，社会科学的認識の客観性を支える基礎的要件として価値自由を提起した[11]。これは，認識主体が自らの前提にある価値理念や価値判断に対して自覚的にふるまって，これを自己統制することを意味する。つまり，一定の価値前提から出発しつつも，それに捕われないで，自らの前提となる価値理念をも対象にして検証する認識主体の自由な態度を指している。

　一方，嶋田啓一郎は，価値を排除する経験論的客観主義の限界を指摘し，社会科学の自己法則性の持つ自律性を絶対化することによって，倫理を行動原理から排除することを批判している。さらに，社会福祉実践は価値を前提として成り立つ活動であり，価値観不在の客観的知識に基づく技術的実践にとどまるものではないと主張している[12]。価値と知識が連動し，それを土台にして技術として行為化されなければならないのであり，実践へと向かわせるものは，科学ではなく，実践者の価値と倫理である。

　バートレット（Bartlet, H. M.）は，ソーシャルワーク実践の本質的な構成要素として価値，知識，介入活動のレパートリーを挙げている[13]。IFSW と

IASSWによるソーシャルワーク専門職のグローバル定義では,「この定義に表現された価値や原則を守り,高め,実現することは,世界中のソーシャルワーカーの責任である。ソーシャルワーカーたちがその価値やビジョンを積極的に関与することによってのみ,ソーシャルワークの定義は意味をもつ」としている。ソーシャルワークは目的を志向する意思的行為であり,人間,人間の生活,人生を支援する倫理的行為である。ソーシャルワークの価値は,ソーシャルワーカーの手を通して利用者に届けられるのであり,ソーシャルワークは,ソーシャルワーカー自身が選択,判断した価値の具現化といえる。ソーシャルワーカーがどのような価値を内在化し,目的志向を持っているかが支援活動の方向性を決定づけることになる。そのため,ソーシャルワークを支える価値を明確にすることは,ソーシャルワークの存在意義にかかわるテーマとなる。

(2) ソーシャルワークの価値システム

ソーシャルワークは,どのような価値を内包しているのであろうか。IFSWとIASSWによるソーシャルワーク専門職のグローバル定義では,ソーシャルワークの原則について,次のような見解を示している。「ソーシャルワークの大原則は,人間の内在的価値と尊厳の尊重,危害を加えないこと,多様性の尊重,人権と社会正義の支持である。人権と社会正義を擁護し支持することは,ソーシャルワークを動機づけ,正当化するものである。(中略) ソーシャルワークの主な焦点は,あらゆるレベルにおいて,人々の権利を主張すること,および,人々が互いのウェルビーイングに責任をもち,人と人の間,そして人々と環境の間の相互依存を認識し,尊重するように促すことである」。また,NASWの倫理綱領では,ソーシャルワーク専門職の中核的価値として,サービスの精神,社会正義,人間の尊厳と価値,人間関係の重要性,コンピテンスを挙げている。他方,日本ソーシャルワーカー協会の倫理綱領では,人間の尊厳,社会正義,貢献,誠実,責任的力量を挙げている。

以上に見られるのは,ソーシャルワークの思想的背景ともいえる,個人の尊厳,平等,人権,ヒューマニズム,自由主義,社会正義といった広く民主主義

社会に認められている価値である。これらは抽象的であるが，ソーシャルワークの基盤的，普遍的価値といえる。それらを土台として，それらと整合性を持つ望ましい，めざすべき実践目標的価値として，自己実現，自立，主体性，QOL，相互依存，ノーマライゼーション，ソーシャルインクルージョン，エンパワメント，ストレングス等が挙げられよう。さらに，これらの価値を実現する実践の指針ともなる技法的，手段的価値として，権利擁護，無差別平等，個別性，自己決定，当事者主体，秘密保持等が挙げられよう。このようにソーシャルワークの底流にある諸価値群は，段階的にとらえられ，相互に関連づけられていることはいうまでもない。

3　ソーシャルワークを導く価値基盤

　ここでは，ソーシャルワークの価値基盤である人間の尊厳，人権尊重，ソーシャルワークを正当化する根拠となる社会正義について述べる。

（1）人間の尊厳

　価値は人間理解にとって重要な要素である。ブトゥリム（Butrym, Z. T.）は，人間の尊重，人間の社会性，人間の変化の可能性を三つの価値前提として提示している(14)。それはソーシャルワークが持つ人間観といってもよいであろう。

1）人間の尊重

　人間の尊重とは，その人が実際に何ができるとか，何を保有しているかといったことに左右されるような，人を何らかの属性によって評価する有用価値ではなく，ただ人間であることによって生ずる存在価値であるともいえる。すなわち，人間のもって生まれた価値によるもので，人間の固有の価値であり，中心的な道徳的価値である。これは民主主義社会の根本的価値であり，すべての人権の根拠となり，人間の生の一回性への尊厳に基づく，選択の自由，個別性の実現を含んでいる。人間は唯一絶対の存在であり，単なる手段として，ある目的を達成するための道具として扱われる手段的存在ではなく，目的的存在で

あるということである。

　嶋田啓一郎は人格価値が中核的道徳的価値であるとして，他のすべての価値に対して根源的位置を占めているという。そして，社会福祉の根本目標として，全人的人間の統一的人格を確保し，基本的人権を確立することを強調している。[15] その中核にあるのが，世界人権宣言第22条（「自己の尊厳と自己の人格の自由な発展とに欠くことのできない経済的，社会的及び文化的権利の実現に対する権利を有する」），第29条（「すべて人は，その人格の自由かつ完全な発展がその中にあつてのみ可能である社会に対して義務を負う」）である。

2）人間の社会性

　人間の社会性とは，人間はそれぞれに独自性を持った固有の存在であるが，その独自性を貫徹するのに，他者に依存する存在であることを指している。ここにいう依存とは，自立と対立的にとらえられる否定的な意味の依存ではなく，人間は他者との関係を求めるニーズを持っており，他者との相互依存関係が自律的行動の基礎であることを意味している。アイデンティティを確立するためには，他者との関係の中にあって，社会と相互に影響し合いながら，自律的に生きることが必要である。これは，個人の尊重が他者の尊重をも含むもの，すなわち，相互尊重を意味しており，人間の道徳性をも認めるものであろう。

　岡村重夫は，社会福祉における生活を，個人が社会生活上の基本的要求を社会制度の利用によって充足する過程としてとらえ，これらの要求を充足するために，個人が制度と取り結ぶ関係を社会関係と呼んでいる。そして，人間を社会関係的存在，あるいは，共同的存在としての生活者としてとらえている。[16] つまり，社会関係を遮断されると社会生活は成り立たなくなるのであり，社会関係的存在としての人間は，多数の社会関係を矛盾のないものとして，調和させることにより，いずれの社会関係においても，全精力を投入して社会的役割を実行する人間を意味している。

3）人間の変化の可能性

　ソーシャルワークは，人間の変化，成長及び向上の可能性に絶対的信頼を寄せることから始まる。これは，人間が変化させられる対象としての可能性では

なく，主体的な変化の可能性を持っているととらえる立場を示している。ソーシャルワークは変化の過程だが，それは，人間を目的志向的存在としてとらえていることを意味する。個人が潜在的可能性を実現するためには，その人の成長に向かう努力への尊敬を基にして，その人に成長する機会が用意されることが不可欠である。そして，各人が自分自身の可能性を実現していく場合，共に生きる他者が同じように自らを実現していくのを認め合う責任を負っている。

（2）人権尊重

ソーシャルワークは，人間の威信，最善の人生を送る権利の確認から引き出される行為である。人間が生まれながらにして持っている権利，生来の奪うことのできない，または他人に譲り渡すことのできない権利の実質的実現が，ソーシャルワークの根本的な目的である。人権の確立は社会的不正義への抗議から始まったのであり，抑圧に対して抗議していくという側面も持つ。そして，人権とは，人間が人間であるというだけで保有している，人間の尊厳に基づく人間固有の権利であり，人びとが生存と自由を確保し，それぞれの幸福を追求する権利ととらえることができる。その大前提となるのが基本的人権（日本国憲法第11条），生活権（日本国憲法第25条），幸福追求権（日本国憲法第13条）の保障である。

ソーシャルワークの場面で出会う人びとは，このような，人が生まれながらにして保有している権利を侵害されている状態にある可能性が高い。さらに，ソーシャルワークの支援関係は，ソーシャルワーカーが実質的に権限を持つ非対称な関係であり，利用者とソーシャルワーカーが上下関係になる要因を構造的に持ち合わせている。ここに，人権の視点が要請されるゆえんがある。嶋田啓一郎は，「人権の主人公として受容する責任応答的な面接から，真実のソーシャルワークは始まる。人権意識を媒介として，人間復興のために体験する出会いである」[17]という。それは，ソーシャルワーカーが利用者をあくまでも人権を持つ主体者として認識し，向かい合うことを意味している。さらに，人権の実質的実現を達成するためには，虐待，搾取，差別等の対象になりやすい立場

にある社会的犠牲者を擁護するとともに，一般市民の中に，人権意識を育てていくことが不可避の課題である。

（3）社会正義

　ソーシャルワークは，貧困と社会的不正義を減じる運動として始まった。社会正義の実現は，ソーシャルワークのミッションといえる。社会正義とは，「社会の全メンバーが同様の基礎的権利，保護，機会，義務，給付を確保している理想的状態」[18]とされる。支配層や多数派の論理に従属するのではなく，少数派の生存と主張を擁護することに社会福祉の存在意義がある。自由と平等は人権の基礎であり，人権は正義と公正に基づき，他者とのかかわりの中で存在するのである。

　他方，その対極にある社会的不正義は，人権が侵害され，社会への人びとの十分な参加が制限され，機会，資源への平等なアクセスが否定され，差別，貧困，失業等に帰結する。ソーシャルワークを通して既存の不平等な社会関係に挑戦し，社会的不正義の再生産を根絶するのである。社会正義の実現は人間らしく生きるための基盤であるが，それは法律を通してなされ，さらには社会的に不利な状態にいる人びとに対して他の人びとが共同して支援を行う，愛他的感情あるいは共同体的感情によって支えられている。

　正義は，私たちが日常の生活場面で出会う言葉であると同時に，社会の存立を決定づけるテーマでもある。ロールズ（Rawls, J.）は，公正としての正義概念を提起し，誰一人として全体としての社会の諸目的を実現するための単なる手段ではないとして，契約主義の立場に立ち，民主主義の下で人びとが持つ正義の感情を理論化し，個々人が道徳的人格として扱われる権利を持ち，そのような人びととの間の社会契約を通じて公正な社会制度を構築するパラダイムを樹立した[19]。社会正義は，一人ひとりの尊厳ある人間同士の相互援助というような人間社会の根本的性格に根ざしている。したがって，個人が自らの生活の支配権を獲得し，人間の成長を支える環境を作り上げていくことが社会正義の実現といえるのである。

4 価値の具現化における諸課題

（1）諸価値間の葛藤

　前節で確認された諸価値は個々に独立したものではなく，相互に関連し補足する関係にある。価値を具体化していく行為の基準となるのが倫理であり，ソーシャルワークの指針ともいえる。それを明文化したものが倫理綱領であり，諸価値は倫理綱領に体現されている。しかしながら，それは唯一絶対の選択を示すマニュアルではないため，実際のソーシャルワークにおいては，さまざまな制約の中で諸原則の具現化と，それに伴う支援方法の選択において，倫理的ジレンマに陥ることがある。ソーシャルワークの価値の具現化とは，どのような支援行為なのかを明示することは容易でない。したがって，これらの原則が現実的な要請に合致するものであるかどうか，実際のソーシャルワークを通して批判的に検証し，再構成していく努力を積み重ねる必要がある。なぜなら，ソーシャルワークの原則は，実際の支援活動の中から作り上げられるものだからである。また，社会の支配的価値や制度的価値が，人びとにとって反福祉的状況をもたらすなら，それを変革し，新しい価値の創造に結び付けていくことも必要である。「所変われば品変わる」「すべては時代の子」のコトバ通り，価値の多様性を認識し，価値は永久不変なものとは限らないこと，そして，時代，社会状況，人びとの意識の変化に伴い，その重要度が変化したり，新たに生み出されていく価値もあることを忘れてはならない。

　さらに，ソーシャルワークが社会的なものである限り，社会を構成する人間の価値意識に裏打ちされた社会からの要請を受けることになる。ソーシャルワークの価値を論じる際に忘れてはならないのは，こうした社会的文化的価値，さらには集団的価値，ソーシャルワーカーが所属する機関・施設の価値，同僚や連携する他の専門職の価値，利用者の個人的価値，そして，ソーシャルワーカー自身の個人的価値の存在である。これらの価値の相互関連性を考慮しておく必要がある。ソーシャルワークの価値は，これらの価値から直接的，間接的に影響を受

けており，これらの価値の間には葛藤が生じることもある。例えば，同僚との間に価値判断の相違が生じたり，利用者の価値とソーシャルワーカーの価値に不一致が生じることもある。また，チームアプローチにおいて，医療・保健，心理，教育の専門職等が依拠する価値が一致するとは限らず，隣接領域の保有する価値との葛藤に悩むこともある。いやむしろ，諸価値間の葛藤は生ずることが当然といえる。

　価値の多様化，相対化，諸価値間の矛盾の中にあって，ソーシャルワーカーには望ましい専門的価値判断が求められることになる。専門職としての意思決定に規定されるか，官僚的な意思決定に規定されるかの対立が起こり，組織の運営管理において専門職としての自律性を損なうこともある。実践レベルで種々の制約条件によって価値に基づく行為を取りがたいことから無力感を感じ，燃え尽き症候群に陥ることもある。専門職としての責任を果たすためには，葛藤解決の手立てを検討しなければならない。実際の支援活動の蓄積を通して，倫理的決定を支えるガイドラインの策定を検討することが必要であろう。例えば，リーマー（Reamer, F.）は倫理上の意思決定のプロセスを次のように設定している。[20]

① 衝突するソーシャルワークの価値と義務を含む倫理的問題を特定化すること。
② 倫理的意思決定によって影響を受けそうな個人，グループ，組織を特定化すること。
③ 各々のすべての実行可能な行動の筋道や参加者を，潜在的な利益とリスクとともに試験的に特定化すること。
④ 適切と考えられる，各々の行動の筋道に対する脅威と反対の理由を入念に検証すること。
　　a．倫理的な理論，原則，方針（例として，義務論的及び目的論的功利主義的な視点とそれらに基づく倫理的方針）。
　　b．倫理綱領と法的原則。
　　c．ソーシャルワークの実践理論と原則。

d．個人的な価値観（宗教的，文化的，倫理的価値と政治的イデオロギー）。特に自分自身のものと葛藤を起こす価値観。
　⑤　同僚や適切な専門家に相談すること（例えば，機関のスタッフ，スーパーバイザー機関の運営者，弁護士，倫理学者）。
　⑥　意思決定をし，意思決定のプロセスを文書化すること。
　⑦　決定をモニター化し，評価し，文書化すること。

（2）より良き支援を展開するために
　サリービィ（Saleebey, D.）は，「実践は，ソーシャルワーカー，クライエント，さらには文化のそれぞれの意味が出会うところ」[21]という。人間を行動に突き動かす諸価値の存在に目を向け，諸価値群の相互関連性を考慮しておかなければならない。異文化への寛容さが求められ，人にはさまざまな価値観があり，いずれも否定されるものではないこと，利用者をあるがままに受容するということを認識していても，それを実践することはそれほど容易ではない。支援過程で客観的な視点といいながら，ソーシャルワーカーの価値観が影響を及ぼす可能性もある。ソーシャルワーカー自身を支援活動において活用し，利用者の視点を最大限尊重し，より良い支援を提供するためには，ソーシャルワーカーが一個人としての信条，行動様式，パーソナリティや能力，感情のメカニズムや，ソーシャルワーカーになった動機づけ，ソーシャルワークの価値，倫理の内在化等について洞察を深め，理解する，自己覚知が不可欠である。実際の支援場面では，ソーシャルワーカーの裁量が働く余地が大きく残されている。これは，ソーシャルワーカーが利用者に対して実質的な権限を持っていることを意味する。そして，社会福祉は属人的要素が強いといわれるゆえんであり，ソーシャルワーカー自身の根底にある価値，思想がきわめて重要になってくる。すなわち，裁量権を持って，自分自身の判断と責任において自律的に仕事をするためには，支援活動における利用者を含む関係者との相互作用過程の中で起こっていることに学びながら，たえず意識化する努力とともに，ケースカンファレンス，スーパービジョン等を通して自己覚知を促進することが重要である。

加えて，価値の具現化は，ソーシャルワーカーが説明責任（accountability：アカウンタビリティ）を果たすことでもある。説明責任の及ぶ範囲は，①利用者本人（利用者の利益の最優先，利用者の自己決定の尊重，秘密保持，記録の開示），②一般社会（全体としての福祉の促進），③雇用組織・同僚（雇用組織に対する義務の遵守，雇用組織の業務の向上，同僚との協働，チームアプローチ），④専門職団体（自己の実践力の維持向上，専門職としての社会的信用の向上）と幅広い。こうした説明責任を果たすことは，ソーシャルワーカーが社会から付託された役割を実行していくことであり，それがソーシャルワーカーの社会的承認を高めていくことになる。

ま と め

　ソーシャルワークの目的と価値は，支援活動を決定づける土台である。技術・技能は知識と価値を結合させて，支援活動に導くものであり，時間をかけて獲得されるものである。したがって，ソーシャルワークの諸価値を根源的な領域から問い直すことが，ソーシャルワークの実践力の維持・向上の観点から必要である。ソーシャルワークは倫理的行為であり，その専門性が高度になればなるほど倫理性が問われることになる。ソーシャルワークは，価値的な側面を重視しながら，科学的考慮が働く範囲が大きい。ソーシャルワークが価値に導かれて活動する専門職である限り，ソーシャルワークの価値に根ざした支援活動を確立していく必要がある。

注
(1) Bartlet, H. M. "Toward Clarification and Improvement of Social Work Practice" *Social Work* 3 (2), 1958, p. 5.
(2) 全米ソーシャルワーカー協会編／日本ソーシャルワーカー協会訳『ソーシャルワーク実務指針および業務指針』相川書房，1997年，22頁。なお，括弧内筆者。
(3) Council on Social Work Education, *Educational Policy and Accreditation Standards*, 2015.（http://www.cswe.org/File.aspx?id=81660，2016年10月15日アクセス）
(4) マズロー，A. H.／小口忠彦訳『人間性の心理学 改訂新版』産能大学出版部，1978年。

(5) Gordon, W. "Knowledge and Value: Their Distinction and Relationship in Clarifying Social Work Practice" *Social Work* 10 (3), 1965, p. 38.
(6) 嶋田啓一郎「社会福祉における人権の思想」大塚達雄・阿部志郎・秋山智久編『社会福祉実践の思想』ミネルヴァ書房, 1989年, 21頁。
(7) 木原活信『対人援助の福祉エートス』ミネルヴァ書房, 2003年, 15-46頁。
(8) National Association of Social Workers "Working Definition of Social Work Practice" *Social Work* 3 (2), 1958, p. 6.
(9) 全米ソーシャルワーカー協会編, 前掲書, 23頁。
(10) 作田啓一『価値の社会学』岩波書店, 1972年, 17頁。
(11) ウェーバー, M./木本幸造監訳『社会学・経済学における「価値自由の意味」』日本評論社, 1972年。
(12) 嶋田啓一郎「主体性の黄昏と人格価値――本学会独自の課題について」『基督教社会福祉学研究』第37号, 日本基督教社会福祉学会, 1989年, 11-15頁。
(13) バートレット, H. M./小松源助訳『社会福祉実践の共通基盤』ミネルヴァ書房, 1978年。Gordon, op. cit., pp. 32-35.
(14) ブトゥリム, Z. T./川田誉音訳『ソーシャルワークとは何か』川島書店, 1986年, 59-66頁。
(15) 嶋田啓一郎, (6)同掲論文, 2-30頁。
(16) 岡村重夫『社会福祉原論』全国社会福祉協議会, 1983年, 95-97頁。
(17) 嶋田啓一郎, (6)同掲論文, 24頁。
(18) Barker, R. L. *The Social Work Dictionary* (5th ed.), NASW, 2003, pp. 404-405.
(19) ロールズ, J./矢島欽次監訳『正義論』紀伊國屋書店, 1979年。
(20) リーマー, F./秋山智久監訳『ソーシャルワークの価値と倫理』中央法規出版, 2001年, 107-130頁。
(21) Saleebey, D. "Culture, Theory, and Narrative: The Intersection of Meanings in Practice" *Social Work* 39 (4), 1994, p. 351.

参考文献
作田啓一『価値の社会学』岩波書店, 1972年。
嶋田啓一郎『社会福祉体系論』ミネルヴァ書房, 1980年。
バートレット, H. M./小松源助訳『社会福祉実践の共通基盤』ミネルヴァ書房, 1978年。
ブトゥリム, Z. T./川田誉音訳『ソーシャルワークとは何か』川島書店, 1986年。
リーマー, F./秋山智久監訳『ソーシャルワークの価値と倫理』中央法規出版, 2001年。

第4章　ソーシャルワークと倫理綱領

はじめに

　専門職＝profession とは，かつては誓いを立てる職業として神学・法学・医学の三つの職業を指していたが，やがて「知的専門的職業」を意味するようになる。profession と呼ばれる職種は，高度な知識や技術を駆使する職種であるがゆえに一定の「裁量」をもつ。そして，その行為が相手にとって重大なる影響や結果をもたらすために重い責任を負う。[1]

　医療職の責任を例にとると，生命現象への介入行為には，結果の不可逆性と結果の重大性という二つの特徴があり，いわゆる「取り返しのつかない」事態が発生することも否定できない。しかし，医師や看護師が「取り返しのつかない」結果を引き受けることは事実上不可能であり，事後的に「責めを負う」ほかには責任をとる方法はない。最首悟は，「責任がとれないから倫理が発生する」という。[2] 医学の知識と技術を備えているから「医師」を名乗れるわけではない。その知識と技術を何のために，どのように用いるのかが問われ，それを明確にすることが「責任」の一つであろう。そして，その職に目的的に臨むために必要となる基本的態度を示したものが「専門職倫理」である。

　ソーシャルワーカーの仕事は，社会からの信用と承認，利用者との信頼関係の上に成り立つ。しかし，現実には，ソーシャルワーカーの信用の失墜につながるような「不祥事」が後を絶たない。また，いわゆる「不祥事」とは異なるも，対人支援職としての不遜な態度によって「支援関係」の構築が妨げられている事態は，現場で数多く報告されている。このような事態を生まないために，専門職倫理を「倫理綱領」として明文化する努力がなされてきた。

NASW（全米ソーシャルワーカー協会）では，倫理綱領を「専門職の価値・原則や規制について明示的に述べられたもので会員の行為を規定するもの」と説明している。本章では，個々のソーシャルワーカーが価値と倫理を備えることにとどまらず，倫理綱領として明文化することの意味について検討したい。

1　専門職と倫理綱領

　前述したように専門職とは，神に誓いをたてる職業として宗教と深いつながりがあり，人びとの個人の力の及ばない弱い部分を救うことが専門職の職務とされてきた。そして，他の職業人よりも重い社会的責任が課せられ，そのために高い道徳性が求められてきた。
　専門職が備える高度な知識や技術は，容易には修得しがたい「専門知」であるため，専門職の育成もまた専門職集団によって行われる。このことが専門職集団に「権威」と「特権」を与える。したがって，単に利用者の要望に応えて仕事をするのではなく，専門知に基づいて自らの判断に従って仕事をするという「自律性」が認められてきたのである。その一方で，専門職業集団は閉鎖的社会性をもち，さらに，専門知に基づいて形成されるために，外部からの批判を受けにくい。閉鎖性の内側で行われていることの是非を外側から判断することは困難である。このような特徴が生み出すモラル・ハザードを回避し，自律性を保証するものとして，専門職には倫理綱領をもつことが要求されてきた。専門職に認められた特権は，社会的に重要な価値を実現するというその使命と引き替えに与えられると理解されるからである。[3]
　欧米では，医師には「ヒポクラテスの誓い」（資料4-1）を，看護師には「ナイチンゲールの誓詞」（資料4-2）を専門職モラルの指針として学生に教えてきた歴史がある。「ヒポクラテスの誓い」は紀元前3世紀から今日に至るまで医学生に伝達され，「ナイチンゲール誓詞」は19世紀末から120年余りにわたって看護師たちに継承され，医師として看護師としての倫理を己に誓うことをしてきた。専門職の倫理綱領の原型はここにある。そして，それぞれの職能団

第 4 章　ソーシャルワークと倫理綱領

資料 4-1　ヒポクラテスの誓い（原文・小川鼎三訳）

　医神アポロン，アスクレピオス，ヒギエイア，パナケイアおよびすべての男神と女神に誓う，私の能力と判断にしたがってこの誓いと約束を守ることを。この術を私に教えた人をわが親のごとく敬い，わが財を分かって，その必要あるとき助ける。その子孫を私自身の兄弟のごとくみて，彼らが学ぶことを欲すれば報酬なしにこの術を教える。そして書きものや講義その他あらゆる方法で私の持つ医術の知識をわが息子，わが師の息子，また医の規則にもとづき約束と誓いで結ばれている弟子どもに分かち与え，それ以外の誰にも与えない。
　○私は能力と判断の限り患者に利益すると思う養生法をとり，悪くて有害と知る方法を決してとらない。
　○頼まれても死に導くような薬を与えない。それを覚らせることもしない。同様に婦人を流産に導く道具を与えない。
　○純粋と神聖をもってわが生涯を貫き，わが術を行う。
　○結石を切りだすことは神かけてしない。それを業とするものに委せる。
　○いかなる患家を訪れるときもそれはただ病者を利益するためであり，あらゆる勝手な戯れや堕落の行いを避ける。女と男，自由人と奴隷のちがいを考慮しない。
　○医に関すると否とにかかわらず他人の生活について秘密を守る。
　○この誓いを守りつづける限り，私は，いつも医術の実施を楽しみつつ生きてすべての人から尊敬されるであろう。
　もしこの誓いを破るならばその反対の運命をたまわりたい。

資料 4-2　ナイチンゲールの誓詞

　われはここに集いたる人びとの前に厳かに神に誓わん—
　わが生涯を清く過ごし，わが任務を忠実に尽くさんことを。
　われはすべて毒あるもの，害あるものを絶ち，
　悪しき薬を用いることなく，また知りつつこれをすすめざるべし。
　われはわが力の限りわが任務の標準を高くせんことを努むべし。
　わが任務にあたりて，取り扱える人びとの私事のすべて，
　わが知り得たる一家の内事のすべて，われは人に洩らさざるべし。
　われは心より医師を助け，わが手に託されたる人びとの幸のために身を捧げん。

体は「ヒポクラテスの誓い」「ナイチンゲールの誓詞」から世界医師会の「WMA 医の国際倫理綱領」，国際看護師協会の「ICN 看護師倫理綱領」に至るまで，専門知を悪用せず害を及ぼさないことを誓ってきたのである。わが国でも，日本弁護士連合会の「弁護士職務基本規程」をはじめ，さまざまな専門職業領域で倫理綱領が定められている。
　倫理綱領は日常の中で具体的にどのように機能を持つのだろうか。倫理綱領は第 1 に，サービスの利用者（クライエント）に対するサービスの提供者の役割を明示するものである。そして，その専門職全体がサービス利用者に，さらに，社会に対してどのような姿勢をもつのかを表明する。

第2に,一般市民や関係する他専門職に対して自らの価値と社会的役割を周知し,理解を促していくことに機能する。専門職は自分たちの業務内容や責任範囲に対して暗黙の了解があるが,他専門職や一般市民の立場に十分に理解されているわけではない。自分たちが何を理念とする専門職で,そのためにどのような努力をし,何を禁止しているのか等を明らかにしていくことは,社会的責任においても,具体的な連携・協働のためにも必要である。

　第3に,専門職者にとっての業務への共通理解のために機能する。同一の名称をもつ専門職同士であっても,それぞれが置かれた組織の状況や特徴が異なることで,業務への本来的な責務が「ぶれる」こともある。倫理綱領は,状況の如何にかかわらず専門職として共有すべき知識や技術,価値を常に確認し内省する装置である。そのことによって,専門職が質的に維持される。

　第4に,倫理綱領は組織の経営理念等に反映され,諸規則,組織的規範が準拠する。そして,組織の構成員に対する具体的な行動基準や業務ガイドラインの根拠となる。

2　ソーシャルワークにおけるシステムエラーとヒューマンエラー

　それでは,倫理綱領が用意されてさえいれば専門職の自律は担保されるのだろうか。

　わが国のソーシャルワーカーにも倫理綱領が用意されている。IFSW(国際ソーシャルワーカー連盟)が1976年に制定した「専門職としてのソーシャルワーカーの国際的倫理綱領」にならい,日本ソーシャルワーカー協会は,1986年に「日本ソーシャルワーカー協会倫理綱領」を宣言した。2005年には倫理綱領を見直し,国際ソーシャルワーカー連盟が承認したソーシャルワークの定義の基本理念をもとに新たな倫理綱領が作成された。

　しかし,前述のように,ソーシャルワーカーの信用の失墜につながるような「不祥事」が後を絶たず,対人支援職の不遜な態度の常態化が「支援関係」の構築を妨げている事態が数多く報告されている。そのことを裏づけるかのよう

に，組織の職員集団の中で倫理綱領が意識されるような場面は極めて少ないと聞く。そればかりか，社会福祉基礎構造改革以降の，「効率的ではない」ことを切り捨て，繰り出される制度改正に場当たり的に振り回されている現場状況にあっては，「倫理」や「価値」といった「やっかいな」議論は「非効率」なものとみなされ，疎まれてきたように思えてならない。

　さらに，ソーシャルワーカーが地域で開催する研修会や勉強会のテーマに，特定の疾病や障害のある人を「支援困難ケース」として括り，その対応の方法を求める内容が増えている。どのような利用者に対しても「ソーシャルワークとしての支援関係」の構築に努めることが前提であるが，研修意図を詳しく聞いていくと，「なるべく問題を起こさずに」「何事もなくスムーズに」サービス提供に結びつけるための「方法」を求める意図であることが多い。「スムーズに」事が運ばない事態は「非効率」なことであり，支援者はそれを極端に恐れている。また，社会福祉法によって「苦情解決システム」が一般化したが，本来は「支援関係」に課題があるにもかかわらず，「苦情」として処理してしまう方が「効率的」であり，意識的・無意識的な「支援関係の放棄」が顕在している。

　このような実践環境の状況は，社会福祉基礎構造改革によって連綿と続いた措置制度が否定され，競争原理の導入等，それまで支配的であった価値の放棄や新しい価値の台頭といった価値の変位に実践現場が翻弄されている結果でもある。組織・機関の安定存続のためには，専門職・機関に備わる従来的な価値よりも法制度等に基づく手段的価値を優先させなければならず，ソーシャルワーカーと同様に組織も手段的価値と専門機関の価値との狭間にジレンマを抱えている。このような状況は，政策・制度システムがもたらした問題とも理解できる。

　一方，社会の成熟や社会福祉の対象層の拡大に関連して，利用者が社会資源としてのソーシャルワーカーに求める課題や解決の水準がきわめて個別的になっている。支援者としての力量の総体につねにチェックの目が向けられているといっても過言ではない。さまざまな個別性により良くフィッティングしてい

くために，ソーシャルワーカー自身に多様性が求められる。言い換えれば，求められている質の違いに対応せず，従前の方法を繰り返すのみであれば，いずれソーシャルワーカーは「サービス消費者の過剰な要求」との認識から抜け出さないまま支援は滞り，やがて期待されなくなるであろう。深刻な問題は，このような難しい状況にソーシャルワーカーの多くが十分な力量を持たぬまま孤立し疲弊しており，彼らを支えていくネットワークが地域に構築されていないことにある。

渡部律子は介護保険制度下におけるケアマネジャーの孤立を次のように説明する。すなわち，「事前教育もそれを補う研修での実習教育もまた，専門職団体独自の倫理綱領もないまま，仕事をすることを期待されたが，構造的に『事業の利益対クライエントの利益』という倫理的ジレンマを引き起こすような雇用形態（中立公正であるケアマネジャーがサービス提供を行う事業所に雇われる）で働き，わからないことがあっても問題にぶつかっても相談相手がなく，仕事の振り返りの機会がもてず，ただひたすら日々の仕事を行っていた」(4)と。ソーシャルワーカーの「不祥事」や「不遜な態度」はソーシャルワーカー個人・集団の行為として問題化するが，昨今の実践環境では，それは「ヒューマンエラー」というよりも，より構造的な「システムエラー」であると考えるべきであろう。

北川清一は，「わが国における社会福祉専門職の場合，上述した誓いや誓詞に該当する機能が期待されている『倫理規定』は，必ずしも『らしく』を醸し出す思考と行為の『起点＝原点』となるのではなく，自浄機能・自己規制の装置とする歴史を辿ってきたようにも伺える」(5)と指摘する。これは，わが国の倫理綱領が，「存在としてのソーシャルワーカー」の自覚を課すことに機能せず，「自浄機能・自己規制」を促す理念のみにとどまることがもたらす「脆さ」への指摘に他ならない。

3　ソーシャルワーカーの倫理綱領

(1) ソーシャルワークの定義

　日本ソーシャルワーカー協会では，IFSWが採択したソーシャルワークの定義（資料4-3）を倫理綱領に採用している。

　定義はまず，ソーシャルワーカーが「何をする」専門職なのかについて述べている。

　第1に，ソーシャルワーカーは，「人間の福利（ウェルビーイング）の増進を目指す」者である。人間が平等であること，価値ある存在であること，尊厳を有していることを認めてこれを尊重すること，自己実現が促進されるような支援を実践する者として，積極的な意味を含んでいる。

　第2に，ソーシャルワーカーは，「社会の変革を進める」者である。ソーシャルワークの対象としての利用者は，社会の中で不利な状態に置かれていることが少なくない。個々の利用者が抱えている困難が他にも顕在する場合，すなわち，同様な困難や問題が普遍化する状況にあっては，その状況を作り出している社会そのものを変革する必要がある。社会の変革を進めるとは，政治，政策，人びとの意識，社会の価値観等がソーシャルワークのめざす価値に変わっていくよう働きかけることである。そこには，制度の改善，制度の利用基準やサービスの運用の改善等，社会サービスの適用方法への働きかけも含まれる。

　第3に，ソーシャルワーカーは，「人間関係における問題解決を図る」者である。人は他者との関係の中で生きている。そのかかわりの中で問題を抱え，また，問題の解決や軽減に他者との関係を活用している。解決できない問題を抱え，他者との関係を上手く活用できない利用者に対して，ソーシャルワーカーは，利用者と利用者を取り巻く環境をシステムとして理解し，家族における人間関係，利用している支援機関における人間関係，地域における人間関係等に問題解決を図るための働きかけを行う。

　第4に，ソーシャルワーカーは，「人びとのエンパワーメントと解放を促す」

資料4-3　IFSWのソーシャルワークの定義（岩﨑浩三訳）

2000年7月27日モントリオールにおける総会において採択，日本語訳は日本ソーシャルワーカー協会，日本社会福祉士会，日本医療社会事業協会で構成するIFSW日本国調整団体が2001年1月26日決定した定訳である。

定　義[1]

　ソーシャルワーク専門職は，人間の福利（ウェルビーイング）の増進を目指して，社会の変革を進め，人間関係における問題解決を図り，人びとのエンパワーメントと解放を促していく。ソーシャルワークは，人間の行動と社会システムに関する理論を利用して，人びとがその環境と相互に影響し合う接点に介入する。人権と社会正義の原理は，ソーシャルワークの拠り所とする基盤である。

解　説

　様ざまな形態をもって行われるソーシャルワークは，人びととその環境の間の多様で複雑な相互作用に働きかける。その使命は，すべての人びとが，彼らのもつ可能性を十分に発展させ，その生活を豊かなものにし，かつ，機能不全を防ぐことができるようにすることである。専門職としてのソーシャルワークが焦点を置くのは，問題解決と変革である。従ってこの意味で，ソーシャルワーカーは，社会においての，かつ，ソーシャルワーカーが支援する個人，家族，コミュニティの人びとの生活にとっての，変革をもたらす仲介者である。ソーシャルワークは，価値，理論，および実践が相互に関連しあうシステムである。

価　値

　ソーシャルワークは，人道主義と民主主義の理想から生まれ育ってきたのであって，その職業上の価値は，すべての人間が平等であること，価値ある存在であること，そして，尊厳を有していることを認めて，これを尊重するものに基盤を置いている。ソーシャルワーク実践は，1世紀余り前のその起源以来，人間のニーズを充足し，人間の潜在能力を開発することに焦点を置いてきた。人権と社会正義は，ソーシャルワークの活動に対し，これを動機づけ，正当化する根拠を与える。ソーシャルワーク専門職は，不利益を被っている人びとと連帯して，貧困を軽減することに努め，また，傷つきやすく抑圧されている人びとを解放して社会的包含（ソーシャル・インクルージョン）を促進するよう努力する。ソーシャルワークの諸価値は，この専門職の，各国別並びに国際的な倫理綱領として具体的に表現されている。

理　論

　ソーシャルワークは，ソーシャルワークの文脈でとらえて意味のある，地方の土着の知識を含む，調査研究と実践評価から導かれた実証に基づく知識体系に，その方法論の基礎を置く。ソーシャルワークは，人間と環境の間の相互作用の複雑さを認識しており，また，人びとの能力は，その相互作用が人びとに働きかける様ざまな力──それには，生体・心理社会的要因が含まれる──によって影響を受けながらも，同時にその力を変えることができることを認識している。ソーシャルワーク専門職は，複雑な状況を分析し，かつ，個人，組織，社会，さらに文化の変革を促すために，人間の発達と行動，および社会システムに関する理論を活用する。

実　践

　ソーシャルワークは，社会に存在する障壁，不平等および不公正に働きかけて取り組む。そして，日常の個人的問題や社会的問題だけでなく，危機と緊急事態にも対応する。ソーシャルワークは，人と環境についての全体論的なとらえ方に焦点を合わせた様ざまな技能，技術，および活動を利用する。ソーシャルワークによる介入の範囲は，主として個人に焦点を置いた心理社会的プロセスから社会政策，社会計画および社会開発への参画にまで及ぶ。この中には，人びとがコミュニティの中でサービスや社会資源を利用できるように援助する努力だけでなく，カウンセリング，臨床ソーシャルワーク，グループワーク，社会教育ワークおよび家族への援助や家族療法までも含まれる。ソーシャルワークの介入には，さらに，施設機関の運営，コミュニティ・オーガニゼーション，社会政策および経済開発に影響を及ぼす社会的・政治的活動に携わることも含まれる。ソーシャルワークのこの全体論的な視点は，普遍的なものであるが，ソーシャルワーク実践での優先順位は，文化的，歴史的，および社会経済的条件の違いにより，国や時代によって異なってくるであろう。

注：(1)　ソーシャルワーク専門職のこの国際的な定義は，1982年に採択されたIFSW定義に代わるものである。21世紀のソーシャルワークは，動的で発展的であり，従って，どんな定義によっても，余すところなくすべてを言いつくすことはできないといってよいであろう。

者である。「エンパワーメント」とは，貧困や偏見の中に置かれていたり，教育が十分でなかったり，社会的孤立の状態にあったりする際に，社会参加や自己決定を阻害されているパワーレスの人びとが，自分自身のストレングスを促進させ，必要な社会資源を活用して，尊厳ある生活を実現するプロセスである。ソーシャルワーカーには，エンパワーメントを支援し，抑圧されている人びとの不利益な状態からの解放を促す役割がある。

さらに，定義は，ソーシャルワーカーの四つの役割を具体化するための理論と実践について述べている。ソーシャルワークは，「人間の行動と社会システムに関する理論」を利用する。ソーシャルワーカーの用いる方法や技術は，実践の積み重ねと評価，調査研究によって導き出された理論を基礎としている。ソーシャルワークは，人間の行動に関する理論や，社会システムに関する理論を現実社会に応用する。

そして，ソーシャルワークは，「人びとがその環境と相互に影響し合う接点に介入する」実践を行う。人を「社会的諸関係の総体」からなるものととらえ，人間と社会環境との間を個別に意識的に調整することを通して，パーソナリティを発達させることを論じたリッチモンド（Richmond, M. E.）の時代から，ソーシャルワークは人と環境との交互作用への視点を重視してきた。家族や他者といった人的環境，物理的環境，制度的環境，経済的環境などさまざまな環境と個人との交互作用の不調によって生じる生活上の困難を，利用者自身が克服していけるよう，交互作用の接点に介入するのがソーシャルワークの独自性である。ソーシャルワークの「ソーシャル」たる意味はここにある。

（2）日本ソーシャルワーカー協会の倫理綱領

日本ソーシャルワーカー協会は倫理綱領の「前文」において，ソーシャルワーカーは，すべての人間が尊厳を有し，価値ある存在であり，平等であることを深く認識し，平和を擁護し，人権と社会正義の原理に則り，サービス利用者本位の質の高い社会福祉サービスの開発と提供に努めることによって，社会福祉の推進とサービス利用者の自己実現をめざす専門職であると言明している。

さらに、専門職ソーシャルワーカーの職責について、一般社会及び市民の理解を深め、その啓発に努めることを使命としている。そして、ソーシャルワークの知識、技術の専門性と倫理性の維持、向上が専門職の職責であるだけでなく、サービス利用者はもちろん、社会全体の利益に密接に関連していることを認識し、制定した倫理綱領の遵守を誓約する者により専門職団体を組織することを言明している。

以下は倫理綱領に明記された倫理基準である。

1）価値と原則

ここでは、人間の尊厳、社会正義、貢献、誠実、専門的力量の五つが明記され、ソーシャルワーカーがよって立つべき価値と原則について述べられている。「人間の尊厳」と「社会正義」はソーシャルワーカーとして何よりも優先すべき価値であり、その価値に対してソーシャルワーカーが「貢献」することと「誠実」であること、価値を体現させるための専門職としての「専門的力量」の発揮と向上が求められている。

2）倫理基準——利用者に対する倫理責任

「利用者に対する倫理責任」では、ソーシャルワーカーと利用者との専門的援助関係の構築と、自己の利益のために援助関係を利用しないこと、利用者の利益を最優先させること、利用者の受容、説明責任と意思の確認、自己決定の尊重、利用者の意思決定能力への対応といった実践上の倫理責任、プライバシーの尊重と秘密の保持、記録の開示や情報共有のあり方等の倫理責任、性別、性的指向等の違いから派生する差別やセクシュアル・ハラスメント、虐待の禁止、あらゆる権利侵害の発生の防止といった人権にかかわる倫理責任が明記されている。

3）倫理基準——実践現場における倫理責任

「実践現場における倫理責任」では、自らの専門的知識・技術を惜しみなく発揮すること、他の専門職等との連携・協働を図ることといった最良の実践を遂行する倫理責任、実践上に生じる倫理的ジレンマへの適切な対応、さらに、常に業務を点検し業務改善を推進する責務が述べられている。

4）倫理基準——社会に対する倫理責任

「社会に対する倫理責任」では，人びとをあらゆる差別，貧困，抑圧，排除，暴力，環境破壊などから守り，包含的な社会をめざすソーシャルインクルージョンへの努力と，利用者や他の専門職等と連帯して，国内外社会に対してのソーシャルアクションを行う倫理責任が述べられている。

5）倫理基準——専門職としての倫理責任

「専門職としての倫理責任」では，利用者・他の専門職・市民に専門職としての実践を伝え社会的信用を高めると同時に，その立場を利用した信用失墜行為を行わないこと，他のソーシャルワーカーが専門職業の社会的信用を損なうような場合，本人に必要な対応を促すこと，ソーシャルワーカーが不当な批判を受けることがあれば，専門職として連帯しその立場を擁護すること，そして，最良の実践のために専門性の向上を図り，専門職としての成長を促すこと等が明記されている。

以上のように，ソーシャルワーカーの倫理綱領は，ソーシャルワーク実践に取り組む際の指針の表明であり，倫理綱領を持つ専門職団体に加入している専門職は当然この指針に従うことを誓約する。しかし，重要なことは，倫理綱領を単に理想を掲げ規範を示すのみに矮小化させるのではなく，ソーシャルワーカーとしての責務の「規定・規則」であることを認識し，日々の業務の中で倫理綱領がつねに意識されることである。そして，ソーシャルワーカー同士が果たすべき責務の検証と確認を積み重ねることを通してこそ，倫理綱領は日常の実践の中で意味を持つものとなる。さらに，ソーシャルワーク実践が当該専門職によって検証，点検されるだけでなく，第三者機関による評価システムや利用者からの苦情解決システムが機能することが重要である。そのためには，ソーシャルワークの価値・理論・実践を社会に普及させ理解を得ていくことが必要となる。そして，倫理基準が示すように，その役割はソーシャルワーカーにある。

4　専門職実践の質的向上をめざして

（1）倫理的ジレンマの課題

　制度や政策としての社会福祉は，その時代の社会の価値や社会経済の要請を反映することになる。特に，社会福祉基礎構造改革以降，社会福祉ニーズは「誰もが抱える」ものであり，社会福祉サービスは「誰もが利用するサービス」として「一般化」した。さらに，社会問題が個人化する傾向の中で，実践現場では，「多様化した」価値観への対応が課題となっている。しかし，「多様化」は，時として，ソーシャルワークの価値や倫理との間に齟齬を引き起こす。

　社会福祉ニーズが一般化することで，利用者にとっての「安心」や「安寧」は，利用者自らが選択し要求をすることを通して，個々人の営為（自己責任）に委ねるようになった。

　高齢者福祉領域を例にすれば，介護サービス市場における消費者としての自由な選択と契約手続きの一般化は，個人の購買力と契約能力を前提としながら，自己決定に対する社会福祉サービス利用者としての権利を，消費者としての権利に収斂させた。介護保険制度下では，利用者を「お客様」「ご利用者様」と呼称することに違和感がない。しかし，ペインが，社会サービスや保健サービスにおいて「消費者」や「お客」という用語が不適切であること，市民はそう呼ばれるよりも，より優れたサービスを受ける権利があるべきことを指摘したように，ソーシャルワークの倫理や価値は，政策や経済価値によって異なる価値・規範に変容するような可変的なものではなく，人間や社会の普遍的なあり方に立っているはずである。このような現状が，ソーシャルワークの「専門的援助関係」に倫理的ジレンマを生じさせている。

　一方で，ソーシャルワーカーの倫理綱領自体にも倫理的ジレンマが内包されている。

　田川佳代子は，判断能力が低下している認知症高齢者の支援を例に挙げ，本人とその家族との関係において，「誰が，どのような介護方針を選択し，決定

第4章　ソーシャルワークと倫理綱領

していくのか，いずれの選択が正しく，あるいは，正しくないのか，明快な回答のようなものが得られにくい」とし，倫理綱領が明記している「規範」を適用することの限界にふれている。[7]

　また，実践上では，ソーシャルワーカーが所属する組織・機関への義務と利用者への義務が一致しないことが日常的にあり，ソーシャルワーカー自身の倫理的意志決定とは，従前の規範では解釈が困難な，両立し難い諸価値や道徳上のジレンマの狭間でなされているのが現実である。

　バーンアウトに象徴的なソーシャルワーカーの相次ぐ離職は，対処困難で解決されない倫理的ジレンマを抱える状況にその一因がある。ソーシャルワーカーが抱える倫理的ジレンマの軽減・解決に取り組むにあたって，重要なことは，建前や観念から抽象化し，あるいは，画一化し，絶対化した「規範」を徹底することではなく，「やむにやまれぬ」というソーシャルワーカーの義務葛藤を解決する倫理的ガイドラインの模索と，ソーシャルワークの倫理が「日本社会の社会関係や人間関係の中で，日本的な自然な言葉と振る舞いで定着すること」[8]への試行錯誤ではなかろうか。ソーシャルワークは，自明としてきた従前の価値や倫理を今日的文脈の中であらためて問い直し，実践上で咀嚼することの必要性に直面している。

（2）倫理の実践言語化の課題——介護保険制度と「自己決定」

　「自己決定の尊重」はソーシャルワークの倫理原則とされてきた。しかし，昨今，「自己決定」が矮小化している。今日の新自由主義という基調において「自己決定」が強調される本質は「効率性」にあると指摘されるように，介護保険制度は「効率性」を優先させるため，利用者の「迷い」や「ゆらぎ」に寄りそうことや「待つ」といったかかわりを得手としない。介護報酬が伴わない「手間」を支援の範疇とすることに実践現場の了解は得難く，迷ったり，悩んだり，態度を決めかねる利用者が時に「優柔不断」な「了解が悪い」利用者としてラベリングされる。市場原理の下に成立する制度構造の中で，制度が謳う「自己決定」とは「効率性」を達成する方法にすり替わっている。

63

そもそも，世間に一般的な普通の人びとである私たち（決して意志の強くない弱い個人）が行う〈する〉〈せざるを得ない〉「自己決定」とは，他者との複雑に絡み合った関係の中で行われる。他者との具体的な関係に留意する限り，純粋な「自己決定」はあり得ず，その実態は，好むと好まざるとにかかわらず，いつも本質的に「共決定」であることを強いられる。家族・介護者は施設入所を希望し，利用者本人は自宅での生活を望んでいる——このような状況の中で，弱い立場性にある利用者が，社会関係や家族関係に埋没したまま「せざるを得ない」決定を孤立して待つのではなく，家族やソーシャルワーカーといった他者との関係性の中に利用者自身が自己を置き直すこと，「自分自身の去就を決定する環境を整える」ことが「自己決定」へのプロセスを意味することになろう。すなわち，望む望まざるにかかわらず，これから迎えようとする事態に「自分自身を整える」ことが「自己決定」ではないだろうか。すると，ソーシャルワーカーは傍にいて，消極的な選択であっても利用者が主体性を持ち続けることを支援する，「自己決定」をすることに「自分自身を整える」ことへの支援が自己決定支援となろう。その支援プロセスこそが「自己決定の尊重」ではなかろうか。

　倫理綱領は道徳理論でいうところの結果主義の立場に基づいており，どのような行動をとるかを要求するのではなく，もたらされるべき結果のみを明記しているにすぎない。「自己決定の尊重」といった倫理基準をいかにして実践上で具現化するのか，倫理を実践言語化する試行錯誤はソーシャルワーカーの実践力の土壌となる。

まとめ

　2014年に，IFSW及びIASSW（国際ソーシャルワーク学校連盟）の総会で14年ぶりに「ソーシャルワークの定義」が改訂され，「ソーシャルワークのグローバル定義」として採択された。新しい定義では，ソーシャルワークの価値基盤に「多様性の尊重」も加えられたことが特徴的である。今後，各国でこの新し

い定義が吟味検討されていくことになる。

　「社会変革と社会開発」はそれぞれの国や地域がおかれた社会状況で具体的な対応は異なるであろう。しかし，そこでは，「地域共同体」や「社会」「政策」といったマクロレベルへの介入もソーシャルワークの責務であることを宣言している。まさしくソーシャルアクションの課題である。国際化やグローバリゼーションが叫ばれて久しいが，わが国での「多様性軽視」「弱者蔑視」の現状には目を覆うばかりである。「多様性の尊重」という価値をいかに内実化するか，その具現化に踏み出すソーシャルアクションをソーシャルワークは求められている。

注
(1) 平野亙「看護の倫理とProfessionalism」『大分看護科学研究』3(2)，大分県立看護科学大学，2002年，58頁。
(2) 同前論文，59頁。最首悟『星子が居る──言葉なく語りかける重複障害の娘との20年』世織書房，1998年，182頁。
(3) 新田孝彦「世界市民としての専門職業人──専門職倫理の綱領的理念」『応用倫理』1，北海道大学大学院文学研究科応用倫理研究教育センター，2009年，1-4頁。
(4) 渡部律子「社会福祉実践を支えるスーパービジョンの方法──ケアマネジャーにみるスーパービジョンの現状・課題・解決策」『社会福祉研究』103，鉄道弘済会，2008年，74頁。
(5) 北川清一『児童養護施設のソーシャルワークと家族支援』明石書店，2010年，101-102頁。
(6) ペイン，M.／杉本敏夫・清水隆則監訳『地域福祉とケアマネジメント──ソーシャルワーカーの新しい役割』筒井書房，1998年，6頁。
(7) 田川佳代子「ソーシャルワークの価値と倫理をめぐる諸問題」『愛知県立大学文学部論集』第53号，2004年，93頁。
(8) 永岡正己「ソーシャルワークの倫理観──その内在化と社会性をめぐって」『ソーシャルワーク研究』36(4)，相川書房，2011年，59頁。

参考文献
医療倫理Q&A刊行委員会編『医療倫理Q&A』太陽出版，1998年。
川向雅弘「介護保険制度における支援関係の矮小化に関する事例的研究──理念とし

ての『自己決定』は体現されているのか」『社会福祉学』第34号,明治学院大学大学院社会学研究科,2010年,21-29頁。

川向雅弘「地域包括支援センターにおけるソーシャルワーク実践への課題——実態のある支援関係形成にむけて」『ソーシャルワーク研究』36(1),相川書房,2010年,66-71頁。

川向雅弘「ソーシャルワーク・アドボカシーの再考——『排他(exclusivity)』の倫理的検討を手がかりに」『社会福祉学』第36号,明治学院大学大学院社会学研究科,2012年,31-39頁。

川向雅弘「高齢者ケアにおける自己決定支援」『社会福祉学』第38号,明治学院大学大学院社会学研究科,2014年,19-27頁。

第5章 ソーシャルワークの基本原則

はじめに

　ソーシャルワークというと，私たちの頭には，まず，ソーシャルワーカーが利用者に対して具体的なサービスを提供する際，「専門職」として「何をすべきか」という問いが，頭に浮かんでくる。なぜなら，専門職に求められるのは，利用者に役立つ支援を提供することだからである。しかし，役立つ支援を提供するためには，何よりも「利用者」が「何を求めているか」を理解できていなければならない。こうした理解が前提となって，「何をすべきか」という支援は提供されるのである。

　したがって，利用者が求めていることを明確にするためには，利用者自身がそれについて，率直にソーシャルワーカーへ伝えられるような援助関係，すなわち信頼関係を形成することが重要になる。

　援助関係を形成する上で，ソーシャルワーカーが守るべき原則を提示したバイステック（Biestek, F. P.）が，「援助関係はケースワークという臨床過程そのものに流れをつくる水路（channel）である」[1]とし，この水路に沿ってケースワークの展開過程は進められると述べているとおり，援助関係の展開過程が土台となり，その上にソーシャルワークは展開されていくのである（図5-1）。

　本章では，この土台となる援助関係を形成する上で重要なバイステックの7原則を取り上げるとともに，ソーシャルワークを支える基本原則のいくつかについて，その重要性を述べる。

図5-1　ソーシャルワークの展開過程の構造

〈ソーシャルワークの展開過程〉
開始 ⇒ インテーク ⇒ 情報収集 ⇒ 計画の策定 ⇒ 介入 ⇒ モニタリング ⇒ 評価 ⇒ 終結 　　　　　　　　　　　アセスメント
〈援助関係の展開過程〉
援助関係の形成　　　⇒　　　援助関係の活用　　　⇒　　　援助関係の終結

1　バイステックのケースワークの原則

（1）「利用者として」ではなく「人として」のニーズから導き出された7原則

　バイステックによれば，援助関係は「人間に共通する特徴に関する知識」と「一人ひとりの個人に関する理解」の両者を媒介にして形成される。相談に来る人を「利用者」として括ってしまう前に「人として」理解すること，つまり「人間に共通する」特徴に関する知識が，ソーシャルワーカーには必要とされる。同時に，バイステックは「人として」という大きな枠組みで括った理解だけで終わるのではなく，「個人として」理解することも重要と指摘しているのである。

　できることなら社会福祉の制度には関与せずに生活を送りたかったであろうが，何らかの事情のために相談機関を訪れなければならなくなった人は，援助を受ける人，すなわち「利用者」として，ソーシャルワーカーと出会うことになる。バイステックは，こうした人びとが「利用者」として，ソーシャルワーカーから対応されることは望まないことを熟知していたのであろう。だからこそ，「利用者として」ではなく，「人として」の側面を重視し，「人間としての基本的な七つのニーズ」が共通にあることに焦点を当て，そこからソーシャルワーカーが援助関係を形成する上で理解しておくべき原則を導き出したのである。

　以下に，各原則が導き出されたニーズ及び原則を示す[2]。なお，原則名については，新訳と旧訳の両方を併記した。

　①　利用者を個人としてとらえる──個別化の原則

利用者は，ケースとしてあるいは典型例として，さらに，ある範疇に属する者として対応されることを望まない。彼らは，一人の個人として迎え入れられ，対応してほしいと望んでいる。

② 利用者の感情表現を大切にする――意図的な感情表現の原則

利用者は，否定的な感情と肯定的な感情，そのどちらをも表現する必要性をもっている。これらの感情には，恐れ，不安，怒り，憎しみ，あるいは自分の権利が侵害されているという感情等が含まれる。また，これとは逆の感情も含まれている。

③ 受けとめる――受容の原則

利用者は，依存しなければならない状態に陥ったり，弱さや欠点をもっていたり，あるいは，失敗を経験しているとしても，一人の価値ある人間として，あるいは，生まれながらに尊厳をもつ人間として受けとめられたいというニードをもっている。

④ 援助者は自分の感情を自覚して吟味する
　――統制された情緒的関与の原則

利用者は，彼らの感情表現に対して，ケースワーカーから共感的な理解と適切な反応を得たいと望んでいる。

⑤ 利用者を一方的に非難しない――非審判的態度の原則

利用者は，彼らが陥っている困難に対して，ケースワーカーから一方的に非難されたり，叱責されたりしたくないと考えている。

⑥ 利用者の自己決定を促して尊重する――自己決定の原則

利用者は，自分の人生に関する選択と決定を自ら行いたいとするニードをもっている。彼らは，ケースワーカーから選択や決定を押しつけられたり，あるいは，「監督されたり」，命令されたりすることを望まない。彼らは，命令されたいのではなく，援助を求めているのである。

⑦ 秘密を保持して信頼感を醸成する――秘密保持の原則

利用者は，自分に関する内密の情報を，できるかぎり秘密のままで守りたいというニードをもっている。彼らは，自分の問題を，近隣の人や世間一般の人

びとに知られたいとは願っていない。また，自分の評判を捨ててまで，社会福祉機関から援助を受けようとも思っていない。

（2） 7原則の構造・原則に示されている「支援者としてのあり方」

　バイステックは，7原則に関して順序性等を考慮することはなかったようであるが，例えば，自己決定の原則には，援助関係を形成する上で守るべきルールが示されているばかりでなく，利用者が保障されるべき権利と関連した内容も含まれている。つまり，7原則すべてが，必ずしも同列に位置づけられるものではない。そこで，原則の中に階層性があると考えた佐藤豊道は，直接支援活動の基本原理・原則を分類する中で，7原則を次のように位置づけている[3]。

　まず，7原則は，「専門的援助関係の価値原理」を表しているもの，及び「専門的援助関係を展開する上での原理」に大別される。前者は後者の高次の概念であり，ソーシャルワーカーが利用者をとらえる際に重視すべき価値を示し，具体的には三つの原理，すなわち個別化，主体性尊重，変化の可能性の尊重が含まれるとする。そして，バイステックの7原則のうち，「① 個別化の原則」が個別化，「⑥ 自己決定の原則」が主体性尊重に位置づけられている。

　一方，後者の「専門的援助関係を展開する上での原理」は，前者の「専門的援助関係の価値原理」を踏まえた上で，具体的に基本的信頼関係を形成する際にソーシャルワーカーが守るべき原理が示されている。これには，支援者としての基本的態度，援助関係を形成する過程にかかわるルールがあり，前者には，バイスティックの原則のうち「③ 受容の原則」「④ 統制された情緒的関与の原則」「⑤ 非審判的態度の原則」「⑦ 秘密保持の原則」が含まれる。さらに，後者の援助関係を形成する過程で重視すべきルールには「② 意図的な感情表現の原則」が位置づけられている。

　つまり，「① 個別化の原則」及び「⑥ 自己決定の原則」は，他の原則と比して抽象度が高く，高次の内容を含む原理であることが示されている。

　以上のように，7原則には，秘密を守るといった，ソーシャルワーカーの「利用者に対して具体的にとるべき行動のルール」だけが示されているわけで

はない。重要なのは，利用者を一人の人としてとらえる等，ソーシャルワーカーの「利用者と向き合う際のあるべき姿勢」が示されていることである。

　バイステックの著書が，1965年にわが国で訳出されてから今日に至るまで，50年以上にわたって読み継がれている背景には，二つの理由があると考えられる。一つは，本原則が「援助関係」だけでなく「人と人との信頼関係」にも適用が可能なことである。社会福祉分野における支援者は，利用者だけでなく，家族や地域住民，そして，他職種といった人びとと関係やネットワークを構築していく必要がある。こうした多様な人びとと関係を形成する機会が多いため，本原則が非常に有用となるのである。

　二つは，前述のとおり，本原則には，利用者に対して「何をすべきか」を考える以前に重要となる，利用者に対して「どうあるべきか」という向き合う姿勢をソーシャルワーカー自身に問う内容が含まれているからである。例えば，私は利用者を個人としてとらえているだろうか，あるいは，私は利用者の自己決定を尊重しているだろうかと，7原則は支援者にその「あり方」を問いかけてくるのである。したがって，7原則は，援助関係づくりのためのマニュアルではない。いわばソーシャルワーカーとしての「あり方の原点」が示されているからこそ，支援者にとって本原則は，自らの実践の道しるべになるとともに，立ち返る場所になっている。これらから，本原則は色あせることなく，現代のソーシャルワークに活用され続けているのである。

2　利用者の自己決定

(1) 自己決定とは

　自己決定とは，「自らのことを自らが決めること」である。『福祉社会事典』によれば，社会福祉領域においては，「クライエントが自分の判断で自らの方針を決めるというケースワーク上の原則としては以前からあったが，決定の主体たるべき人々自身が主張し出すのは1970年代，言葉として多用され出すのは1980年代に入ってからになる[(4)]」とされている。

つまり，社会福祉領域における自己決定は，バイステックの原則として知られていると同時に，1970年代の「青い芝の会」を代表とする障害者運動の中で，当事者がこれまでに奪われてきた権利として訴えたものであり，その結果，この言葉は，1980年代から多用されるようになったのである。さらに，2000年代以降，社会福祉基礎構造改革といった制度の変革によって契約の概念が導入されることで，自己決定はより強調されるようになっていった。

　しかしながら，「自らのことを自らが決めること」という一見単純なことがらであるかに見える自己決定という概念は，一筋縄でいかない複雑な問題をはらんでいる。以下に，日常生活上及び，対人支援における課題について述べていきたい。

（2）日常生活における課題

　一つは，立岩真也が指摘する，自己決定が最も重視されるべき価値であるかどうかは疑問であるという点である。私たちは，日常生活で24時間，365日，自分のことを自分で決めているわけではなく，「自分で決めるのは面倒くさい」[5]と思う自分がいることを否定できない。何を食べ，何を着るか等，児島亜紀子が言うところの「小さなサイズの決定事項」については，自分で決めずに「他人に任せる」という自己決定の選択肢が，時には必要とされているのである[6]。

　二つは，鷲田清一らによって指摘されている，すべての自己決定が肯定されるものではないという点である[7]。これには，援助関係を形成する上で，利用者が自傷他害や触法行為等をする恐れのある場合，自己決定の原則の適用が制限されることも含まれる。しかし，鷲田らはこうした援助関係だけでなく，人が自分の生活や人生の送り方を決める際，その決定すべてが肯定はされないととらえ，決定が他者との関係に「開かれた状態」でなされたことであるのか，それとも「閉じた状態」であったのかが重要になるという。

　この「閉じた状態」，すなわち，他者との関係が断裂し，孤立した状態の自己決定には危険が伴う。例えば，孤立しているがために援助交際しようとする

人の自己決定は，簡単に肯定されてはならない。こうした自己決定は，本人が孤立した状況に対して絶望していることによって生み出されている可能性があるからである。絶望の表明には，支援の必要性が密かに訴えられているかもしれないから，他者の手を借りながら，人としてのつながりを回復できるような支援こそが，必要となるかもしれないのである。

　日常生活において，私たちは「今日の夕飯に何を食べるか」という，少し先の「未来」における行為を決定する際，「今日の朝ごはんや昼ごはんに何を食べたか」という「過去」を思い出し，「現時点」における食べたいものや食べるべきものを選択する。そもそも自己決定とは，決定の表明自体はある時点の「現在」においてなされるものである一方で，「過去－現在－将来」の文脈を通じてなされている行為でもある。しかし，過去を振り返る余裕がないほどに追い詰められ，未来に絶望し，現在に閉じ込められて状況によってなされる自己決定には，文脈がない。だからこそ，本人が「開かれた状態」で決定ができるよう，本人を取り巻く環境を整えながら，こうした文脈で思考し決定することを促すような他者との対話が必要となるのである。

(3) 対人支援場面における課題

　何らかの生活問題を抱える利用者への援助活動では，何を食べるかといった「小さなサイズの決定事項」だけでなく，例えば，入所施設者が退所し地域へ移行する場合，どこに住み，どのような暮らしをするのかといった「大きな決定事項」にまつわる自己決定を迫られることも多い。いずれにしても，本来であるならば，利用者の自己決定が尊重された援助が提供されなければならない。

　ところが，利用者とソーシャルワーカーの出会いは，「援助される者」と「援助する者」という立場から出発しなければならず，明らかに「される者」としての利用者は，「する者」よりも弱い立場にならざるを得ない現実がある。こうした状況の中，ソーシャルワーカーは「する者」という自分が強い立場にいることに無自覚なまま，利用者の意思を確認することもなく，本人にとって望ましいと考える援助を提供してしまう，いわゆる「パターナリズム」に陥る

危険性が少なくない。

　また，専門職として自分の判断や実際の援助に自信がもてない場合，失敗した時の責任を考え，自らの判断を利用者にはあえて伝えず，利用者の自己決定にすべてをゆだねてしまうこともある。例えば，一般企業への就職を希望する利用者に対して，ソーシャルワーカーは時期尚早と判断してはいるものの，その意見を利用者に伝えることで本人との関係が悪化してしまう事態を避けるため，自らの判断はあえて伝えず，利用者の希望を全面的に支持してしまう場合等がある。

　以上のように，対人支援場面において，自己決定を尊重することが重要なことは間違いないものの，利用者及び支援者という立場性があるゆえに，利用者の自己決定が妨げられる危険性も大きいのである。したがって，ソーシャルワーカーは，利用者以外の人にとって都合の良い自己決定になりがちな現実があることを，つねに念頭におきながら支援活動に携わる必要がある。

　そこで次に，対人援助の前にあって，利用者の自己決定を困難にする要因について考えてみたい。

1）利用者自身が抱える困難

　ソーシャルワーカーが利用者の自己決定を尊重するためには，利用者自身が具体的に何をしたくて，何をしたくないのか，あるいは，他者によって何をしてほしくて，何をしてほしくないのか等が明らかにされなければならない。ところが，例えば，利用者自身に重度な知的障害や認知症があり，自分の意向を伝える手立て，つまり，自分の意向を伝えるためのコミュニケーションの手段が乏しかったり，まったくない場合がある。こうした時，ソーシャルワーカーは支援の根拠を失うことになると同時に，利用者も自分の望む支援が得られなくなったり，時には不適切な支援を受けることにさえなったりして，双方が困難な状況に陥ってしまうことがある。

2）利用者‐家族関係‐支援者の関係上の困難

　利用者自身は在宅における生活を継続したいという意向をもっているが，利用者の介護を主として担っている家族は，その介護負担が重いため，本人には

施設入所をしてほしいと思っている。こうした場合，暮らしの場を選択するという「大きな決定事項」について，本人と家族の意向にズレが生じることで，双方に困難が生じてしまう。また，家族員間，例えば，親やきょうだいの間でも意向にズレが生じたり，これにソーシャルワーカーによる意向のズレが加わったりすると，ズレの構造が複雑化し，問題が深刻化することも少なくない。さらに，こうした場合，利用者に自分の意向を伝える手立てが少ないことが加わると，どうしても家族の意向が優先される結果になりやすいという問題が発生する。

3）支援者が抱える困難

利用者の居住する地域が，過疎化等の影響によって高齢化率が高くなり，共同して社会生活を送ることが困難になっているような限界集落の場合，サービスを選択できる範囲はきわめて狭くなる。例えば，そうした地域にある診療所に勤務するソーシャルワーカーが，脳梗塞による後遺症がある利用者より，退院後に自宅で暮らしながら，さらにリハビリテーションを受けたいとの相談を受けても，診療所にそうした機能がなかったり，自宅から通える範囲内にはサービスがなかったりすることがある。こうした事態は，いわゆる，ソーシャルワーカーが所属する機関の機能の限界や社会資源の不足といった，支援者自身が抱えている限界によって生じる困難である。

（4）利用者の自己決定を支える支援とは

今日は何を食べようか。どういう進路を選ぼうか。どこに住まいを構えようか。不治の病になったら，延命治療を選択するかどうか。まさに "Life" という英語に含まれる三つの意味，すなわち，自分の生物体としての「生命」にかかわることから，日ごろの「生活」，そして「人生」の選択に至るまで，私たちは，実に幅広い場面で，多様な自己決定をしながら生きている。さらに，前述のとおり，日常生活の中には自己決定が最優先されるとは限らない場合もあり，知的障害，精神障害，あるいは，認知症等を有する利用者の場合は，自分の意志を伝える上で困難を抱えているため，生活や人生のさまざまな場面における

自己決定が，他者によって妨げられる状況に陥りやすい等，対人支援上において，自己決定は複雑で多様な課題を孕んでいる。

いずれにしても，対人支援場面において利用者の自己決定が他者によって妨げられないようにする有効な打開策があるわけではない。ソーシャルワーカーは利用者との間に援助関係を形成し，本人の希望や意思等を確認しながら，地道なかかわりを積み重ねていくことが必要とされる。こうした積み重ねを通じて，ソーシャルワーカーは利用者の理解を深めていくのである。

その際に，ソーシャルワーカーが「どのような姿勢」で利用者を理解しようとするかによって，理解の仕方は大きく変わる。仮に，今，目の前に半分水の入ったコップがあるとする。これをコップに半分の水しか入っていないと思うか，それとも半分も入っていると見るかによって，状況の把握は大きく異なるものとなる。ソーシャルワークでは，前者ではなく後者の姿勢で利用者をとらえながら利用者理解を進め，あくまでも利用者を主体に据えた支援を提供することが重要となるのである。

3　利用者主体の支援と利用者の参加

他者によって利用者の自己決定が妨げられない支援を提供するために，利用者を主体においた支援をする際，ソーシャルワーカーはどのような点に留意すべきなのだろうか。ここでは，その指針が示されている法律，すなわち，2005年にイギリスで制定された，意思決定能力法（The Mental Capacity Act）を手がかりとしながら考えていきたい。

（1）利用者主体の支援を前提とした七つのチェックリスト

菅富美枝によれば，本法は成年後見制度に関する基本法であり，「判断能力が不十分な状態にあってもできる限り自己決定を実行できるような法的枠組みを目指し」「意思決定に困難を有する人々の支援のされかた」[8]について定められているとする。

これまでは，知的障害，精神障害，あるいは，認知症といった判断能力に何らかの問題を抱える人びとは，「自己決定することができない人」として見なされ，対人支援場面では，利用者主体でなく，支援者主体の支援が提供されてきた。例えば，精神病院における長期入院患者の在宅支援にかかわるソーシャルワーカーが，利用者から「自分が若いときに退院させてほしいと言った時にはそうさせてくれなかったのに，何で今さら退院しろと言うのか」という言葉を浴びせられる背景には，こうした利用者主体でなかった支援の歴史が隠されているのである。

 こうした状況を改善するために定められた本法では，パターナリズムへ陥らず，本人を主体に据えた支援が提供されるよう，本人の最善の利益（ベスト・インタレスト）を重視するのである。そして，本人の最善の利益を発見するために必要な要素，すなわち，支援者が利用者の最善の利益を見つけ出すための留意点が，以下に示す七つのチェックリスト⁽⁹⁾としてまとめられている。

① 先入観の排除
 本人の年齢や外見，状態や振舞いといったことのみに基づいて判断してはならない。
② 検討すべき諸事項
 本人にとっての最善の利益を代行決定する者は，当該問題に関連するすべての事情を考慮しなければならない。
③ 意思決定能力の獲得・回復可能性の考慮
 決定代行者は，本人が意思決定能力を獲得・回復する可能性を考慮しなければならない。
④ 本人の参画の促進
 決定代行者は，最大限実行可能な範囲で，本人が意思決定に参加し主体的に関与できるような環境にしなければならない。
⑤ 生命維持治療に関して
 決定代行者は，生命維持治療に関する決定において，本人の死という結

果をもたらすいかなる動機でも判断してはならない。

　⑥　本人の希望等の探求

　　決定代行者は，本人の過去及び現在の希望や意向，本人が決定するとした場合に影響を及ぼすような信念や価値観，その他本人が考慮に入れるであろうと思われる諸要因を考慮しなければならない。

　⑦　考慮すべき者の意見

　　決定代行者は，本人が相談者として指名した者，本人のケアにあたっている者，もしくは本人の福祉に関心を持っている者，本人から永続的代理権を付与されている者，裁判所によって任命されている代理人等の意見を考慮しなければならない。

（2）チェックリストに通底する社会福祉の価値

　前項のチェックリストの「①　先入観の排除」や「③　意思決定能力の獲得・回復可能性の考慮」の項目は，利用者が意思疎通に大きな問題を抱え，それにより多くの生活課題に直面していたとしても，ソーシャルワーカーが利用者を意思決定の「できない人」として決めつけてはならないし，今，仮に，意思決定することが困難であったとしても，将来的にそれができるようになるための支援を考えなければならないことを示している。山口理恵子は，意思決定支援時に，利用者の障害特性等に注意し，一方的な判断をすることは避けるべきであり，いつも「はい」と答えることの多い利用者については，質問方法を変えるといった工夫が必要という。つまり，チェックリストの根底には，利用者が有する「人としての可能性」を徹頭徹尾，信じていこうとする姿勢がある。

　これは社会福祉の価値と通底している。例えば，ソーシャルワーク固有ではないものの，ブトゥリム（Butryum, Z. T.）は，ソーシャルワークを支える不可欠な三つの価値として，①人間尊重，②人間の社会性，③変化の可能性を提示している。ソーシャルワーカーは，生まれながらに価値ある「人として」利用者を尊重しなければならないし，どんなに他者を拒む利用者であっても，拒むという行為の裏には，社会と関係を持ちながら生活したいという希望が隠され

ているかもしれないことを理解しなければならない。さらに，本人自身やその生活に変化を引き起こすことはできないと思えるような障害の重い利用者であっても，ソーシャルワーカーは利用者が「変化し，成長及び向上する可能性」があることを「信じること」が重要なのである。

いずれにしても，こうした項目があえてリスト化される背景には，利用者を取り巻く環境としてパターナリスティックな関与が非常に多いことを示している。したがって，ソーシャルワーカーは，先に示した三つの価値を拠り所としながら，利用者の意思を引き出して支援できるよう，たえず工夫しながらかかわり続けることが必要となる。

（3）利用者の参加

ソーシャルワークにおいても，利用者は「援助される者」としての客体であり，ソーシャルワーカーは「援助する者」としての主体という，いわば上下関係から出発せざるを得ない。しかし，ソーシャルワーカーが利用者を支援するためには，利用者の意思や意向が反映された希望などが明確にされなければならない。それらを探るために必要な手立てが，チェックリスト「②　検討すべき諸事項」「④　本人の参画の促進」「⑥　本人の希望等の探求」「⑦　考慮すべき者の意見」に示されている。

まず，ソーシャルワーカーは，利用者の生活状況全体を理解しながら，利用者が率直に自分の希望等を表明できるような「対等な」援助関係を形成することが重要であり，このような関係を形成すること自体が，意思決定支援の過程に利用者が参加することにつながる。そして，関係の中で表明された希望などは，「過去－現在－将来」の文脈における利用者の生活や人生のあり方との関連で考慮される必要がある。また，考慮にあたっては，利用者にかかわる家族や専門職者から，できるだけ意見を収集しなければならない。なぜなら，利用者とソーシャルワーカーの援助関係の中で表明される希望とは異なるものを，利用者は他の関係の中で表明しているかもしれないからである。

例えば，入所施設で暮らす障害がある利用者，なかでも先天的な障害がある

利用者の場合，家族とともに暮らした経験はあっても，社会経験が豊かではなく，一人暮らしを経験したことのある人は少ないと考えられる。そうした利用者に在宅生活を希望するかどうかを尋ねたとしても，地域で暮らすという経験そのものがなければ，希望すると答えることはできない。つまり，自己決定の選択肢にかかわる情報や体験が提供されなければ，「どうしたいか」という将来の希望に関する意思表示はできないのである。

相馬大祐によれば，一人暮らし生活を2カ月間体験するという支援を，施設入所者数名に提供したところ，在宅生活の利点や課題が明確にされたと同時に，在宅生活の経験と入所施設における生活を比較することが可能となり，改めて入所施設の利点や課題が再評価されることになったという[12]。在宅生活を体験してみるという支援へ参加しなければ，利用者はソーシャルワーカーによって在宅生活を希望しない人としてみなされ，施設で生活する以外の選択肢を持たぬまま施設生活における暮らしを続けていたであろう。利用者自身がソーシャルワークの過程に参加し，これまでに獲得できなかった情報を得ることが，利用者が人間として尊重され，社会性が保障されることにつながるのである。

4　ソーシャルワーカーの自己活用

（1）「Life」を包括的に支援するソーシャルワーカー

対人支援職といわれる専門職者には，医師，看護師，弁護士，教師，カウンセラーといったさまざまな職種がある。こうした職種のうち，医療分野の専門職とソーシャルワーカーを，英語の「Life」がもつ三つの意味，すなわち「生命」「生活」「人生」という側面からとらえてみると次のようになる。

「Life」の三つの側面のうち，「生命」への関与を中心とする看護職といった医療専門職は，実にさまざまな医療機器，すなわち「目に見える道具」を用いて患者を支援する。これに対し，ソーシャルワーカーは，「生命」と関与しつつも，主として「生活」や「人生」といった側面への支援が中心となり，「Life」を包括的に支援する専門職といえよう。そして，とりわけソーシャル

ワーカーによる支援活動では，「目に見えない道具」として，関係やネットワーク，あるいは，社会資源や制度が活用される。

　また，医療分野では，「疾患」に対する治療の効果は数値として計算され，その結果が導き出されたマニュアルが，支援の上で重要な役割を果たす。しかし，社会福祉の場合は，利用者の価値観や信条といった個別性が色濃く表れる「生活」や「人生」に対する支援であるため，「マニュアル」で対応できない部分が多い。なぜなら，多様な要素から構成されている「生活」や「人生」は，過去から現在，そして，将来に向かって変化し続けるものであり，多面的で多層的な構造を有しているからである。だからこそ，前節で述べてきたように，ソーシャルワーカーは，利用者との間に援助関係を形成し，利用者の希望や意思等をつねに確認することが必要になる。したがって，ソーシャルワーカーに求められる最も重要な力量の一つが，援助関係を形成する力なのである。

（2）支援の「道具」としての自己活用

　「上下関係」から始まる援助関係が「対等な関係」へと移行することで，利用者は自分の生活や人生にかかわる率直な意向や希望等を支援者に話すことができるようになる。第1節で述べたとおり，バイステックは，こうした援助関係を形成する上での「支援者（ケースワーカー）のあり方」を原則として示した。

　自分がソーシャルワーカーにはたして受け入れられるだろうかといった不安や緊張等，利用者は負の感情のみならず，自分の抱えてきた問題が解決できるかもしれないといった期待や希望という正の感情も抱きながら，ソーシャルワーカーの前に現れる。また，前節で述べたとおり，支援者と利用者は，援助する者と援助される者という立場で出会うものの，利用者はソーシャルワーカーに対して，自身を「利用者」としてではなく「人として」かかわってほしいと思っている。つまり，双方の立場と利用者の思いにはズレがあるという，複雑な状況の中で両者は出会うことになるのである。

　したがって，バイステックが，援助関係を「ケースワーカーと利用者のあいだに生まれる態度と情緒による相互作用」であるとしているとおり，ソーシャ

ルワーカーはこうした繊細で微細な感情を利用者の態度や言動から読み取り，それらを受けとめ，理解していることを自らの態度や言葉によって利用者に伝えていく。共感的・受容的態度でかかわることで，利用者自身ができるだけ短い時間の中で，負の感情を減らし，自身の抱えている課題や望んでいる支援等についての率直な意向を伝えられるようになるのである。

　ところが，ソーシャルワーカーも生身の人間である以上，当然のことながら，対人関係上の得手・不得手がある。例えば，親の介護は子どもがするべきという考え方を強く抱くソーシャルワーカーであれば，介護に対して前向きな発言をする家族に対しては，「励ましたい」気持ちが湧くが，肯定的ではなく否定的な言動の多い家族であると「また同じようなことを言っている」と思ってしまうこともあるだろう。

　こうした利用者や家族，あるいは，生活問題に対するソーシャルワーカーのとらえ方をそのままにしておくと，利用者や家族とのやりとりに何らかの感情表現として表出され，相手に伝わってしまう可能性が高い。したがって，ソーシャルワーカーは，自身が利用者の感情表現に対して感受性を働かせ，利用者の抱いている感情を理解し，それに対して適切に反応することの重要性を指摘する，バイステックの「援助者は自分の感情を自覚して吟味する──統制された情緒的関与の原則」を適用しながら，援助関係を形成する必要がある。

　ソーシャルワーカーになるということは，生身の自分としての個人的自己（personal self）のうちに，異物としての専門職業的自己（professional self）を形成していくことである。例えば，「人として」という個人的自己として「高齢者介護は家族が担うべき」という価値を有しているソーシャルワーカーが，高齢者介護を適切に行わない家族を前にしたとき，「なんでもっと頑張れないのだろうか」といった負の感情は生じやすくなる。しかし，専門職業的自己としては，個人的自己の価値によって生じるこうした感情を家族に伝えてしまうことは不適切であり，負の感情を自分でコントロールしながら，利用者とかかわることが必要とされるのである。こうした専門職として意識的に自己を「道具」として活用して援助関係を形成することは，自己活用（conscious use of self)と呼ばれる。

　バイステック自身が「利用者の感情に対していかに反応するかは，援助関係におけるもっとも重要な心理的要素であり，おそらくこれがケースワークにおけるもっとも難しい技術である[13]」と述べているとおり，援助の「道具」として自己を吟味するという自己活用は，ソーシャルワーカーとして利用者に向き合う際には，尾崎新がいうところの「自分に働きかけ，自分を点検する[14]」技術として非常に重要となる。

（3）自己活用の方法

　それでは，どのように自己を点検すればよいのだろうか。尾崎は『ケースワークの臨床技法』で，次のように述べている[15]。

　「自分を客観的に見なさい」とよくいわれるように，先入観をできるだけ排除して冷静に自分を見ることは必要であるが，完璧に主観を排除することはできない。したがって，大切なことは，「主観的でよいから，自分を多面的に観ることだ」とする。ソーシャルワーカーとしての自己の欠点を反省し修正することは，無論，必要なことであるが，自分の欠点ばかりではなく，長所や能力等を含め，ありのままの自分に関心を持つことが重要である。自分自身を変えることではなく，自分を援助の中でどのように活かすかを探ること，これを目的とするのである。

　ソーシャルワーカーが自己を振り返り点検するのは，利用者や他のソーシャルワーカーとの関係がうまくいかなくなったという体験をした際に多いものである。そうした際の振り返りでは，自分の短所にばかり目が向いてしまう。短所にばかり目を向ける振り返りは，自分で自分を追い詰める結果へと結びつきやすいため，自己を振り返るという作業そのものが苦痛になり，中断してしまうことにもつながる。例えば，「親しみやすさ」という長所は「馴れ馴れしさ」という短所と背中合わせの関係にあるのだから，まずは長所に着目した振り返りをする方がよいのである。

　さらに，尾崎は，自分自身を振り返る際の着目すべきポイントについて，次

のようにいう。

　一つは，対人関係における自分の感情の動き方である。どのような時に，どのような感情を持ちやすいかに注目するのである。例えば，暴力をふるう夫に対しては攻撃的な感情を抱く一方で，暴力をふるわれている妻に対しては過度に同情してしまうソーシャルワーカーもいるだろう。こうした感情の動き方の特徴に気づいておけば，同様の事例を担当することになった際に，夫や妻に対する自分の感情のもち方に注意を払いながら，かかわりをもつことができるのである。

　二つは，自分の感情表現の特徴や傾向である。感情を率直に表現する人もいれば，あまり表情に出さない人もいるし，緊張すると多弁になる人もいれば，無口になる人もいる。ソーシャルワーカーは，こうした特徴を自分でできるかぎり把握しておくことも必要なのである。

　ソーシャルワーカーは，以上のようにして得られた自身の特徴を，今，目の前にいる利用者がどのような印象としてとらえているかについて関心を向け，必要に応じて自分の態度や行動を微調整しながら援助関係を形成していくのである。そして，ある程度の関係が築かれたら，自分の特徴を含む個性を，援助関係の中で活かして支援を展開していくことも必要となる。なぜなら，ソーシャルワーカーによる個性の表現が利用者の個性を引き出すきっかけともなり，そうすることで両者の関係の距離がさらに縮まったり，深まったりする機会になるからである。

　ソーシャルワークにおいて命綱ともいえる援助関係を形成し活用する上で，ソーシャルワーカー自身が，支援の「道具」としての自己に対してつねに関心を向け，点検しておくことは，きわめて重要なことである。したがって，こうした振り返りの作業は，専門職教育を受けている期間から，実習教育といった教育プログラム等で取り組んでおくことが望まれる。

まとめ

　ソーシャルワークが利用者にとって意味あるものとなるためには，赤の他人同士が出会い，秘密を共有することになる特殊な関係，すなわち，援助関係を基盤とした支援活動が展開されなければならない。まず，ソーシャルワーカーが援助関係を形成するにあたっては，バイステックの原則を踏まえることが重要であり，また，ソーシャルワークを具体的に展開するにあたっては，利用者が自己決定し，利用者自身が主体となり支援に参加することができるよう，具体的な配慮を伴う働きかけをすることが大切になる。そして，ソーシャルワーカーはこうした支援を可能にするために，支援の「道具」としての自己につねに関心をもち，吟味する必要性がある。

注

(1) バイステック，F. P./尾崎新ほか訳『新訳改訂 ケースワークの原則——援助関係を形成する技法』誠信書房，2006年，4頁。
(2) 同前書，20-21頁。
(3) 佐藤豊道「直接援助技術の基本原理・原則」福祉士養成講座編集委員会編『社会福祉援助技術論Ⅱ 各論Ⅰ』中央法規出版，1999年，18-31頁。
(4) 庄司洋子ほか編『福祉社会事典』弘文堂，1999年，379頁。
(5) 立岩真也『私的所有論』勁草書房，1997年，127-144頁。
(6) 児島亜紀子「社会福祉における『自己決定』——その問題性をめぐる若干の考察」『社會問題研究』51 (1-2)，大阪府立大学，331-342頁。
(7) 鷲田清一・浜田寿美男「自己の余白に」『現代思想』7月号（特集＝自己決定権），青土社，1998年，144-269頁。
(8) 菅富美枝「自己決定を支援する法制度・支援者を支援する法制度——イギリス2005年意思決定能力法からの示唆」『大原社会問題研究所雑誌』No. 622，2010年，33-49頁。
(9) 七つのチェックリストについては，高山直樹による訳出を引用している。高山直樹「意思決定支援と権利擁護」『ソーシャルワーク研究』41-4 (164)，相川書房，28-34頁。

⑽　山口理恵子「成年後見制度における意思決定支援の理念を基盤にしたガイドラインの検討」『社会福祉学』56-2，日本社会福祉学会，2015年，113-125頁。
⑾　ブトゥリム，Z. T.／川田誉音訳『ソーシャルワークとは何か』川島書店，1986年，55-66頁。
⑿　相馬大祐「自己決定をめぐる支援者の問題——体験を通した選択肢の獲得に焦点を当てて」児島亜紀子編著『社会福祉実践における主体性を尊重した対等な関わりは可能か——利用者‐援助者関係を考える』ミネルヴァ書房，2015年，200-226頁。
⒀　バイステック，前掲書，90頁。
⒁　尾崎新『対人支援の技法』誠信書房，1997年，90頁。
⒂　尾崎新『ケースワークの臨床技法』誠信書房，1994年，160-172頁。

参考文献
稲沢公一・岩崎晋也『社会福祉をつかむ』有斐閣，2008年。
平田厚『増補・知的障害者の自己決定権』エンパワメント研究所，2002年。
『現代思想』2月号（特集＝身体障害者），青土社，1998年。

第6章 ソーシャルワーカーの社会的使命と課題

はじめに

　今日，ソーシャルワーカーが必要とされる社会的背景に，私たちの生活課題の多様化・拡大化・複合化がある。このような生活課題の変化は，超高齢化や少子化の進展と介護や養育を担う家族機能の低下，生活意識，家族意識の変化，地域関係の希薄化とともに輻輳しながら拡大している。さらに，雇用政策の変更や経済的不平等を容認する社会構造的問題を背景に，自殺者，ホームレス，ひきこもり，貧困，いじめ等の社会的孤立の課題が深刻化している。このような社会状況に加え，社会問題や生活課題の解決・軽減への需要（demand）がきわめて個人化しており，ソーシャルワークが従前のまま制度的枠組みに依拠するのみでは，十分な機能を果たさないことは明らかである。さらに，多様化する生活課題に対する昨今の政策は，社会福祉専門職種の細分化，縦割化をもたらし，さらに，社会福祉基礎構造改革以降に推し進められてきた対人支援専門職のボーダレス化と相俟って，実践場はソーシャルワークを具現化することが容易でない状況にある。

　しかし，日本ソーシャルワーカー協会の倫理綱領は，ソーシャルワーカーは「人権と社会正義の原理に則り，サービス利用者本位の質の高い福祉サービスの開発と提供に努めることによって，社会福祉の推進とサービス利用者の自己実現をめざす専門職」であると言明している。すなわち，「人権」と「社会正義」はソーシャルワーカーが優先するべき価値であり，その価値に対してソーシャルワーカーは「貢献」し「誠実」であること，その価値の体現のために，「社会に対する倫理責任」において利用者や他の専門職等と連帯して，国内外

社会に対してのソーシャルアクションを行うことを求めている。その一方で，わが国では，「ソーシャルワーカーはソーシャルアクションを失って久しい」と指摘され続けてきた事実がある。

本章では，ソーシャルワークそのものが問われている中で，支援活動の担い手としてのソーシャルワーカーの状況と，その価値を具現するための課題について述べていく。

1　ソーシャルワーカーの社会的使命
──ソーシャルワーカー機能としてのアドボカシー

(1) わが国における「アドボカシー」の理解

　ソーシャルワーカーはソーシャルワークサービスの提供とアドボカシー活動を両輪として実践する専門職であるとされる。アドボカシー活動とは利用者のいる社会システムに働きかけて「利用者の権利のためにアクションを起こすこと」である。そして，そのアクションを起こす機能がソーシャルアクションである。すなわち，ソーシャルワーカーはソーシャルアクションを用いてアドボカシーを実践する。

　わが国の社会福祉研究におけるアドボカシーの歴史を辿ると，岡田藤太郎が，ソーシャルワーカーの調停者（intercessor）的，弁護者（advocate）的役割を述べたことに始まる。岡田は，調停者あるいは弁護者としてのソーシャルワーカーの役割は，利用者のサービスを受ける権利を守ることにあるとした[1]。また，小松源助も「弁護（代弁）的機能（advocacy function）」を紹介し，1960年代のアメリカの社会情勢がケースワーク批判とソーシャルアクションへの志向をもたらしていることを紹介した[2]。

　しかし，わが国のアドボカシー研究は，ソーシャルワークの理論・実践上に根づくことなく，1990年代からは，研究・実践の主流は「セルフアドボカシー」に移行し，自立生活運動とともに当事者「本人」による主体的な「権利擁護活動」として主張されるようになる。わが国でのアドボカシーは，従来の弁護・代弁機能を含みながら，当事者による自らの権利の擁護を目的とした，あ

るいは、擁護の支援を目的とした障害者運動をきっかけに、権利擁護活動と理解することが一般的となっている。

その一方で、社会福祉法制定、成年後見制度の開始、介護保険制度の導入等、1990年代に始まる社会福祉基礎構造改革を背景として「権利擁護」が声高に叫ばれるようになった。「利用契約制度」によってこそ達成されるとされる「利用者本位」＝「利用者が尊重される主体的な判断と行為」とは、自己の判断（自己決定）の権利を主張すると同時に、多様なリスク（危険性）を自己責任として負うことも意味している。そのため、判断能力の不十分な人にも、契約行為の前提となる「自己決定」と「自己責任」が（を）完結できる（させる）「特別な支援」すなわち「判断能力を補完する社会システム」が必要であり、それが「権利擁護システム」である。具体的には、社会福祉協議会が実施する地域福祉権利擁護事業（現・日常生活自立支援事業）をいう。また、広義には、利用者の判断能力の有無にかかわらず、サービス事業者との対等な契約関係の維持、利用するサービス内容の点検や不当な権利侵害、搾取からの保護といった、消費者としてのサービス利用者の保護が含意される。すなわち、「地域福祉権利擁護事業」と「利用者主体のサービスの具現化や、利用者が主体的なサービス選択に向かうための支援やシステムの総体」が「権利擁護」と概念化され、昨今は、「権利擁護」＝「アドボカシー」して市民権を得たかのような一般的了解がなされている状況である。

（2）システムとしての「権利擁護」への疑問

しかし、「社会福祉基礎構造改革にいわれる権利擁護」＝「アドボカシー」であると説明されることへの疑問は少なくない。

秋山智久は、アドボカシーとは利用者の「生活と権利」を擁護するために行う専門的実践であって、単に「権利」のためだけの擁護、すなわち「権利擁護」ではないとし、「アドボカシーはその実践の中核として『権利擁護』も行うが、アドボカシーはそれよりも広い概念であって、『ニーズ充足』『生活支援』『生活擁護』を行うものである」と説明した。

岩間伸之は，社会システムとしての地域福祉権利擁護事業で強調される「権利擁護」については，ソーシャルワークとの接点から看過できない論点があるとし，次のように指摘した。すなわち，①権利擁護のための制度上の仕組みが整うことと個別の利用者の権利が擁護されることは別の次元の話である。②社会福祉基礎構造改革の中で使われている「権利擁護」は，制度の枠内で議論されるかぎり，きわめて限定的な「権利擁護」にすぎない。③これまで，アドボカシーはソーシャルワークにおける重要な機能として位置づけられてきたが，社会福祉基礎構造改革に強調される「アドボカシー」とは，必ずしもソーシャルワークを土台として論議されているわけではない。ましてや，「権利擁護活動」という用語との関係はきわめて曖昧である。④「権利擁護活動」に含まれる「苦情処理」が，何か「苦情」があれば第三者機関に訴えるという仕組みで単純化すると，ソーシャルワークに求められる支援を変質させる可能がある，との指摘である。岩間は，ソーシャルワークにおけるアドボカシーとは，本来あるべきソーシャルワークの役割を果たすことが前提にあり，「権利擁護」を支える社会福祉実践として，ソーシャルワークが何を果たし得るのかという議論が不可欠であると論究している[4]。

(3) アドボカシーを具現化するソーシャルアクション

沖倉智美は，「アドボカシーとは本来，ワーカーが用いるべき社会福祉援助技術の一つである。アドボカシーは必ずしも目新しいものではなく，その重要な視点であるクライエントの『自己決定尊重』や『利益最優先』の考え方は，ソーシャルワークの原則やワーカーの倫理綱領において，従来から言われていることである。アドボカシーはソーシャルワークの全過程を通じてそのことに意識的に取り組むことを求めており，同時に『エンパワーメント』の視点を導入し，利用者の権利の獲得，回復，強化を徹底的に支援することで，ソーシャルワークの再構築に寄与していく方法である[5]」と述べている。

また，出村和子は，「ソーシャルワークはその発祥の時から，社会正義を求めて，社会変革のアドボカシー機能を有したと思われる[6]」と述べ，木原活信は，

第6章 ソーシャルワーカーの社会的使命と課題

「援助におけるアドボカシーとはそもそも何なのかという根源的問いは十分に論究されてきたとはいえず，実践的研究の陰で等閑視されてきた」としながらも，「概念の表現の違いはあってもソーシャルワーク生成時より主張され，現代の社会福祉界ではソーシャルワーカーの役割や機能としてすっかり定着した」[7]と述べている。

このように，アドボカシーがソーシャルワークの根幹にかかわる専門的機能であることはすでに認識されているといえよう。しかし，わが国の社会福祉実践現場を目のあたりにすれば，「変革」や「社会正義」を実践の拠り所とするには，理念と現実に乖離を覚えざるを得ない。ソーシャルワークの枠組みの中で，ソーシャルワーカーが「変革」や「社会正義」の実現に必要な姿勢や態度をどのような方法で獲得し，どのような活動を実践するのかという具体性をイメージすることが難しく，言うは易しく行うは難しく，理念にとどまっている。

わが国の場合，欧米に見られるようなアドボカシー専門機関は稀少であるため，組織に所属する立場が一般的となるソーシャルワーカーは，利用者の生活課題を，組織と利用者との間でジレンマを抱えたまま自らが抱え込まざるを得ず，理念と可能な実践との狭間で葛藤する。理念的にアドボカシーが語られても，その理念は利用者の生活課題に対して具体的な介入が可能であるか否かといった現実とは一致しない。調整，介入，対決，変革といったアドボケイトに求められるとされる機能は，激しく変容している社会福祉の諸相にあっては，声高に主張していくことで達成可能になるとは考えられない。アドボカシーがソーシャルワーク実践の具体的な方法として実践現場に活用されていくためには，一般的なソーシャルワーカーにも獲得可能な方法として提示される必要がある。

さらに，アドボカシーにいわれるストレングス支援やその前提となる代弁機能，権利擁護等はソーシャルワークそのものにも含意される一方で，具体的な実践場面では，一般的なソーシャルワーク機関とは立場性を異にしたアドボカシー機関，運動体，行政，司法等の領域が担っていくべきものも多い。それらをソーシャルワークの役割の中に混在させて語るのではなく，一般的なソーシ

ャルワーク機関が実践可能なソーシャルワーク固有の実践方法として，ソーシャルワーカー機能としてのアドボカシーを明確にすることが必要である。

2　ソーシャルワーカー支援の必要性と課題

（1）ソーシャルワーカーのジレンマ

　「社会正義」や「変革」というソーシャルワークの価値は，必然に諸種の「対立軸」の存在により謳われる。前節で述べた「アドボカシー」を例にしても，その活動の「障壁」がつねに指摘されてきた。

　古くは，1968年にNASW（全米ソーシャルワーカー協会）によって設置された「アドボカシーに関する特別委員会（The Ad Hoc Committee on Advocacy）」報告書では，「ソーシャルワーカーのアドボカシーの妨げの最大の原因は，技術の立ち遅れにあるのではなく，組織――その組織自身がしばしば利用者の苦悩の原因である――の被雇用者としての彼らの地位にある」と指摘されている。

　また，この報告書では，「利用者に対する責任が雇用者に対する責任に優先する」として，ソーシャルワーカーの利用者に対するロイヤリティが何よりも優先することを宣言したように，アドボカシーは，組織への対立概念を基軸として機能すべきとされた経過がある。それは，同時に，ソーシャルワーカー自身が雇用者である組織に対抗しなければならないことを意味している。しかし，秋山智久は，対立することでステイタスや職を失う（捨てる）という恐怖や，機関内での人間関係の不調和等への不安は，アドボカシーに対して臆病にさせると指摘し，「ワーカーはわが身可愛さのために，身をずらすこととなる。つまり，『弁護』を適度に留めるのである」というソーシャルワーカーの「保身」を問題にしている(9)。また，宮川数君は，「アドボケイトとしてのソーシャルワーカーの立場は，弁護士がその対立の当事者である検察官によって雇われているようなものである(10)」と述べるに至る。

　以上のように，これまで指摘されてきた「組織的障壁」とは，雇用者である

機関と被雇用者という立場に置かれるソーシャルワーカーとの構造的な問題に起因している。

(2) ソーシャルワーカーと組織

沖倉智美は、ソーシャルワーカーがアドボカシー機能を担うことができるか否かについて、「ワーカー個人の努力は前提であるが、同時に所属機関、施設が使命として、組織的、恒常的にクライエントのアドボカシーに取り組んでいくことを決心しなければならない」(11)と述べている。これは、ソーシャルワーカーと組織は必ずしも対立するものではないこと、さらに、ソーシャルワーカーの専門職的自律、組織的統制に対するソーシャルワーカー自身のエンパワーメントにソーシャルワーカーと組織が共に取り組む必要を述べているものであり、ソーシャルワークの社会的価値をミッションとした目的意識的なコミュニケーションを育むことの課題の提起である。

また、小西加保留は、社会福祉基礎構造改革後の社会福祉の状況を踏まえ「ソーシャルワーカーと組織は必ずしも対立するのではなく、むしろ組織と共にいわばエンパワーメントのプロセスを歩むことが、現在の日本においては重要ではないか」と述べている。そして「組織の置かれている課題を広く認識し、組織のレディネスを測ること」の必要性を指摘している。さらに、「ソーシャルワーカー自身が基本的に組織の一員であり、またクライエントにとっての『環境』の一部であることを基底に、自らの立ち位置をポジショニングした上で、どのような目的で誰がどのような介入を行うのか、すなわち環境アセスメントが必要ではないのか」(12)と、ソーシャルワーカーと組織の目的的関係性の構築の必要性を指摘している。

(3) ソーシャルワーカーが自らの実践環境を整える

川村隆彦は、組織と利用者への「ロイヤリティ」の葛藤をめぐる課題について次のように述べている(13)。すなわち、「ソーシャルワーカーは、自らが働く組織に対して無力になるのではなく、信頼と責任のある方法で改善に向けて粘り

強く働きかけつづけることが重要」であり，また，「権利擁護への意識が低くなると，ジレンマを感じにくくなり，目の前の業務に流され，いつしか権利侵害に至る。ただし，単なる職員としての保身や自らの専門性のなさを，すべてジレンマと置き換えるべきではない。ロイヤリティのジレンマとは，所属する組織のなかで，ソーシャルワーカーとしての専門性を高め最善を尽くそうと努力する者のみが感じられる特権ともいえるからである」と。

社会福祉基礎構造改革によって連綿と続いた措置制度が否定され，利用契約制度や指定管理者制度を例とする競争原理の導入等，社会福祉現場はそれまで支配的であった価値の放棄や新しい価値の台頭といった価値の変位に翻弄されている。その結果，組織・機関の安定存続のためには，専門職・機関に備わる従来的な価値よりも法制度等に基づく手段的価値を優先させなければならず，ソーシャルワーカーと同様に組織も手段的価値と専門機関の価値との狭間で大きなジレンマを抱えている。このような実践環境下では，これまでのように組織をソーシャルワーカーにとっての対立者，環境操作の対象とみなし，二者の対峙関係と規範原則を強調するだけでは豊かな実践は生まれない。

1）組織コミュニケーションを図ること

ソーシャルワーカーと組織が協働して目的的に歩むためには，利用者との良好な支援関係の安定的維持を互いがめざすことが現実的課題となる。そこでは「状況の中に置かれた個人や集団へ対する，決裂を避け，協調や妥協，折り合いや配慮を含む『調和』を優先するかかわり」が双方に求められる。

前述した小西の指摘にあるように，ソーシャルワーカーと組織は必ずしも対立するのではなく，むしろ組織とともにエンパワーメントのプロセスを歩むことが必要である。組織と対抗するのではなく，「どのような工夫をして」介入するのか，組織の置かれた環境をアセスメントし，上司が置かれた立場をも理解していないと有効な介入にはつながらない。

また，組織に所属する限り「周囲と上手くやる」ことは当然で，それはコミュニケーション以前の問題である。組織コミュニケーションとは「共通認識を持って目標に向かう意思疎通」であり，平易に言えば「ぶつかり合う複数の

『正論』に折り合いをつけること」となろう。「折り合い」とは「理屈」で折り合うというより、その実態は、自分の、あるいは相手の「気持ち」が動いた、動かされたことによる「調和」「前向きな妥協」である。すなわち、小西の指摘のように、「組織の置かれている課題を広く認識し、組織のレディネスを測り」ながら行う「対話」が具体的な組織への介入方法となろう。「対話」を成立させるのは実践の必要根拠を裏づける説明であり、理解や共感を育む工夫を厭わない態度である。すなわち「状況の中に置かれた個人や集団へ対する、決裂を避け、協調や妥協、折り合いや配慮を含む『調和』を優先するかかわり」である。

　個々のソーシャルワーカーが置かれている状況はそれぞれ異なるが、その状況の中で支援の妥当性を言語化する力量を備え、「対話」を工夫し、上司や職員集団の調和的態度を引き出し合意形成に向かうための組織コミュニケーションを図ることが求められる。それが、自らの実践環境を整えていくというソーシャルワークの方法の一つである。

2）利用者・同僚・他機関・他職種の支持を得る

　実践が説得力を持つ無二の要素はソーシャルワーカーに対する利用者からの支持である。支持を得るためには、ソーシャルワーカーの役割を理解してもらうこと、すなわち、「支援関係」について具体的な支援体験の中で理解してもらうことが必要である。その必要は利用者や家族だけでなく、支援チームを構成する他職種や他機関に対しても同様である。支援チームの中で自分が何を担うのかについて、個々の利用者ごとに明確にしておくこと、どのような視点で、何をする専門職であるのかをチームメンバーや利用者に共有してもらうことは必須で、言い換えれば、自分自身のソーシャルワーカーとしての理念、用いる支援の方法、立場等、そのアイデンティティを表明することが欠かせない。

　それを踏まえた上で、最も重要となる課題は、支援計画や方針がいかに説得力を備えるかである。すなわち、ソーシャルワーカーが担う役割を制度で用いる公式の書式の中で明確にし、利用者、チームメンバーの同意を得て、ソーシャルワーカーの役割を肯定することである。支援計画は利用者やチームメンバ

ーと共同で作成し利用者の同意を得ることで拘束力を持つようになる。この拘束力は，ソーシャルワーカーが所属する組織，機関，あるいは，上司に対しての支援の妥当性の根拠の一つともなる。また，公の場で発言の機会を得て，さまざまな関係者とともに実践を検証し，組織内外を問わず上部機関や地域環境からの支持をも視野に入れて実践への理解を獲得することは，ソーシャルワーカーを含めた支援チームの実践環境を整えることにもなる。このような意図的な方法は，組織，機関，職員集団への介入スキルとして欠かせない。今日のようなソーシャルワークを展開しづらい状況下ではなおさら，このように実践を一人だけのもにしない工夫が必要である。

3）気づきを得るための内省の装置を身近に用意する

ソーシャルワーカーが思い切った支援に踏み出すためには，それを後押しし，ソーシャルワーカーの専門領域を組織的に擁護するためのスーパービジョンが必須である。特に，保護的機能や代弁的機能であるソーシャルワーカー機能としてのアドボカシーにはつねに価値の課題が伴う。支援関係をたえず問い返す必要性からも，優れたスーパービジョンの体制がソーシャルワーカーの身近に用意されなければならない。

また，社会の成熟や社会福祉の対象層の拡大に関連して，利用者が社会資源としてのソーシャルワーカーに求める課題や解決の水準がきわめて個別的になっている。支援者としての力量の総体に，つねにチェックの目が向けられているといっても過言ではない。さまざまな個別性により良く対応していくために，ソーシャルワーカー自身に多様性が求められる。しかし，このような難しい状況に多くのソーシャルワーカーが十分な力量を持たぬまま孤立し疲弊しており，彼らを支えていくネットワークが地域に構築されていない。これまでもスーパービジョンの必要性が強調されてきたが，それを実現し得るだけの諸条件が未整備で，現状は個人の努力と工夫に任されたままである。支援に必要な知識や方法の基盤をほとんど持たない人びとを資格保持者とした制度環境下でも有効に機能し，ごく普通のソーシャルワーカーが当たり前に手にすることができるようなスーパービジョンの方法が身近に用意されていない。

スーパービジョンの理論，スーパービジョンがシステムとして根づかないわが国の現状と課題については，多数ある先行研究の中で論究されている。近年，スーパーバイザー等の人的資源が得にくい状況下での方法として，ピア・グループ・スーパービジョンが注目されている(14)。もちろん，わが国の社会福祉の現状に沿ったスーパービジョンのあり方が十分に示されているとはいえない。しかし，重要なことは，スーパービジョンの規範的な理論や形式ではなく，「今できる必要とされることがソーシャルワーカーの傍に用意されること」である。

ピア・グループ・スーパービジョンは，グループメンバーの支持的体験に基づく支えあいの場である。そこでは，グループのあり方そのものを試行錯誤するプロセスが重要なのであり，その体験は利用者との支援関係に反映される(15)。相談する相手もなく孤立し，自分自身が支持的体験を得た経験さえ持たないソーシャルワーカーが相当数いる現実に鑑み，さらに実現可能性をあわせ考えると，ピア・グループ・スーパービジョンという方法が現場で優先されることには意味がある。

職務上での業務評価的側面が際立ったスーパービジョンが主流のままでは，「ソーシャルワーカー自身に支援が必要である」との視点は育まれない。そうであるならば，自らが置かれた状況にあった工夫をし，身近な人的資源を担ぎ出し，まずは意識ある仲間で試行錯誤をすることが求められる。重要なことは，形式ではなく，些細な疑問や問題意識，気づきを共有し，自らが仲間につながっていく「場」を作り出すことであろう。

3　専門職連携の意義と課題

（1）連携が困難な実践現場の状況

多様化・複雑化する社会福祉ニーズの解決・軽減には，従来の制度枠組みを超えて，医療・保健，権利擁護システムや福祉教育等，司法や教育をも含めた多専門職種の連携・協働が重要となっている。利用者の生活課題も相談を受け

る機関の機能に応じて整理されているわけではない。社会福祉ニーズは，複雑で困難な問題や，そこから派生する周辺的課題まで多様に重層的に交錯している場合が多い。それを単独の機関のみで対応することはもはや困難で，それぞれが適切な機関や専門職につなげていくこと，つながることが重要である。

しかし，そのような社会福祉ニーズに逆行するように，近年の社会福祉専門職種の細分化，縦割化は，「連携」をバトンタッチ的な「伝達」や「送致」に矮小化しかねない要因となっている。個々の機関が自組織の枠組みから踏み出そうとせずに「ニーズの無責任なキャッチボール」を繰り返すような事例は珍しくはない。さらに細分化，縦割化が進むほど，結果的に「制度の狭間」「支援の狭間」が作り出され，「連携」の矮小化状況との悪循環を社会福祉実践現場にもたらしている。

ところで，近年，「制度の狭間」をキーワードとしながら，生活場面に生じる「生活のしづらさ」という広範で多様な福祉ニーズに対応し，さらに地域づくりを進めるソーシャルワークの方法として，「コミュニティソーシャルワーク」あるいは「地域を基盤としたソーシャルワーク」が定着してきた。その一方で，地域の関連機関・関連職種から寄せられる期待の中には，制度の狭間にある「困りごと」のすべてを解決してくれる「スーパーマンとしてのコミュニティソーシャルワーカー」像のような過剰期待が見受けられ，日々，難しい生活課題への対応を迫られている対人支援職にとっての「画期的な専門職」との誤ったイメージが広がっている。その現象の背景には，支援者・支援機関として主体的であるべき自らの役割を客体化してしまっているソーシャルワーカー像が浮かび上がる。

（2）「連携」を超えた「協働」——それぞれが「一歩踏み出す」こと

それでは，バトンタッチ的な「伝達」や「送致」ではない「連携」とはどのようなものだろうか。

筆者は，それぞれの機関・専門職が，自身の専門性の「マージナルな活動領域＝裁量的活動領域」を連携の「糊しろ」として重なり合うような有機的な連

携が，多機関・多専門職連携（＝協働）のあるべき姿であると考えている。すなわち，多機関・多専門職連携の最重要課題は，機関・専門職が経年で既成事実化した支援の守備範囲（スタンダード）からマージナルな領域に「一歩踏み出す」実践へのコンセンサスの構築であろう。同様な意味で，「制度の狭間」に対応するとは，機関やソーシャルワーカーが持つ「裁量」を広げること，そこに一歩踏み出して支援を運用することでもある。それが難しいのであれば，新たな社会資源の必要について共に考え提案し，創出すべきであろう。

また，有機的な連携・協働の仕組みの構築は，ソーシャルワークに必要な個々のソーシャルワーカー・機関が「一歩踏み出す」実践の後ろ盾となり，「一歩踏み出す」実践を地域ネットワークの中で肯定していくことでもある。

（3）専門職連携の前提となる「仕組み」
――コミュニティソーシャルワークの展開例から

人びとを現に生活する地域で支えていくには，「見まもり」や「支えあい」といった制度対応が難しい支援の提供が要となる。そこでは，インフォーマルな社会資源の創造はもとより，それらを含めた地域サポートネットワークの構築と多機関・多専門職連携が重要な課題となっている。前述したように，昨今，地域での「個を地域で支える支援」と「個を支える地域を作る支援」を一体的に推進する活動として，「コミュニティソーシャルワーク」が注目されている。

コミュニティソーシャルワークを「地域を基盤としたソーシャルワーク」として論じている岩間伸之は次のように述べている。すなわち，そもそも「地域を基盤としないソーシャルワーク」（下線筆者）等は存在せず，「地域を基盤としたソーシャルワーク」とは決して新しいソーシャルワーク理論ではなく，「個と地域の一体的支援」という特徴についても，個人と環境の交互作用に働きかけるというソーシャルワークの基本的アプローチに他ならず，地域を基盤としたソーシャルワーク（＝コミュニティソーシャルワーク）とは，「理論上では従来から明確にされ，また重視されながらも，実践上では十分に遂行されてこなかったソーシャルワークの本質的な実践に再度光をあてたもの」（下線筆者）

であり、「特別な実践ではない」と。コミュニティソーシャルワークに強調される「個を地域で支える支援」と「個を支える地域を作る支援」を一体的に推進する活動は、個人の生活課題を地域全体の課題としてとらえ、ニーズを普遍化するとともにインフォーマルケアのシステム構築をめざす。

「個と地域の一体的支援」とは、個への支援と地域力の向上の相乗効果を指向し、さらに地域福祉の推進を意図するものである。この一連の支援プロセスは、高齢者福祉領域や障害者福祉領域、子ども家庭福祉領域等の個別の領域を越えて、幅広い支援領域で求められているソーシャルワークの方法ともいえる。すなわち、どのような支援領域においても、対人支援・地域支援に求められているものは、結果的にコミュニティソーシャルワークと同義の実践である。コミュニティソーシャルワークとはコミュニティソーシャルワーカーだけに固有の機能ではない。

コミュニティソーシャルワークでいわれる個別支援・地域支援は、それぞれの支援領域で意識され同様の実践が展開されていくことが期待されている。しかし、現状の制度や支援機関の細分化・縦割化は、支援の重層化に作用しないことに加え、輻輳した生活課題や支援対象が一世帯に混在しているケースに対して、特定の支援機関のみでは必要な支援を提供しづらい現実を作り出している。さらに、地域住民が主体となるソーシャルサポートネットワークは、それぞれの支援領域ごとの活動として組織化されるわけではない。すると、各支援領域や住民活動を横断し、支援をつなげる必要がある時に、各領域をまたいで横断的にチームアプローチをコーディネートする、支援領域を限定しない専門職が必要となる。この役割を担うソーシャルワーカーが「コミュニティソーシャルワーカー」であり、「コミュニティソーシャルワークとは、特定の専門職に限定された活動ではなく、住民と多専門職との連携を前提とした、個人や地域への支援を機能させるサポートネットワークの『仕組み』」であり、「誰もが担う可能性がある役割」という理解が重要となる。

4　ソーシャルワーカー養成と国家試験制度

（1）養成カリキュラムの問題

　1987年に社会福祉士及び介護福祉士法が制定され，社会福祉分野に初めて「国家資格」として位置づけられたソーシャルワーカーの資格制度が誕生して30年になる。社会福祉士制度の登場以降，社会福祉系大学におけるソーシャルワーク教育は社会福祉士養成のカリキュラムに大きな制約を受けてきた。昨今は高校生の進路選択要件に「資格取得」の可否が影響するため，大学は，本来あるべき大学教育の自由と資格制度に制約を受けるカリキュラムとの間でジレンマを抱えており，ソーシャルワーク教育課程の中に社会福祉士養成カリキュラムを設置しないという選択肢は難しい状況にある。

　その結果として，社会福祉士養成に関連する科目名も，「高齢者福祉論」ではなく「高齢者に対する支援と介護保険制度」であり，「障害者福祉論」ではなく「障害者に対する支援と障害者自立支援制度」である。高齢者や障害者の広範な社会福祉課題を「介護保険制度」や「障害者総合支援法」といった制度システムの中に矮小化してしまうという矛盾が生じている。

　また，本章に一貫した問題意識でもあるが，カリキュラムが領域論で構成されているため，支援に関わる制度や機関，専門職の機能・役割を領域論として論じられ，制度以外の社会福祉課題や制度の狭間にある生活課題への対応はすべて地域福祉論として論じられる傾向にある。現状は，本来あるべきソーシャルワーク教育が社会福祉養成教育にすり替わってしまっていることを否定できない。

　実践現場で，現に目の前にいる利用者の生活課題が既存の制度枠組みにあらかじめ整理されているはずがない。「高齢者だから介護保険」「障害者だから総合支援法」と制度に人をあてはめるのではなく，あるいは，「認知症だから」「障害者だから」と個別性を一般化するのではなく，「その人」が今「何を」必要としているのかを考えるべきである。そのような思考が，介護保険制度あり

きの対応への矛盾や施設入所ありきの対応への矛盾が意識化される契機になる。このような気づきを得ながら，ソーシャルワーカーとしての支援の基本に立ち返ることができる学びが，ソーシャルワーカー養成教育に求められる。

（2）学びの場としての実践現場の問題

　一方で，社会福祉実践現場がそのような学びに寄与できる実践場であるか否かが問われることになるが，本書第4章で詳述したように，今もなお社会福祉実践現場はソーシャルワークの営為に意識的であるとは言い難い。わが国の社会福祉実践にソーシャルワークが十分に根づいてこなかったこと，さらに，社会福祉基礎構造改革以降の社会福祉の市場化，民営化，対人支援専門職のボーダレス化等が実践現場の混乱に拍車をかけている。ソーシャルワークが単なるコミュニケーションツールであるかのごとき曲解も驚くべきことではなく，社会福祉実践現場の多くが，ソーシャルワークのアイデンティティの危機を抱えているといっても過言ではない。

　村田久行は，「支援」に「業務」の思想が蔓延して久しいと述べ，「業務」の思想を，利用者の苦しみに意識を向けることなく苦しみを受け取ることを避ける方法，すなわち，〈わりきる〉という態度で利用者との人格的なかかわりを避けつつ，対人支援職という仕事を実践する思想であるとしている。そして，「効率と安全と経営」の指導理念に具現化されたこの思想は，困難な支援場面への対応の限界を補完するだけの方法を持たないソーシャルワーカーの無力感と自責の念を背景として実践現場を席捲し，その結果，ソーシャルワーカーはますます他者とのかかわりを失い，支援という仕事の意味を失っていくのだという。[17]

　村田の指摘の通り，介護保険制度下でのケアマネジメントを例にすれば，ソーシャルワークにおける支援関係形成の前提として了解されてきた「利用者のこえを聴く」「利用者を知る」ことへのアプローチ，すなわち，「かかわる」という態度，方法，価値に意識的であるとは言い難い状況にある。介護保険制度のケアマネジメントは「かかわる」ことをしなくても「業務」が可能な仕組み

にある。「かかわる」というソーシャルワークの中核的機能を実践上にいかに回復し，当たり前の了解としていくかは，アイデンティティ構築への喫緊の課題であろう。今，実践現場に必要なことは，何か特別な支援体系の構築ではなく，空洞化した，あるいは，実はこれまでも理念というレベルに留め置かれていたのかもしれないソーシャルワークの価値を，いかなる方法で具現化するかという課題であろう。

（3）アイデンティティ構築への共通理解

　ソーシャルワークのアイデンティティの危機は，教育現場から実践現場にわたる実践理念や実践方法論の共有化を一層困難にしている。これまでも，ソーシャルワークの研究と教育，実践との乖離が双方の側から指摘され続けてきた。しかし，その乖離は，教育現場にも実践現場にも同時に内在する。社会福祉士ではなくソーシャルワーカーと呼ばれるべき専門職のアイデンティティの欠如と教育機関と実践現場が「実習」を媒介に社会福祉の専門職として向き合う「支援課題」に対して，いかに介入するかという理論（知識）の習得と取り組みの方法の共有化に向けた試行錯誤をなくして埋まることはない。[18]

　その試行錯誤とは，研究の場にいる者と実践の場にいる者が利用者の「現実」から学びながら，利用者の「支持」と「承認」を得ることができる方法を用いて提起するべき課題である。[19] いうまでもなく，そこで求められる実践の質とは，そつなく支援の展開を適用することではなく，ソーシャルワークの「技術」を遙かに超えて，利用者の「現実」に思い寄せ，寄りそうという態度，すなわち，ソーシャルワーカーとしての価値観・人間観の獲得であることに他ならない。

まとめ

　前述したように，多様化する生活課題に対する昨今の政策は，社会福祉専門職種の細分化，縦割化をもたらし，さらに，社会福祉基礎構造改革以降に推し

進められてきた対人支援専門職のボーダレス化と相俟って，実践場はソーシャルワークを具現化することが容易ではない状況にある。

そのような状況下であるからこそ，豊かな実践を実現するためには，制度や現場環境の好転を期待し待つばかりではなく，「自らの実践環境を整える」ことを意識した意図的な実践環境への介入が個々のソーシャルワーカーの活動として求められる。しかし，個人の気概や努力のみに頼ったアクションは，それはいずれ，所属長や職員集団といった組織の軋轢の渦中に晒されることによる精神的負担，社会的了解を得るという「労多くやっかいな」課題を前に，「一歩踏み出す」ことを躊躇させる結果に終わろう。現状は一人が「口を尖らせて」問題に立ち向かえる状況ではない。

「自らの実践環境を整える」ことに如何にして向い，いかなる取り組みが必要になるのだろうか。まずは，問題や課題をソーシャルワーカー個人に内在化させたまま終わらせないこと，問題に自覚的である者が，自分自身の周辺でその問題意識を束ねていくことが必要であろう。実践現場には，優れたソーシャルワーク体験や感覚を持ち合わせながら，レディネスを発揮できぬまま，孤立し燃え尽きていくソーシャルワーカーが多数いる。いわゆるソーシャルワーク・アイデンティティの構築のためには，地域の対人支援専門職，利用者，同僚，他機関，他職種の共感を獲得し，そのようなさまざまな担い手の意識を組織化していくことが必要となろう。

注
(1) 岡田藤太郎『社会福祉とソーシャルワーク』ルガール社，1973年，140頁。
(2) 小松源助『ケースワーク論』有斐閣双書，1975年，3頁。
(3) 秋山智久「権利擁護とソーシャルワーカーの果たす役割」『社会福祉研究』75，鉄道弘済会，1999年，23-32頁。
(4) 岩間伸之「ソーシャルワークにおける『アドボカシー』の再検討」山縣文治編『社会福祉法の成立と21世紀の社会福祉』（別冊発達25）ミネルヴァ書房，2001年，34-41頁。
(5) 沖倉智美「ソーシャルワークと権利擁護——障害者施設利用者の生活を護るために」『ソーシャルワーク研究』27(1)，相川書房，2001年，8頁。

第 6 章　ソーシャルワーカーの社会的使命と課題

(6)　出村和子「家族アドボカシーからマクロ・ソーシャルワークへの展開——ソーシャルワークにおけるアドボカシー機能を捉える」『弘前学院大学社会福祉学部研究紀要』創刊号, 2001年, 40頁。

(7)　木原活信「ソーシャルワークにおけるアドボカシー概念の起源と原型——パラクレートスの思想をめぐって」『キリスト教社会福祉学研究』34, 2001年, 33頁。

(8)　The Ad Hoc Committee on Advocacy, "The Social Worker as Advocate: Campion of Social Victims," *Social Work*, Vol. 14, No. 2, 1969, p. 20. 宮川数君「ソーシャルワークの管理構造とアドボカシー」『上智大学社会学論集』6/7, 1983年, 44頁。

(9)　秋山智久『社会福祉実践論』ミネルヴァ書房, 2000年, 36-37頁。

(10)　宮川数君「ソーシャルワークにおけるアドボカシー」『山陽学園短期大学研究論集』山陽学園大学, 1977年, 35-36頁。

(11)　沖倉智美, 前掲論文, 8頁。

(12)　小西加保留『ソーシャルワークにおけるアドボカシー』ミネルヴァ書房, 2007年, 206頁。

(13)　川村隆彦「ロイヤリティのジレンマ」高山直樹・川村隆彦・大石剛一郎『権利擁護』(福祉キーワードシリーズ) 中央法規出版, 2002年, 50-52頁。

(14)　例えば, 奈良県社会福祉協議会編『よい援助関係をめざすワーカートレーニング　ワーカーを育てるスーパービジョン』中央法規出版, 2000年。渡部律子『基礎から学ぶ 気づきの事例検討会——スーパーバイザーがいなくても実践力は高められる』中央法規出版, 2007年。塩田祥子・植田寿之「ピア・グループ・スーパービジョンの意義と課題に関する考察」『花園大学社会福祉学部研究紀要』第18号, 2010年, 173-182頁。塩田祥子・植田寿之「日本人の文化的特性からみるピア・グループ・スーパービジョンについての研究」『花園大学社会福祉学部研究紀要』第19号, 2011年, 127-140頁。福富昌城・坂下晃祥・塩田祥子「グループ・スーパービジョン研修が参加者にもたらす影響——介護支援専門員に対する連続研修の取り組みから」『花園大学社会福祉学部研究紀要』第20号, 2012年, 9-19頁。

(15)　塩田祥子・植田寿之「ピア・グループ・スーパービジョンの意義と課題に関する考察」『花園大学社会福祉学部研究紀要』第18号, 2010年, 173-182頁。

(16)　岩間伸之「地域を基盤としたソーシャルワークの特質と機能」『ソーシャルワーク研究』37(1), 相川書房, 2011年, 18頁。

(17)　村田久行『援助者の援助——支持的スーパービジョンの理論と実際』川島書店, 2010年, ⅱ-ⅳ頁。

(18)　北川清一「社会福祉系大学等における実習体験の意義を問い直す——専門職らしい思考力を育むために」『社会福祉研究』第115号, 鉄道弘済会, 2012年, 44頁。

⑲　同前。

参考文献

川向雅弘『ソーシャルワーカー機能としてのアドボカシーに関する実証的研究——実践環境と業務の実際の対峙関係を手がかりに』明治学院大学大学院修士論文，2011年。

川向雅弘「ソーシャルワーカーは『どこに』一歩を踏み出すのか——空洞化している支援の実態に求められること」『ソーシャルワーク研究』39(4)，相川書房，2014年，37-43頁。

川向雅弘・中谷高久「浜松市におけるコミュニティソーシャルワーク事業の展開と課題」『社会福祉学部紀要』No. 14，聖隷クリストファー大学社会福祉学部，2016年，12-26頁。

志村健一「資格制度がソーシャルワーカーの教育と研究にもたらしたもの」『ソーシャルワーク研究』37(2)，相川書房，2011年，43-50頁。

山崎美貴子・川向雅弘・堀越由起子・山田勝美「特集座談会　資格制度とソーシャルワーク実践への影響」『ソーシャルワーク研究』37(2)，相川書房，2011年，4-18頁。

第7章　ソーシャルワークの対象と構成要素

はじめに

　近年，わが国では，「自立」あるいは「自己責任」をキーワードに，これまで以上に人びとに「強い個人」[注1]であることを求めている。「強い個人」とは，健康であり続け，勤勉であり，できる限り長く働くことによって自力で生活を維持し，同時に社会に貢献できる人びとを指す。人びとは「強い個人」になろうと努力する。しかし，「強い個人」であること，または，あり続けることにはおのずと限界がある。

　例えば，生まれたばかりの乳児，働くことの第一線から退いた高齢者はどうであろうか。突然の病気や事故等によって障害と向き合わざるを得なくなった人，構造的な問題からリストラによって職を失った人，定職に就きたくても叶わない人はどうであろうか。生まれた時から何らかの障害とともにある人はどうであろうか。最低生活保障の対象になりにくく過酷な労働を強いられている外国人やその家族はどうであろうか。このような状況に直面する人びとは，現代社会の仕組みが「強い個人」を中心に機能している限り，自力で当たり前に生活をすることが容易でないことは想像に難くない。

　本章では，自分の力では如何ともしがたく，当たり前に生活することを阻まれている人びとを「強い個人の限界」[注2]状況にある人ととらえる。そして，その限界から生じる多様な「生きづらさ」とその「構造」を「生きづらさの構造」と名付けた。そして，「強い個人の限界」にある人が「生きづらさの構造」から脱出する力を発揮し，自分らしく，当たり前に生活することを支援する方法としてのソーシャルワークとは何かを考えてみたい。

1　ソーシャルワークの射程

(1) 現代社会の諸問題と「生きづらさの構造」

　現代の日本社会は,「強い個人の限界」にある人びとにとって,必ずしも暮らしやすい環境にあると言い難い。図7-1に示す通り,その背景には,経済のグローバル化,雇用の不安定化,地域・家族の紐帯（ちゅうたい）の弱体化,少子高齢化,大震災・大災害等の社会状況の変化があると考えられる。これらの変化によって,既存のセーフティネットからも,支援関係（つながり）の網の目からこぼれ落ち「孤立化」状態に陥る人びとが増加している。内閣府が設置した「一人ひとりを包摂する社会」特命チームは,「孤立化」状態の現状を①子ども,②若年層,③生活困窮世帯,④単身高齢者,⑤自殺者,⑥うつ病,⑦DV（ドメスティック・バイオレンス）,⑧女性,⑨外国人の分野に分けて提示している。

　これらの分野に加え,「無縁死」「孤独死」に象徴される「孤立死」や,将来に対する不安,自分は孤独だと感じている「子どもの孤立」,家族以外の人と交流のない人,知らない人に対する手助け経験が少ない人も増えている。社会的に孤立し,生活困難に陥る問題が,「無縁社会」「孤族」等の造語を生み出している。「いい酒飲んで,糖尿病で,路上で寝ている,おかしな人たち」と揶揄されていたのが,従来のホームレスの問題であった。しかし,現代の「豊かな社会」において,昨日までは会社の経営者であった人（「スーツ・ホームレス」と呼ぶ）,若年者や家族,女性,シングルマザー,子ども等が,いわゆる「ニュー・ホームレス＝新たな貧困」の一面として取り沙汰されている。他人事だったホームレスの問題が「自分もホームレスになるかもしれない」という自分事としての問題に変わってきた。[3]

　また,現代社会では,支援関係（つながり）の網の目からこぼれ落ち「孤立化」状態に陥る人びとを社会のメインストリームから排除する「社会的排除」の構造が見て取れる。このような人びとは,社会調査の対象からも「落ちてしまい」,存在すらも知られないまま社会の周縁に追いやられている。「孤立化」

第7章 ソーシャルワークの対象と構成要素

図7-1 現代社会の諸問題と「生きづらさの構造」（イメージ）

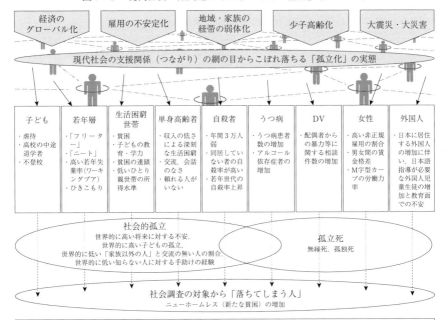

出所：本図は，2011年1月18日に内閣府が設置した「一人ひとりを包摂する社会」特命チームによる「社会的包摂戦略（仮称）策定に向けた基本方針（「社会的包摂政策を進めるための基本的考え方〈案〉」）」，及び基本方針を取りまとめるプロセスの中で行われたヒヤリングの際の資料（内閣府政策会議「一人ひとりを包摂する社会」特命チーム〔http://www.kantei.go.jp/jp/singi/housetusyakai/，2016年8月1日アクセス〕）を参考にしながら筆者が作成した。

状態の人びとを社会の周縁に追いやることは，能力を発揮することを困難にさせ，社会全体の意欲を低下させ，貧困や排除が連鎖し，新たな家族形成・次世代育成を難しくし，世代を超えた格差の固定が社会の持続可能な可能性を喪失させることにつながる。「社会的排除」は，日本社会の発展と質の高い国民生活の実現の大きな制約要因となることが危惧される。これを，現代社会に生きる人びとの「生きづらさの構造」ととらえる。ソーシャルワークは，自由な「強い個人」と多様な人間存在，社会的不平等との間の矛盾のあれこれを社会問題として突きつけられた社会が取り組む，そのような矛盾の解決を図る組織

109

図7-2 「生きづらさの構造」から生ずる苦しみと支援（アプローチ）の総体

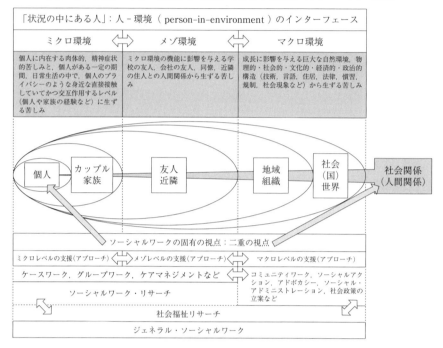

だった諸活動を意味する。「強い個人」の限界を抱え，かつ，「生きづらさの構造」から生ずる苦しみの真っただ中にいる人びとを専門職としての射程ととらえることは，ソーシャルワーカーの使命なのである。

（2）「生きづらさの構造」から生ずる苦しみ

利用者が体験する苦しみが，深刻であればあるほどこれを乗り越える力が弱っている（脆弱化）ことを，ソーシャルワーカーは理解しなければならない。その第一歩として，「生きづらさ」を引き起こしている原因や要因は何かという「生きづらさの構造」を，利用者とともに客観的に解明し，理解することを目的とした評価から取り組みが始まる。

ソーシャルワーカーは，支援の過程で，利用者にあるデマンズ（要求）をも

とに，利用者の「生きづらさの構造」を探求し，利用者の苦しみとニーズを解明に努める。「生きづらさの構造」から生ずる苦しみを可視化するならば，図7-2に示す通り，ミクロ，メゾ，マクロそれぞれに生ずる総体と表すことができる。

① ミクロの苦しみ

この苦しみは，「生きづらさ」が生命体として体感する痛みをいう。また，家族間やカップル間等の身近な人間関係の中で生じているかどうか，その相互作用を確認する。例えば，病気による肉体的症状としての腹痛や頭痛等のほか，精神的症状（うつ状態，幻覚，妄想等）として体感する苦痛や，家族間やカップル間に生ずる人間関係の葛藤などを指す。

② メゾの苦しみ

この苦しみの原因や要因が身近な環境，例えば，友人，近隣，職場，学校，病院，施設等，利用者が所属する社会関係とのかかわりの中で生じているか否か，その交互作用を確認する。さらに，家族関係に葛藤が生じている，職場での役割課題や人間関係に葛藤がある，病院や施設・機関の窓口が親身に応対しない等の事情から来る苦痛が含まれる。

③ マクロの苦しみ

苦しみの原因，要因が，社会構造的規模や，地球規模の自然環境との交互作用から生じているか否かを確認する。社会構造的な規模では，例えば，ハンセン氏病やHIV，依存症等に対する社会が持つスティグマ（烙印：偏見や差別），排除等がもたらす苦痛をいう。これらの問題は，深刻な苦痛として慎重に受け止めなくてはならない。なぜなら，スティグマが行動化（スティグマ化）されると，いじめや仲間はずれ，暴力等に発展し，最悪の場合は迫害されたり，命を奪われたりする可能性を持っているからである。[6]地球規模の自然環境では，例えば，環境破壊からくると考えられているさまざまな自然災害による深刻な生活の苦しみや生命危機から生じる苦痛等が挙げられる。

これら三つの苦しみは，相互に関連し影響し合うことから，総合的に評価す

る視点が重要である。利用者は，自らの「生きづらさの構造」を多面的，立体的，総合的に理解し，また，それがソーシャルワーカーによって理解されたとの実感を得た時，初めてソーシャルワーカーに心を開き，信頼を寄せ，苦しみから抜け出すためのパートナーとしてソーシャルワーカーを活用する動機を高めることになる。

(3) レジリエンス——「生きづらさの構造」に対処する力

「ストレスになる生活上の出来事に抵抗し，耐え，対処し，または立ち直る能力であり，社会的，身体的，情緒的な安定を弱めたり，身体的精神的苦悩への傷つきやすさを増強する傾向を持つリスクにさらされているにもかかわらず，比較的良く機能する能力を見出し，または維持する能力」と定義される「レジリエンス (resilience)」という概念が注目されている。

レジリエンスは「ある子どもがレジリエントであるのは，子どもが置かれた環境とリスクの性質，子ども・若者の経験と特徴，そして子どもが育つ環境と人間関係の質の複雑な相互作用の結果であるとし，個人の属性が重要だとしても，レジリエンスは支持的な文脈から立ち現われてくる」ことから，特に，ソーシャルワークにおいては，レジリエンスへの理解の重要性が強調されている。レジリエンスに含意する「能力」を「逆境を跳ね返す力」と規定する。つまり，レジリエンスは「リカバリー概念」が主張する「人生の旅」の中で経験するさまざまな困難に立ち向かい，克服する助けとなる「杖」のようなものといえる。

(4) レジリエンスを促進する支援としてのソーシャルワーク

「生きづらさの構造」から脱出するには，レジリエンスを最大限に発揮することが求められる。しかし，レジリエンスそのものが脆弱化し，自力で発揮することが困難な場合も十分想定される。レジリエンスを発揮するには，これを促進する支援が必要となる。それは，図7-3に示す「動機づけの支援」「環境の質を高める支援」「生活能力の技能を高める支援」からなる三つの支援の交互作用の合力によって強化され，希望に向かうことができるとする構造をもつ

図7-3　レジリエンスを促進するソーシャルワークの三次元的構造（イメージ）

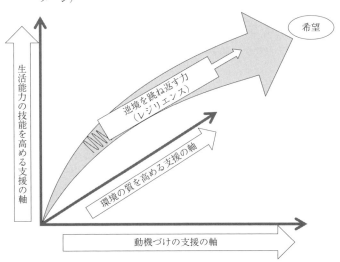

ソーシャルワークと説明してみたい。これは，「生きづらさの構造」から生ずる苦しみから脱出したいという動機づけが高まるだけでは不十分なことを意味する。脱出を実現へと導くには，環境の質を高める支援も欠かせない。同時に，生活能力の技能を高めることに向けた支援がなされた時，初めてレジリエンスの発揮が可能となる。

　人びとが，このようなソーシャルワーク支援を活用することにより自らのレジリエンスを促進し，その経験を活かしながら，さらにレジリエンスを強化する。この連続性がらせん状になり，人びとは発達し成長することができると考えてみたい。

2　ソーシャルワークの構造

　ソーシャルワークは，どのような要素から構成されているのだろうか。次に提示する事例をもとに，ソーシャルワーク実践の仕組みを構成する要素を考え

てみたい。

（1）「生きづらさの構造」による苦しみからの脱出に向けた
　　ソーシャルワークの一事例

（ストーリー）
① 大きな川のほとりで困った顔をしている人がいました。川の向こう岸を呆然と眺めています。
② そこに人が通りかかりました。ソーシャルワーカー（以下，ワーカー）でした。ワーカーは，その人に尋ねました。「何かお困りのように見受けられますが，どうかされたのですか」。
　すると，その人は「川の向こうにある病院に行って薬をもらわなければなりません。でも，唯一の橋が流されてしまったので向こう岸に渡れません。私は重いうつ病で薬がなくなると死んでしまう」と，その場にうずくまってしまいました。
③ ワーカーはその訴えを聞き，何とかせねばという思いにかられました。ワーカーはその人に「それは大変なことですね。どなたか代わりに向こう岸まで行くのをお願いできる方はいらっしゃいませんか」と尋ねた。すると，その人は首を横に振りさらにうなだれ「私は一人で生活していますので」と答えました。
④ そこで，ワーカーは「私は市役所のソーシャルワーカーです。あなたがなぜここで呆然としていらっしゃるのかわかりました。よろしければ，薬を手に入れる方法を一緒に考えるお手伝いができますが，いかがでしょうか」と話しかけました。その人は，不安げな顔をしながらも「お願いします」と，すがるような目でワーカーの申し出を受け入れたのでした。
⑤ その後，ワーカーとその人の間で「薬はあと何日分残っているのですか」「もう明日の昼の分までしかない」「遅くとも明日の昼までには薬を取りに行かなければならないのですね」「そうです」というやり取りを

しました。
⑥　ワーカーは，ただちに，その人にいろいろなことを尋ねていきました。その結果，ボートを借りて乗せ，ソーシャルワーカーが漕いで川を渡ることになりました。
⑦　翌日，手配したボートにその人を乗せ，無事に向こう岸に辿り着き薬を受け取ることができました。帰りもそのボートに乗せ戻ってきました。そして，その人の家まで送っていきました。その人は，やっと安心した表情で「助かりました」と話しかけてきました。
⑧　その数ヶ月後，川には2ヶ所大変頑丈な橋ができました。大抵のことではびくともしない頑丈な橋です。2ヶ所になったのは，その人と，その人と同じように橋を使って向こう岸に渡る必要のある住民が市に要望したこととワーカーの後押しで，実現したのでした。
⑨　その人は，ワーカーの力をもう借りなくても，一人で橋を渡って向こう岸の病院に今でも元気に通っています。

(2) ソーシャルワーク実践の仕組みと構造（構成要素）

ソーシャルワーク実践の仕組みと構成要素を，この事例を解説しながら説明すると次のようになる。

1) ニーズを持った人——対象者（利用者）

> 大きな川のほとりで困った顔をしている人がいました。川の向こう岸を呆然と眺めています。

ソーシャルワーク実践には対象者（利用者）が存在する。しかし，この時点では，まだソーシャルワーク実践の対象者ではない。対象者となるには，その人にあるデマンズ（要求）[12]が，ソーシャルワーク支援で引き受けられるか否かというソーシャルワーカーの判断と，その人との合意が必要になる。

2）「生きづらさ構造」の課題とソーシャルワーカー

> そこに人が通りかかりました。ソーシャルワーカー（以下，ワーカー）でした。ワーカーは，その人に尋ねました。「何かお困りのように見受けられますが，どうかされたのですか」。
> すると，その人は「川の向こうにある病院に行って薬をもらわなければなりません。でも，唯一の橋が流されてしまたので向こう岸に渡れません。私は重いうつ病で薬がなくなると死んでしまう」と，その場にうずくまってしまいました。

ソーシャルワーク実践における対象者は，何らかの「生きづらさ」に直面している。この場合，対象者が直面する「生きづらさの構造」は，向こう岸にある病院（医療制度）との関係が橋が壊れたことによって断絶し，社会制度から孤立する，また，一人で泳ぐ力，つまり，自力で解決できるレジリエンスが弱っている，そして，社会から放置されるという中での「生きづらさ」ととらえることができる（メゾ環境におけるインターフェースに生ずる問題）。

その「生きづらさ」に接近し，寄り添う者として存在する点に，ソーシャルワーカーの意義と価値を見出すことができる。

3）ソーシャルワークの価値・倫理・使命

> ワーカーはその訴えを聞き，何とかせねばという思いにかられました。ワーカーはその人に，「それは大変なことですね。どなたか代わりに向こう岸まで行くのをお願いできる方はいらっしゃいませんか」と尋ねた。すると，その人は首を横に振りさらにうなだれ「私は一人で生活していますので」と答えました。

その「生きづらさ」から解放され，安寧を取り戻してほしいというソーシャルワーカーの願いが表出していることがわかる。すなわち，このような使命，倫理，価値観によって，ソーシャルワーカーは実践の主体として，自分自身を位置づけることができるのである。

4）対象者から利用者へ
——ニーズ・支援関係の契約（パートナーシップ）・支援の場・面接技術

> そこで，ワーカーは「私は市役所のソーシャルワーカーです。あなたがなぜここで呆然としていらっしゃるのかわかりました。よろしければ，薬を手に入れる方法を一緒に考えるお手伝いができますが，いかがでしょうか」と話しかけました。その人は，不安げな顔をしながらも「お願いします」と，すがるような目でワーカーの申し出を受け入れたのでした。

ソーシャルワーカーは，対象者の「生きづらさ」による苦しみに心から共感し，その思いを表現する。ここでは対象者の苦しみに寄り添う立場であることを伝えるための面接技術が求められる（ミクロレベルの支援：ケースワーク）。対象者は，ソーシャルワーク支援を活用することを自己決定したので，ここで初めて支援契約が結ばれ対象者から利用者となり，いよいよ支援が開始される。なお，支援には，必ず支援を行う「場」が必要である。

この段階で重要なのは，ソーシャルワーカーが課題を解決するのではなく，課題解決の取り組み主体はあくまでも利用者とする点である。ソーシャルワーカーは，その取り組みを側面的に支援するスタンスを堅持しなければならない。

また，ソーシャルワーク支援を必要とする人は，一方で，ソーシャルワーカーに自分の「生きづらさ」の苦しみを打ち明けることに抵抗や不安を感じていることがある。そのため，ソーシャルワーカーという人間を媒介にしたソーシャルワークという道具が，自らの課題を解決する一助となることを信頼してもらうための関係づくりが必要となる。この信頼関係（ラポール）を築きながら，ソーシャルワーカーが利用者のパートナー（対等な関係）として支援するというスタンスでかかわりあいをもつことが重要である。

5）「生きづらさの構造」のアセスメント・知識・時間

> その後，ワーカーとその人との間で「薬はあと何日分残っているのですか」「もう明日の昼の分までしかない」「遅くとも明日の昼までに薬を取りに行かなければならないのですね」「そうです」というやり取りをしました。

ソーシャルワークは，さまざまな角度から利用者を苦しませる「生きづらさの構造」を分析する。これをアセスメント（評価）という。アセスメントには，社会福祉学領域だけでなく心理学，医学，看護学，法学，経済学等の関連領域の豊かな知識が求められる。知識が豊かであればあるほど「生きづらさの構造」の本質により接近することができる。

　さらに，アセスメントを行うにあたっては，「時間」の査定も重要な要素となる。この利用者にとっての課題解決のタイムリミットはどれくらいか。この査定を誤ると，最悪の場合は利用者が生命危機に直面することも起こりうるので必ず確認すべきである。

6)「生きづらさの構造」からの脱出に向けた支援目標・計画・社会資源

> 　ワーカーは，ただちに，その人にいろいろなことを尋ねていきました。その結果，ボートを借りて乗せ，ソーシャルワーカーが漕いで川を渡ることになりました。

　利用者は，薬を受け取るという当面の目標に向け，ソーシャルワーカーとともに具体的に自分の置かれている現状を確認し，解決に有効な方法や社会資源の活用を検討し，課題解決方法の計画を立てる（ミクロレベルの支援：ケアマネジメント）。

7) 支援実施・モニタリング

> 　翌日，手配したボートにその人を乗せ，無事に向こう岸に辿り着き薬を受け取ることができました。帰りもそのボートに乗せ戻ってきました。そして，その人の家まで送っていきました。その人は，やっと安心した表情で「助かりました」と話しかけてきました。

　いよいよ支援計画の実施である。ソーシャルワーカーは，利用者とともに計画した取り組みについて，時には見守り，時には直接手を貸す，あるいは，他の支援者と協力（ネットワーク・チームワーク）しながら課題解決の支援にあたる。また，ソーシャルワーカーは，実施した支援が課題解決に効果を発揮しているかどうか，つねに状況をチェック（モニタリング）する。

8）利用者とマクロ環境とのインターフェース（接触面）に気を配る——橋を架ける

> その数ヶ月後，川には2ヶ所大変頑丈な橋ができました。大抵のことではびくともしない頑丈な橋です。2ヶ所になったのは，その人と，その人と同じように橋を使って向こう岸に渡る必要のある住民が市に要望したこととワーカーの後押しで，実現したのでした。

ソーシャルワーク実践は，利用者が自らの力で自分の人生のイニシアティブをとり，将来，起こり得る可能性の高いさまざまな「生きづらさ」を解決できる力の増進機能をもつ。また，利用者を苦しめるマクロ環境にもつねに目配りする必要がある。必要であれば，マクロ環境の改善を図るため，利用者とともにマクロ環境を変化させるマクロレベルの支援（ソーシャルアクション）を行うことも求められる。この事例では，人と社会制度の間に，その人が渡りやすい橋を架ける活動のことである。また，地域住民の組織化を図る，セルフヘルプグループやボランティアとの連携を図る等，メゾレベルの支援（グループワーク，コミュティワーク）方法を活用することが有効な場合もある。

9）自立に向けたレジリエンスの促進

> その人は，ワーカーの力をもう借りなくても，一人で橋を渡って向こう岸の病院に今でも元気に通っています。

「生きづらさの構造」の中で苦しむ人は，その構造から抜け出す力さえも奪われていること（力の脆弱化）が多い。しかし，そこから抜け出す経験によって，逆境を跳ね返す力が培われることがある。つまり，自分の人生のイニシアティブを自分でとる力，すなわち，レジリエンスが，ソーシャルワークを活用して促進された。

10）ソーシャルワークの責務——アカウンタビリティ

人びとを苦しみの淵から救い出すソーシャルワークの構成要素には，対象者がいて，対象者を苦しめる問題があり，事例のようなプロセスがあり，そのプロセスを展開する場とミクロからマクロレベルまでの支援方法（ケースワーク，グループワーク，コミュニティワーク，ソーシャルアクション等）があり，その方法

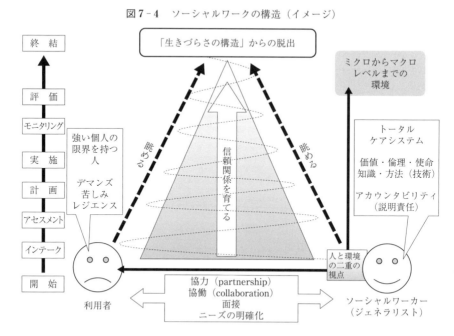

図7-4　ソーシャルワークの構造（イメージ）

を支える多様なアプローチ（実践理論）がある（図7-4参照）。

　利用者の「生きづらさの構造」からの脱出に向け，総合的（ジェネリック）なソーシャルワークを駆使することができるソーシャルワーカーをジェネラリストと呼ぶ。ジェネラリストは，自身がトータルケアシステムとしての機能を持つ支援の道具となる。自分を用いて利用者の「生きづらさ」に介入するのである。仮に道具が錆びていたらどうなるか。道具はつねに効果的に使えるよう磨いておかなければならない。また，一つの機能しか持ち合わせていない道具では，複雑な課題に対応できないこともあるかもしれないが，多くの機能を持つ道具は多様な方法を駆使して問題解決にあたることを可能とするだろう。

　ソーシャルワークが対象とする人びとの「生きづらさの構造」は，一段と重層化・複雑化している。そのような問題状況がもたらす苦しみから可能な限り迅速に脱出する支援を展開するには，道具の機能のメンテナンスと品質（知

識・価値）管理を怠ってはならない。つまり，ソーシャルワーカーは，ソーシャルワークという発達維持装置の機能を活用し，効果的な支援を行う媒介者として，つねに自身のソーシャルワーク実践力に注意深く気を配ることが重要になる。したがって，ソーシャルワーカーの資質を担保することを目的に行われるスーパービジョンは，ソーシャルワークに欠かせない機能となる。

最後に「医療はメスで人の命を脅かすことがある。社会福祉はかかわりで人の命を脅かすことがある」という指摘に触れてみたい。これは，社会福祉の現場で働くソーシャルワーカーからの警告である。ここでは，人間の苦しみを伴った息づかいとともにあるソーシャルワークは，リスクを伴う可能性のある責任の重たい活動ということをつねに銘記するよう求めている。したがって，ソーシャルワーカーは，専門職としての責務を利用者に示す責任（アカウンタビリティ）として果たしていかなければならない。

3　社会資源

人間が生きていくには，空気，水，光の基本的財が必要なことはいうまでもない。しかし，人間は社会的存在であるから，個々人が望む生活の営みを通じて衣・食・住の必需財を利用する生産性を伴った生き方を身に付けることも必要である。とりわけ，共同体による相互扶助が薄れ，「強い個人」を希求する現代社会では，「生きづらさ」を乗り越えるにも財を入手する必要もある。例えば，育児や介護はライフコースにおける人間の重要な営みであるが，外部にある施設や人手に頼らざるを得ない生活課題として直面する人びとが大勢いる。しかも，これらの財を利用するためにはお金（貨幣）が必要になる。

社会福祉では，このような必需財を社会資源と呼ぶ。社会資源は，社会福祉が対象とするニーズ（必要）と関連づけて検討しなければならない。この場合のニーズとは，人間の欲望すべてを対象とした手段的なニーズを意味しない。欲望や要求の有無にかかわらず，また，状況等に左右されない，生きていく上で充足しなければならない基礎的で絶対的ニーズである。(13)

以下では，絶対的ニーズを充足する社会資源を物質的な資源，人手としての資源，これらを入手する手段である間接的資源としてのお金（貨幣）を取り上げ説明する。

（1）ニーズを充足する社会資源の種類

1）物質的な社会資源

物質的な社会資源には施設や住宅，土地に代表される「不動産」と「動産」がある。「不動産」は土地に縛り付けられた施設，住宅等，自由に利用することに制限があるのが特徴である。その一方で，適切な場所に配置し，長期目標を持って活用すると資源の価値はより高くなる資源でもある。「動産」はすぐに入手しやすい日用材を指す。

2）人手としての社会資源

ソーシャルワークにおいて，人手としての社会資源は，直接人間の手を借りてニーズを充足することを目的としたヒューマンサービスとして必要不可欠なものある。このサービスを適切に導入するには，一人ひとりが持つ独自のソーシャル・サポート・ネットワークを吟味することで有効な資源を取り込むことが可能となる。ソーシャル・サポート・ネットワークとは家族や友人，近隣等，いわゆるインフォーマルな人手，ボランティアやNPOが組織する団体や組織にある人手，専門家と呼ばれるフォーマルな人手までを含む。

インフォーマルな人手は，利用したい時に直接的に相談し，合意が得られればその時点で利用できる即効性と柔軟性を備えている。反面，支援の専門家ではないので困難な課題に対する対応に限界があり，利用できない場合もある。また，提供する側の都合が優先されやすく，確実性，安定性に欠ける限界も持っている。

フォーマルな人手は，資格保持者等の専門家である場合が多く，一般市民が解決に苦慮する課題に対して，専門的支援による解決の可能性が期待できる。また，人手の確保にあたって財政的な保証が背景にあるので確実性，安定性に優れている。その反面，公共性や平等性が優先され，利用するまでに一定の手

続きを踏むことと，場合によっては調査や審査が求められることが多く，即効性や柔軟性に限界がある。

インフォーマルとフォーマルの中間的な人手として，ボランティアによる人手が重要視されている。研修や訓練を受けたボランティアは，インフォーマルな人手よりは専門的知識や技法が身に付いている。また，フォーマルな人手よりも即効性や柔軟性があり利用しやすいという側面を持っている。ただし，ボランティアは自分の意志が尊重される資源であり，即効性と柔軟性，専門性をある程度満たしたボランティア人材をニーズに応えるだけ確保することが難しい。

3）社会資源としてのお金

社会資源としてのお金（貨幣）は，そのものがニーズを満たす社会資源ではなく，物質的な社会資源や人手としての社会資源を利用する手段として活用される。わが国では，最低限度の生活を営む上で必要な衣・食・住の必需財はもちろんのこと，水や光（エネルギー）等，生きていくために最も基本的な財ですらお金（貨幣）で入手しなければならない。それは，当然ながら労働の対価として支払われる。勤労を支える，健康で能力のある「強い個人」として存在する必要の意味がここにあろう。

（2）社会資源とソーシャルワーク

誰もがライフコースを主体的に歩み，しかもできるだけ長く働き，社会に貢献するために健康であり続けたい，つまり「強い個人」であり続けたいと願う。しかし，人間である以上，誰もが「強い個人」であり続けるのは難しい。労働力を発揮しにくい未成年や高齢者等，発達上の限界，病気等によって脅かされる生命体の宿命としての限界，失業等の社会構造的な限界，そのどれをとっても個人的な「生きづらさ」といって片づけられない限界である。子育て，介護の課題に直面した場合，物質的・人手としての社会資源を利用し克服するには多くのお金（貨幣）を必要とする。また，お金（貨幣）はあっても社会資源にアクセスできない状況に陥る場合もあり得る。

このように，お金（貨幣）を得るための労働に制限が生じたりそれが不可能

となったり，あるいは社会資源に手が届きにくい状況に置かれた人びとは，一人ひとり多様な背景を持つ「強い個人」の限界の中で生きている。したがって，これらの限界を乗り越えるには，人びとの絶対的ニーズと社会資源との接触面（社会関係）にどのような不具合が生じているのかを見極める必要がある。不具合状態に見合った社会資源の導入方法を考え，人びとと社会資源を結びつける支援を講じることが必要になる。ある人は，社会保障制度等の一般的サービスを利用できることで限界を乗り切れるかもしれない。ある人は，治療的なサービスにつながることで乗り切れるかもしれない。また，ある人は，サービスそのものを創造し，それを利用することで乗り切れるかもしれない。つまり，一人ひとり個別化した支援が必要なのであり，ここにソーシャルワークが介在する可能性を見出すことができる。

4　スーパービジョン

念願のソーシャルワーカーになったものの，支援の過程では多くの苦悩と向き合うことになる。日々取り組む支援が適切なのだろうか，本当に利用者のための支援になっているのか，このような疑問や不安を抱くことはソーシャルワーカーなら一度ならずとも経験することであろう。時には自信を失い，最悪の場合は燃え尽き（バーンアウト），ソーシャルワーカーとして機能しなくなる場合も起きる。大塚達雄は，このような状況との関連から，スーパービジョンについて「対人援助の専門職は複雑で，社会的脈絡のなかでは予測しがたい問題に直面し，それを解決することが期待される。そのために，ソーシャルワーカーは能力の限界や，能力と人格の相互作用にさらされるので，スーパーバイザーはソーシャルワーカーが限界を乗り越え，クライエントの問題解決に効果を出せるように指導や助言を与えて支援する」と述べている。このような定義化の作業は今まで多数試みられてきた。

　ソーシャルワークにおいて，スーパービジョンは間接支援の一要素として認識されて久しい。しかし，幅広いソーシャルワーク実践の場において，この機

能が均質に理解され実践されているのかという点では，多くの課題と議論がある。その一つとして，わが国で取り組まれているスーパービジョンについて，実情に即した系統だった整理や研究が少ないことが挙げられる。

そのような中で，萬歳文子は，スーパービジョンに関する多様な定義の特性を分析した結果，スーパービジョンを次のように規定している。すなわち「スーパービジョンは，専門職が組織内で援助・支援業務を実施する上でのバックアップ体制であり，それは組織からの確認作業を通してなされるもの」と。職員の業務全般の遂行をバックアップする職場の確認作業体制としてのスーパービジョンとはどのようなものか。萬歳が論じているスーパービジョンを概観し，その内容，形態，機能について概説しながらスーパービジョンについての理解を深めてみたい。

（1）スーパービジョンを構成する要素

スーパービジョンの構成要素は，次のように説明されている。

1）スーパーバイザー

専門家を養成する（確認作業を行う）役割を担う。組織の理念や方針に沿った業務遂行を促進するため，一部ではスタッフの力を活用し育てる。組織の責任を引き受け，職員が行う支援活動を確認する。職員による援助を事前に確認し，リスクや緊急時にその職員を支え対処する。

2）スーパーバイジー

専門家として養成される（業務の確認を受ける）立場の人びとのことである。業務の遂行上，上司の助言や指導，サポートのもとでさまざまな業務に携わり，その過程で自己の専門性を高めることが求められる。

（2）スーパービジョンの内容

ソーシャルワーカーの業務は，利用者本人や家族への直接援助だけでなく，関係機関，部署の職員，同僚，部下との関係性にかかわる業務（サポート，コンサルテーション，ネットワーキング）や，宣伝・普及業務等の間接援助まで幅広

く多様である。これらの業務行動の過程で，行き詰まりやつまずきを克服し，自信を持って業務が行えるよう事前に自らの業務行動の確認を受ける。確認内容は次の五つに分類されている。

① スーパーバイジーの担当事例
② スーパーバイジーと事例の相互関係
③ スーパーバイジーの課題
④ スーパーバイジーと同僚そして組織との相互関係
⑤ スーパーバイザーとスーパーバイジーの相互関係

(3) スーパービジョンの形態

効果的なスーパービジョンは，1対1の個人スーパービジョンの形態に限らない。一人のスーパーバイザーが複数のスーパーバイジーに対して行うグループスーパービジョンや，スーパーバイザー同士が互いに同じ仲間（ピア）として確認作業を行うピアスーパービジョン，一人で確認作業を行うセルフスーパービジョン，一人のスーパーバイジーに対して複数のスーパーバイザーが同席するユニットスーパービジョン，利用者の面前でスーパービジョンを実施するライブスーパービジョンがある。これらの選択には，スーパービジョンを行う目的に関係する。ただし，どの形態にも限界があることに留意したい。

(4) スーパービジョンの機能

さまざまな形態を通して，スーパービジョンは次の三つの機能を発揮し，専門家としての専門性の促進を可能にする。

① 管理機能

スーパーバイザーは組織や職員の業務レベルを把握し，担当職員が所属組織の利用者の利益を図り，利用者に対する責任を果たすように促す。

② 教育機能

組織運営，会議運営，企画や記録管理の仕方，援助計画の立て方，個別，集

団支援計画の仕方を教える。

③　支持機能

スーパーバイジーとスーパーバイザーが個々の業務の中でスーパーバイジーのできているところ，良いところ，これから伸ばしてほしい能力を共に理解し，認めることである。

スーパービジョンは，スーパーバイザーがスーパーバイジーの業務全般の遂行をバックアップするために行う職場の確認作業体制をいう。スーパービジョンを通して，スーパーバイジーであるソーシャルワーカーの資質が磨かれる。そのため，質の高いスーパービジョンは，スーパーバイザーとして質の高い力量を保持していなければ実現しない。

それでは，スーパーバイザーの力量はどこで促進されるのか。近年では，職場外よりスーパーバイザーを迎えグループスーパービジョンを行う職場も見かけるようになった。また，ソーシャルワーカーの職能団体が独自にスーパーバイザー養成に向けた研修や講座を準備し，スーパーバイザーとして登録し，スーパービジョンを受けたいソーシャルワーカーに機会を提供する取り組みも定着化している。いずれにしても，スーパービジョンが定着していない状況にあると指摘されるわが国において，このような取り組みの広がりが期待されている。より質の高い支援が展開できるソーシャルワーカーを養成し輩出するためには，質が担保されたスーパーバイザーを養成することが喫緊の課題といえる。

　　　　　　　　　　ま　と　め

ソーシャルワークを専門職へと導いた先駆者であり，ケースワークの母と呼ばれるリッチモンド（Richmond, R. E.）が，ソーシャルワークとは何かについて次のように言及している。すなわち「もしわれわれがソーシャル・ケース・ワークとは何かを理解しようとするならば，何故それが存在するのかを認識し，その存在理由を文明の偶然に任せるのではなく，文明の進歩の主流に押し出し

ていかなければならない」(21)(下線筆者)と。

　わが国において，ソーシャルワークは，現代文明の進歩の主流となって市民権を得たであろうか。あふれるほどの豊かさの中で社会のメインストリーム（主流）を生きている人びとが増えている。しかし，その対極には，メインストリームに立てず，あるいは，そこから排除され「生きづらさの構造」の渦中にいて孤独の暗闇の中でもがきながら，私たちの身近に息をひそめ存在している人びとも増えている。また，「生きづらさの構造」から脱出する機会すら恵まれず，ひっそりこの世を去る人の数も一向に減らない。誕生しているのに，この世に存在していないと見なされている人びともいる。これらの現実を目前にして，ソーシャルワーカーは，ソーシャルワークを生きづらさの苦しみから人びとを解放する支援の総体として，現代社会のメインストリームに押し出さなければならない。

　ソーシャルワークという言葉は，支援技術，方法等，実践の道具（ツール）としての意味合いで用いられることがきわめて多い。しかし，支援技術や方法は，むしろ理論や技法に基づく道具にすぎない。すると，ソーシャルワークという言葉が示す意味は，ソーシャルワーカーという人間そのものを媒介にしたトータルケアシステムと考えられる。

　ソーシャルワークは，ライフコースを成長させる多様な活動のうちの一つを構成している。ソーシャルワークは，人間が自分の力で生きづらさを解決し，ライフコースを成長させる力を促進することに究極の目標があり，他のどのヒューマンケアサービスよりもこの目標達成に固有性がある。私たちは日々の生活の中で苦しみを伴う「生きづらさ」を体験する。その「生きづらさ」に対処する時，かつて活用したソーシャルワークに頼らず，過去の支援を受けて培った自己の経験やレジリエンスを信頼し，今度は自らのレジリエンスで乗り越える。すなわち，ソーシャルワークを必要とせず，自らのレジリエンスで苦しみを乗り越えることができた時こそ，はじめてソーシャルワークの真価が証明されることとなる。

注

(1) 岩田正美ほか『社会福祉入門』有斐閣アルマ，1999年，10頁。
(2) 同前書，11頁。
(3) 岩田正美『現代の貧困――ワーキングプア／ホームレス／生活保護』ちくま新書，2007年，96-110頁。
(4) 「一人ひとりを包摂する社会」特命チーム「資料・社会的包摂政策をすすめるための基本的考え方（案）」内閣府，2011年，2-3頁。
(5) 岩田正美ほか，前掲書，15頁。
(6) ゴッフマン，E.／石黒毅訳『スティグマの社会学』せりか書房，1984年。
(7) 萬歳文子「日本におけるスーパービジョンの理論的枠組み」福山和女編著『ソーシャルワークのスーパービジョン』ミネルヴァ書房，2005年，235-237頁。
(8) ラップ，チャールズ・A.・ゴスチャ，リチャード・J.／田中英樹監訳『ストレングスモデル』金剛出版，2014年，33頁。
(9) 庄司順一「リジリエンスについて」『人間福祉学研究』第2巻第1号，青山学院大学教育人間科学部，2009年，35-42頁。
(10) ブラウン，カタナ編／坂本明子監訳『リカバリー――希望をもたらすエンパワーメントモデル』金剛出版，2012年。
(11) 「レジリエンスを促進するソーシャルワークの三次元的構造（イメージ）」は，筆者の研究（『アルコール依存症者のリカバリーを支援するソーシャルワーク／一般医療機関におけるアウトリーチのための理論生成研究』明治学院大学大学院博士論文，2016年）を基に考案したものである。
(12) 山崎美貴子「社会福祉援助活動の構造と特徴」山崎美貴子・北川清一編著『社会福祉援助活動』岩崎学術出版，1998年，18頁。
(13) 岩田正美ほか，前掲書，76-77頁。
(14) 岡村重夫『全訂 社会福祉学 総論』柴田書店，1982年，120頁。
(15) 同前書，140-159頁。
(16) 大塚達雄「スーパービジョン」仲村優一ら編『社会福祉辞典』誠信書房，1970年。
(17) 萬歳文子，前掲論文，195-197頁。
(18) 同前書，198頁。
(19) 同前。
(20) 同前書，199頁。
(21) リッチモンド，M.／小松源助訳『ソーシャル・ケース・ワークとは何か』中央法規出版，1991年，76頁。

参考文献

奥川幸子『身体知と言語』中央法規出版，2007年。

仲村優一ほか編『実践方法と援助技術』（講座 戦後社会福祉の総括と二十一世紀への展望Ⅳ）ドメス出版，2002年。

渡部律子『高齢者援助における相談面接の理論と実際』医歯薬出版，1999年。

第8章　ソーシャルワークの展開過程

はじめに

　第5章では，ソーシャルワークの展開過程の構造について（図5-1参照），援助関係の展開過程が土台となり，その特徴や留意点等を述べた。援助関係は，ソーシャルワーカーの適切な配慮が必要となるものの，利用者とソーシャルワーカーが共に創りあげていくものであり，ソーシャルワーカーの力だけで一方的につくられるものではない。それゆえ，援助関係をつくるための詳細な手順を示すことは難しい。

　一方，本章で説明するソーシャルワークの展開過程は，ある程度，段階を追ってなすべき事項や手順が明確に示される。そのため，援助関係の展開過程よりも「わかりやすい」と感じるかもしれないが，どうしても支援者中心の説明になりやすい。ソーシャルワークの原則として「利用者主体」「利用者の参加」が重要になることから，ここでは，支援者としての関与の仕方だけでなく，利用者自身も支援の展開過程にどのように参加できるかについても触れていきたい。

1　開始・インテーク

（1）支援が始まる経路

　利用者が相談機関を訪れ，そこで，ソーシャルワーカーと出会うことから援助関係は出発する。援助関係の始まりについて，このようにイメージする人が多いのではないだろうか。しかし，実際は，それだけではない。稲沢公一によれば，支援が始まる経路には，三つの形態，すなわち，「申請」「紹介」「アウ

トリーチ」があるという(1)。

「申請」は，利用者自身がインターネットや知人等から情報を集め，自らが支援を求め，相談に結びつけるというものである。したがって，この形態の場合，援助関係は，利用者の自発性が伴った状態で開始される。「紹介」は，地域住民や民生委員，あるいは，他機関の職員といった他者によって勧められたり，依頼されたりする形態である。例えば，看護師や医師らが，入院費用の支払いに関する心配事等を抱えている利用者本人の心理的負担が増大していることを知り，社会福祉による支援が必要と判断し，医療ソーシャルワーカーに相談の依頼をすること等である。それゆえ，「申請」とは異なり，利用者の自発性が伴わないことが多い。「アウトリーチ」は，ソーシャルワーカー自身が利用者の自宅等へ出向き，相談に結びつける形態である。例えば，ゴミ屋敷に暮らす住民に対して，地域住民から苦情が寄せられたことを契機に，その屋敷を訪問し，相談につなげるといった内容である。つまり，ソーシャルワーカーが，利用者からの来談を待っているのではなく，自ら地域等に出向いて問題を発見していく方法である。そのため，「紹介」と同様に，利用者自身に相談援助を受けようとする自発性は伴いにくい。

従来，相談支援は，「申請」や「紹介」が中心となっていた。つまり，ソーシャルワーカーは，相談があるのを待っていればよかった。ところが，本来，支援の必要な人びとが相談支援というサービスの存在を知らなかったり，あるいは，知っていても何らかの事情により利用していなかったため相談に結びつくことなく，地域の中で置き去りのままになっていることがある。その結果として，本人が孤立し，誰にも看取られず亡くなっていたり，地域のトラブルに発展したりした。そこで，最近は，ソーシャルワーカー自身が地域に出て，つまり「アウトリーチ」によって，制度の狭間等でこぼれ落ち，生活に困窮している人や，地域に潜在している支援を必要とする人びとを発見し，支援に結びつけることも支援者の重要な役割として求められるようになった。最近は，このような「アウトリーチ」を積極的に行う支援者をコミュニティソーシャルワーカーと呼び，社会福祉協議会に配置されるようになってきた。専門職だけで

なく，地域住民と協働しながら要支援者を発見するためのシステムやネットワークの構築が重視されるようになっている。

いずれにしても，一度は利用者が相談に結びついても，支援を受けることの同意が利用者から得られなければ，支援は開始されない。そこで，必要な支援につなぐ上で必要となる初期段階のかかわりとしての「インテーク (intake)」を，以下に取り上げる。

（2）インテーク
1）インテークとは

利用者とソーシャルワーカーが出会い，利用者が直面している生活問題に関する大まかな情報を把握し，ソーシャルワーカーが所属する機関で支援することが適切であるかを判断する（スクリーニング）までの過程を「インテーク」と呼ぶ。したがって，「申請」「紹介」「アウトリーチ」のいずれかの経路を経て支援活動は開始されるが，すべてを所属機関で継続して対応できるわけではない。

「インテーク」は，受付面接，受理面接等とも呼ばれ，電話でなされることもあれば，両者が対面する面接という形でなされる場合もある。また，1回のみで終了することもあれば，2～3回にわたることもある。

2）インテークにおける支援のポイント

① 利用者を労い心理的にサポートしながら，話しやすい状況をつくる

前述の通り，利用者の中には，自ら望み相談機関を訪れる場合もあれば，他者に促されて仕方なくやってくる場合もある。さらに，自らが望むと望まざるとにかかわらず，ソーシャルワーカーからのアプローチがなされることもあるため，利用者が相談に臨む準備状況は，本人の自発性や動機づけ等によって大きく異なる。

いずれにしても，見知らぬ者同士が接触し，支援を受ける立場となる利用者は「自分の大変な状況を理解してくれるだろうか」等の不安や緊張を抱えていることが多い。そして，マイナスの感情はもちろんのこと，一方で「自分の抱えている生活問題が解決するかもしれない」という期待や希望等，プラスの感

情，あるいは，助けてほしいと思うけれど，本当は他人の助けを受けたくないといった葛藤やアンビバレントな感情も持つものである。

したがって，ソーシャルワーカーは，このようにして相談に結びつく利用者が複雑な感情を抱いている点に関心を向け，まず，相談窓口に訪ねてきたことについて「よくここまで足を運んでくれた」といった気持ちを伝え，利用者を労いながら心理的なサポートに努めることが重要になる。具体的には，利用者を労いながら，自分の氏名を伝え，仕事内容や所属機関の機能等について説明する。さらに，バイステックの7原則（第5章参照）にある守秘義務が守られること等についても説明を加え，利用者が不安を軽減できるよう働きかける。

また，可能であれば，利用者が自ら望んで相談機関とつながったのか，そうではないのかについて語ってもらえるとよい。前者のような利用者は「ボランタリー・クライエント」と呼ばれるが，後者は「インボランタリー・クライエント」と呼ばれ，自分の抱えている問題の解決に取り組む意識が高くないことが多い。いずれにしても，利用者の支援に臨む構え等を理解しておくことが必要である。ただし，「インボランタリー・クライエント」の場合，不承不承，相談機関を訪れていること多いので，そのことをインテーク面接で把握することが難しいこともあり，アセスメントの過程で利用者自身に語ってもらっても構わない。

つまり，インテークで最も重要なことは，利用者から多くの情報を収集するのではなく，このような心理的サポートに努めながら，利用者がこの人であれば話をしてもよいと思えるような安心・安全な状況をつくりだすことなのである。

② 利用者の主訴に耳を傾け最低限の情報を収集する

主訴とは「クライエント（利用者）本人が（ソーシャル）ワーカーに表出する具体的訴え[2]」を指す。これは，必ずしもニーズに結びつかないこともあるのだが，利用者自らがソーシャルワーカーに伝えようとする主訴を傾聴することが最も重要となる。ソーシャルワーカーが利用者の問題を早く解決しようと焦り，多くの情報を収集しようとするのではなく，利用者がソーシャルワーカーに話したい，伝えたいと思っていることに沿い話を聴くことが必要になる。なぜなら，そのような聴き方を続けることで，インテークの場で利用者は自分が人と

して尊重されていると実感できたり，終了後に「自分の話を聴いてもらえた」と思うことにつながる可能性が高まるためである。

利用者によっては，例えば，介護負担にまつわる自分の身体的不調やそれに伴う感情等，自分に関係する情報のみが中心に語られることもある。このような場合，「何かに困っている」状況は明らかになるが，実態が詳らかにならないまま，面接等が進む場合がある。このような場面では，利用者の話をさえぎらないように質問しながら，必要な情報の収集を図ることが必要である。いずれにしても，ソーシャルワーカーは，インテーク終了後の方向性を判断する上で必要となる最低限の情報収集を心がけなければならない。

③ インテーク終了後の方向性を判断し利用者に伝えて同意を得る

安心して話を聴いてもらえたとしても，利用者の問題は解決したわけでない場合もあるため，インテークを終了する際に，ソーシャルワーカーは，利用者支援の今後の方向性について判断し，そのことを利用者に伝える必要がある。具体的には，①インテークの過程に引き続きソーシャルワーカーが所属する機関で支援が継続する，②ソーシャルワーカーが所属する機関以外の機関に紹介して終了する，③インテークの過程だけで支援活動が終了する，という方向性である。いずれの選択肢の内容を伝えるにしても，利用者の同意を得ることが重要となる。このような同意を得る一つひとつの取り組みが，利用者の支援への参加を促すことにつながるからである。

2　アセスメント

(1) アセスメントとは

アセスメント（assessment）とは「利用者の抱えている課題やニーズを明確化すること」である。これは，支援活動の成否の鍵を握る過程であると同時に，ソーシャルワーカーにとって，その力量が最も試される場面にもなる。介護保険制度の創設以降，サービスの利用可否やサービス量等を決定する際，調査員が面接で利用者の状況を聞き取りながらチェック項目を確認する取り組みとし

て，アセスメントシートを使用することが奨励されてきた。そのため，アセスメントは，情報収集することが主たる目的であると勘違いされることも少なくない。もちろん，情報収集もアセスメントの重要な要素の一つであるが，項目に示された情報を収集することだけが重要なのではない。渡部律子が，アセスメントを「アセスメント面接」「データの分析と統合」「アセスメント報告書の作成」という三つの要素から構成されるというように，情報を収集するだけでなく，得られた情報をいかに分析・統合しながら，いかにニーズを明確化するかが重要なのである。

（2）アセスメントをする上で重要となる視座

　アセスメントでは，得られた情報を分析・統合する際，利用者や利用者が抱える生活問題や課題に対して，ソーシャルワーカーは，次のような視座をもつことが重要である。

　一つは，個別性を徹底して重視することである。例えば，「他人に迷惑をかけずに暮らすこと」を信条とし，人生を送ってきた利用者であれば，社会福祉サービスを利用することに大きな抵抗感を抱くかもしれない。一方，普段から他者の力を借りて生活を送ることを日常としていた人であれば，サービスの利用に同意を得ることは難しくないかもしれない。第5章第4節で述べた通り，ソーシャルワークは，利用者の価値観や信条が色濃く表れる「生活」や「人生」と対峙するため，個別性が非常に重視されるのである。

　以上のような生活にまつわる信条等は，標準化されたアセスメントシートの項目を聞き取るだけでは得られない情報である。それは，利用者の家族関係等が話されることの延長線上で口にされる生活史等にまつわる語りから知り得ることも多い。したがって，このようなシートを使用する際，ソーシャルワーカーは，記載されている項目の情報による利用者理解に限界があることを自覚しておく必要がある。

　二つは，利用者自身の「強み（ストレングス）」に目を向けることである。ストレングスモデルを提唱したラップとゴスチャ（Rapp, C. A. & Goscha, R. J.）

は，支援の原則を論じる中で「焦点は欠陥ではなく個人のストレングス⁽⁴⁾」であると述べている通り，利用者が抱える問題，弱点，欠陥に目を向けるのではなく「クライエントがこれまで何を成し遂げてきたか」「どのような資源を得てきたか⁽⁵⁾」等に焦点を当てるべきだという。

　利用者が何らかの課題や問題を抱えていたとしても，今，この面接の場にいることは，必ず自分なりに課題等に取り組み，対処してきたという歴史があることを意味する。例えば，事例で示したように迷惑をかけず暮らすことを信条としてきた妻が，夫の介護にあたり，社会福祉サービスの利用に強い抵抗感をもっていたとしても，それを妻の介護に対する姿勢の問題として見るのではなく，妻としての信条があったからこそ，これまでの介護が成り立っていたと受け止め，それを妻の「強み」としてとらえることが重要なのである。

（3）アセスメントのポイント

　渡部は，ヘップワースとラルセン（Hepworth, D. H. & Larsen, J. A.）の枠組みをもとに，アセスメントのポイントをリスト化している⁽⁶⁾。ここでは，それらを参考にしながら，四つのポイントに絞り説明を加えていく。なお，四つのポイントに関する情報については，面接を通じて利用者本人から得られるものであるが，利用者が認知上の問題等を抱えている場合，家族，あるいは，現在利用している医療や社会福祉サービス等の関係機関からも必要に応じて情報提供を依頼することも重要になる。

1）問題の具体的な特性

　これは，問題が起きた時期や，それが継続している期間，あるいは，頻度，そして，それがどのような状況の時に起きるか等に関する情報を把握することである。例えば，アウトリーチによって相談にむすびついた路上生活をしている利用者に対し，路上生活がいつから始まり，どの程度の期間が経過しているのか，そして，これまでに，このような経験を何度されたことがあるのか等を，ソーシャルワーカーが把握することである。

　さらに，利用者自身が路上生活をどのようにとらえているかを，把握してお

くことも重要である。衛生面や栄養摂取上の問題等を抱える路上生活という過酷な環境は，第三者から見れば何もよいことがない生活に映る。しかし，利用者から見ると，他者からの不適切な関与が最小限となっている場なのかもしれない。このようなことを利用者自身の言葉で語ってもらうことで，路上生活から移行した際の生活のあり方を考えるヒントが与えられるかもしれない。

仮に，長期間にわたる路上生活を続けてきた利用者の背景には，自ら事業を起こすものの共同経営者であった友人に騙され，多額の借金を背負うこととなり，家族も解体し，路上生活に至った経緯があるとする。このような体験によって他者に心を閉ざし，孤立した生活を望むようになったのであれば，今後のあり方としては，本人の生活が他者からの干渉をできるだけ受けないような生活の場が提供されることが大切になるかもしれないのである。

2）利用者の特性——利用者はどのような人か

ここまで，アセスメントでは，利用者の「強み」に焦点を当てることが重要になることを述べた。このことを先の路上生活者を例に考えてみたい。この人は，今，住居や収入，対人関係の多くを失った状態にある。しかし，ソーシャルワーカーが，その人の語った「生活歴」を整理すると，結婚して家庭をもち，ある時期までは事業も順調で，社会人として家庭人として立派に自らの役割を果たしていたことが明らかになるかもしれない。利用者は，元来，人嫌いでないことがわかり，他者に対して心を開くような環境が整えられさえすれば，これまでに培ってきた社会人としてのスキル等，本人の「強み」を活用し，いま一度，社会生活を送ることは可能という見方をすることができる。

ソーシャルワーカーとして利用者に「生活歴」を語ってもらうことは重要である。利用者自身に語ってもらうことで，ソーシャルワーカーは，利用者の価値観が形成されてきた歴史を知り，利用者自身の「人となり」を理解することにつながる。同時に，利用者が抱える「生活問題」を理解する上での重要な情報を得ることにもなる。

例えば，若い頃から社交的で，退職後も積極的に地域活動を行っている60代の高齢者が，突然，脳梗塞による軽度の右半身マヒと言語障害をもった場合と，

元来，一人でいる時間を楽しむことの方が好きな同年齢の高齢者が同じ障害をもった場合とでは，本人の障害の受け止め方に大きな差異が生じるものである。前者の場合であれば，後遺症が残ったことに大きなショックを受け，自宅に引きこもりがちな生活を送ることになるかもしれない。後者の場合であれば，当然，ショックは受けるものの，これまでの生活に大きな変化が生じることはないかもしれない。つまり，障害の受け止め方は，利用者が送ってきたこれまでの生活の積み重ねに大きく影響を受けるものなのである。

また，生活問題を抱えていると，多くの人びとは，何とか解決しようとして「現在」の「自分の問題」にばかり目を奪われ，「過去」や「将来」に目を向けられなくなりがちとなる。このような利用者が，ソーシャルワーカーに促されて自分の歴史を語ることは，現在の自分とは異なる「過去の自分」を想起する機会となる。そして，時にはこれまで忘れていた自分の楽しみを思い出したり，思わぬ自身の問題解決能力に気づいたりすることで，自分を今一度肯定的にとらえなおす機会になることもある。利用者が面接で自分で語る支援の重要性を認識しておきたい。

3）利用者の問題理解に必要な固有の情報

これは，アセスメントシートのようなチェックリスト等で示される項目であるが，ソーシャルワーカーが所属する機関の機能等によって必要とされる情報は異なることもある。しかし，基本的な枠組みとしては，利用者の能力にかかわること及び生活環境に関する情報に大別される。

前者は，利用者が抱えている疾患や障害，あるいは，身体・精神・心理的状況に関する情報である。高齢者であれば，ADL（Activities of Daily Living）という日常生活動作等に関する詳細なアセスメントが必要になることもあるし，認知症の程度等も重要な情報となる。後者は，家族構成や職業，経済状況や居住環境，本人が利用している医療・保健・社会福祉等のフォーマル及びインフォーマルなサービス等が含まれる。ただし，「紹介」によって相談が開始される場合，紹介した機関等からこのような情報の一部をあらかじめ提供されることもある。しかし，そうであっても，ソーシャルワーカーはできるだけ面接の

中で情報を把握し直したり，確認したりすることが必要である。

4）利用者の問題対処力・問題対処に関係する出来事・人・期間とその結果

「2）利用者の特性——利用者はどのような人か」と同様，本項目においても利用者の「強み」に焦点を当てることが重要となる。先に例示した路上生活者は，生活に転落した弱者なのでなく，過酷な環境においても生き抜いてきた「強さ」が備わっている人としてとらえることができる。具体的には，一銭も持たない状態で暮らさなければならない問題に対し，何とか自力で食料を調達し，雨露をしのげる場所を選んで移動しながら生活するといった対処能力が備わっているのである。利用者の問題対処能力は，このような「何とかやってきた」状況の語りの中に埋め込まれているものである。

したがって，このような対処能力等を把握するには，まず，日常生活の概況を理解する必要がある。窪田暁子は，そのために「毎日，どんな暮らしをしているの」といった問いかけが有効とする[7]。そして，利用者が自由に語る自らの生活全体の状況にまつわる情報には，利用者の「生活観，住居の状況，家族の雰囲気，絶えず起こっている小さな問題，喧嘩，そしてそれらの処理のされ方等についての豊富な情報を得ることできる[8]」という。

さらに，路上生活をする中で健康を害し入院した経験の語りを聴くことで，利用者が，時には路上生活者を支援するボランティア団体との接点をもち，炊き出し等の支援を受けていたこと等を知ることがある。このような情報を通して，ソーシャルワーカーは，利用者が全く他者との関係から孤立していた訳でなく，具体的な物質的支援を受けるといった問題対処能力を有していることを改めて理解することができるのである。

（4）分析と統合——アセスメントツール

アセスメントに必要な情報は，利用者によって語りたい内容が語りたい順番でソーシャルワーカーに伝えられていく。したがって，情報は客観的なデータとして整理され，分析・統合される必要がある。その際に役立つツールを紹介するとともに，分析・統合する上での留意点について確認しておきたい。

第8章　ソーシャルワークの展開過程

1）アセスメントの「道具」

　利用者と利用者を取り巻く環境との関連を図示化するマッピング技法として「エコマップ」や「ジェノグラム」がある。「エコマップ」は，利用者を図の中心に据え，利用者と他者の関係，あるいは，利用者と社会資源との関係等を関係の質（肯定的な関係やストレスのある関係，結びつきの強さ等）によって線種を変えて結びつけ図示するものでる。「ジェノグラム」は家族関係図等と呼ばれ，三世代以上の利用者と家族の関係を示すものである。

　その他に，利用者の生活歴を図表化する「生活史チャート」[9]がある。これは，利用者の誕生から現在に至るまでの個人の歴史を，身体的要因，心理的要因，社会的要因（家族，職業・経済，その他），居住地等の変化について年表としてまとめたものである。利用者が面接で断片的に語る情報を整理しストーリー化する際に役立つ。

　「エコマップ」が，「現在」という「点」における利用者と環境との関係をアセスメントするための道具とするなら，「生活史チャート」は過去から現在に至る「線」としてアセスメントする点に特徴がある。これらのアセスメントツールは，利用者や利用者の生活状況を多面的にとらえる上で有用である。なお，「エコマップ」については，ソーシャルワーカーが得られた情報を整理しアセスメントする際に使用するだけでなく，利用者自身が，自らの生活状況を客観的に把握するため支援者とともに作成することもある。

2）利用者のニーズ及び今後に必要となる資源の明確化

　さまざまな道具を使用しながらデータを分析・統合する場合，ソーシャルワーカーが取り組まなければならない事項は以下の通りである。まず，利用者のニーズを明確化することである。次に，そのニーズを満たすために必要とされる資源を導き出すことである。それによって，はじめて次の計画の策定へと進むことができる。必要な資源については，利用者自身がすでに持っているかもしれないし，そうでないかもしれない。持っていない場合は，どのような資源を活用すればよいかを検討し，それらを探し出さなければならない。したがって，支援者には社会保障制度を中心としたフォーマルな資源に関する知識が必

要とされる。また，フォーマルな資源だけで対応しきれないことも少なくないため，インフォーマルな資源として活用が可能な知人や地域住民らによる支援等の有無についても把握しておく必要がある。

3　計画・介入・モニタリング

（1）計画の策定

　アセスメントによって明確化されたニーズを充足するため，次にソーシャルワーカーに求められるのが「具体的な」計画を策定することである。「計画の策定」の次の過程となる「介入（支援の実施）」では，利用者及びソーシャルワーカーの双方が5W1H，すなわち，いつ（when），どこで（where），誰が（who），何を（what），なぜ（why），どのように（how）行動するかを明らかにしておかなければならない。なお，支援計画は，利用者とソーシャルワーカーによる協同作業で作成され，使用するサービス事業所等もいくつかの選択肢に絞る等，具体性をもった内容であることが必要になる。

　例えば，親元で生活をしている知的障害のある利用者が「仕事を続けながら一人暮らしをしたい」という要望をソーシャルワーカーに伝えたとする。これは「大きな決定事項」（第5章第2節参照）にかかわる，いわば「今後，どのような生活を送っていきたいか」という希望を述べていることを意味する。したがって，それは，時間をかけて達成されるべき「長期目標」となる。

　一人暮らしを実現するためには，衣食住にかかわること，例えば，火の取り扱いや家の戸締り，お金の管理等を自分の力で，もしくは，他者の手を借りながらできるようになること等が必要である。「長期目標」を達成するには，その手前に設定される，このような内容の比較的小さな目標が必要であり，これは「短期目標」と呼ばれる。知的障害がある利用者の場合，「長期目標」を達成するには，相当に長い年月が必要となる。場合によっては，実現することが困難なこともあろう。しかし，仮に実現の可能性が低い場合でも，「一人暮らし」をするという希望が利用者の人生の送り方であるならば，それが可能な限

り尊重された計画が策定されるべきである。

「長期目標」は比較的抽象度の高い表現であってもかまわないが，併せて「グループホームの短期入所サービスを利用する」ことで「親元を離れた生活を体験してみる」「親の協力を得ながら小遣い帳をつけることで，自分でお金の管理をする」といった具体性を伴った複数の「短期目標」の策定が肝要となる。

なお，支援計画の立案にあたっては，他機関や事業所のサービスを利用する場合，関係者との打ち合わせ，または会議を開催したり，その会議に利用者本人や家族が参加したりしながら協同で作成されることが望ましい。参加や協同が難しければ，本人や家族の同意を得て契約を結ぶことが，最低限必要とされる。

(2) 介　入

介入とは，策定された支援計画に沿って，支援が実施されることである。ソーシャルワークは「人と環境の接点」に焦点を当てるため，介入は，人と環境の双方に対してなされる。主として利用者に対するものを「直接的介入」，環境に対してなされるものを「間接的介入」と呼ぶ。

1) 直接的介入

利用者とソーシャルワーカーによって策定された支援計画を利用者自身が計画通りに遂行できるようになるには，これまでに構築してきた援助関係を発展・強化することを通じて，利用者が自らの置かれている状況に関する理解を促進したり，問題への対処能力や社会的機能を高めたりする支援が図られる。深刻な生活問題を抱えている場合，利用者の自己評価は低下し，自尊心が傷つけられた状態にあることが多い。だからこそ，ソーシャルワーカーは利用者の「強み」に着目し，それを利用者とともに発見する働きかけを重ねていくことが必要となる。

また，自らが資源を活用できるよう利用者に資源に関する知識を提供したり，家族との関係等を含めた環境を調整したりすることも重要である。例えば，利用者に対して今後利用することになるデイサービスで提供される運動プログラム等に関する情報の提供によって，利用者自身に今一度何を目標としてプログ

ラムに参加するかを考えるよう促したり，サービス利用にあたって家族に準備してもらう必要がある事項等を調整することが必要になる。

2）間接的介入

利用者の問題を解決するため，利用者を取り巻く環境に対して働きかける支援が間接的介入である。これには，問題解決のために利用される制度やサービス等に利用者をつなげたり，エコマップ等のツールを用いることで明確となった利用者と利用者を取り巻く人や資源との関係のうち，改善を要する関係性に焦点を当てて介入したり，問題解決に影響を与えるような人を支援に巻き込むといった調整を図ったりすることが含まれる。

さらに，利用者の問題解決には，既存のサービスのみで対応できないことも少なくない。さまざまな社会福祉サービスは，先駆的な実践活動が展開されることで制度化されてきたという経緯がある。つまり，ソーシャルワーカーが利用者のニーズの本質を見捉えることで，既存のサービスでは十分に対応できないニーズが発見されることを意味する。例えば，山間地区といった人口が少ない地域では，都市部と比較し，利用できるサービスメニューには限界があり，ニーズの充足が難しいこともある。このような問題の解決には，既存のサービスを改善したり，新たなサービスを開発したりすることが必要となる。開発にあたっては，政治的なレベルでの介入，例えば，問題について調査し，それを政策策定に携わる人びとに示したり，ロビー活動をしたりすることが必要となることもある。

(3) モニタリング

モニタリング（monitoring）は「経過観察」と訳される。これは，計画に基づいて実施されている支援が，計画通りに実施されているか，あるいは，実施している具体的な支援によって利用者のニーズが充足されているかを確認する過程である。利用者がサービスを利用している機関や事業所等と定期的に連絡を取り合い，本人の状況を見守りながら情報を得ておく。確認にあたっては「いつ」「どこで」「どのように」実施するかを決めておく必要がある。その結

果，利用者からサービス利用に関する不満が語られているといった問題が生じていたり，利用者の心身状態が大きく変化し，サービスの利用が不可能となったりしていることが明らかになることも多い。新たなニーズが発見された場合，新たに情報を収集し，再アセスメントを行いながら支援計画自体を見直さなければならない。

4　評価・終結

（1）評　価

　利用者とともに策定した計画に沿って支援が展開され，順調な支援の経過をたどりながら，徐々に支援活動は終結へと向かっていく。終結に向けた過程での評価とは，これまでに実施されてきた支援の効果を問うものである。計画の策定やモニタリングの過程と同様，利用者がサービスを利用している機関や事業所等が会議を開いたり，あるいは，それらから必要情報を収集した上で，支援者と利用者の間で実施されることが望ましい。

　ところが，わが国の臨床現場は，「慢性的な人手不足」[10]により，評価を実施するだけの時間的余裕がないという実情もあり，評価の実施がなかなか根づかない実情にある。しかし，社会福祉基礎構造改革以降は，サービス提供者にアカウンタビリティ（説明責任）が求められるようなったこともあり，評価への関心は高まってきている。実際に調査法を駆使して評価できなくても，支援活動の最終局面で利用者と支援者がこれまでの経過を振り返り，原則に則ったものにこだわらないで評価を実施したり，利用者自身が改めてエコマップを作成し，アセスメントの過程で作成したものと比較したりしながら支援の効果をお互いに確認することが必要である。とういうのも，評価を共に行うこと自体が，利用者とソーシャルワーカーの間に築かれてきた援助関係が終結する準備作業となるからである。

　1915年にフレクスナー（Flexner, A.）によって「ソーシャルワークは専門職でない」とする講演がなされて以来，北米のソーシャルワーカーは，自らの専

門性を高めることに心血を注いできた。その中で，近年，ソーシャルワーカーの支援による有効性を示す調査法が開発されるようになった。

なかでも，「単一事例実験計画法（シングル・ケース・デザイン）」は，臨床で活用可能なものであり，今後，わが国でも導入されることが望まれる評価法である。以下では，認知症の妻を介護する夫が，妻の徘徊といった行動障害に対していら立つことが多く，時には妻に手を上げてしまうことがあるような問題が生じている場合，夫のいら立ちを軽減するため家族会へ定期的に参加し，認知症という病気やかかわり方に関する知識等を学習できたり，介護にまつわる気持ちを共有できるようなセルフヘルプグループへ参加したりするといった支援プログラムを経験することになった例を用いながら単一事例実験計画法について説明してみたい。

支援プログラムへ参加する前のある一定期間を「ベースライン」と呼び，1日の中で夫が妻に対してイライラする気持ちが生じてきたら，その回数を記録しておく。そして，支援プログラムが実施される期間は「インターベンション」と呼ばれ，プログラムに参加している間も，毎日，同様に回数を記録しつづけ，それを「ベースライン」における数値と比較するのである。回数が減少していれば，家族会によって提供されていたプログラムは効果があったと証明されるのである。このように，単一事例実験計画法は，利用者の行動上の変化を数値でとらえるだけでなく，日常生活における語りや，そこで使われる言葉や表現に関する記録を残すことで効果を測定することも可能になる。

（2）終　　結

終結の形態は，当初の援助目標が達成されることで支援が終了する場合や，何らかの事情により支援を継続できなくなる場合等が含まれる。

前者は理想的な場合であり，利用者とソーシャルワーカーの間には確固とした信頼関係が構築され，両者ともに満足感に満ちた状態となる。しかし，そのような場合であっても，お互いが別れることに対する分離不安にさいなまれることもある。特に，利用者にこのような不安が強く生じた場合，尾崎新はソー

シャルワーカー自身が分離不安を克服し，利用者に対して「関係が終結しても，いつでも連絡をとってかまわない」といった曖昧な発言は慎み，明確に終結を伝え，ソーシャルワーカー自身が「一人立ち」のモデルになることが必要という(11)。このように，終結時には，ある程度しっかりと関係を整理し，終了後まで関係を継続できるような機会を持たない方がよい場合もあれば，アフターケアの意味を込めて，終了後も1ヶ月に1度の程度で面接を数回実施することも必要な場合がある。いずれにしても，援助関係が最終的な局面に差しかかる以前から，利用者とソーシャルワーカーは終結の話題を回避せずに話し合い，別れに備えた準備を整えておくことが重要である。

　後者のような何らの事情により支援活動が続けられなくなった事態の中には，利用者の死亡やソーシャルワーカーの退職や異動といったことが含まれる。異動する場合は，同一機関に所属する他の職員に引き継がれ，実際の支援活動は継続されていくことになる。

　理想的な場合であろうとなかろうと，これまで築いてきた援助関係を活用し，ソーシャルワーカーは終結に伴って利用者に生じるさまざまな否定的な感情を受け止め，利用者がそれにうまく対処できるよう支援することが必要になる。

ま と め

　ここで，窪田暁子による「クライアント本人との共同作業」にまつわる記述を紹介してみたい。(12)

　「援助を，援助者と被援助者との共同作業であるとすることの根拠は，いかなる援助も，それを使う人間の『利用者』としての参加がなくてはそもそも援助にならない，という単純な事実に由来する」。

　「共同で決めた目標への途が思ったよりも遠いことに気づき，壁に向かってどう対処すべきかと共に悩み，迂回路を探し，工夫を重ね，失望からくる不安をどう乗り越えるかを学習してゆく過程こそ，ソーシャルワークの過程そのものなのである」。

ソーシャルワーカーはつねに焦って前傾姿勢をとりながら，自己の存在を証明するかのように「独り善がり」な，支援者が主体となった支援活動を展開しないようにと，自戒が込められた記述をもって本章をしめくくりたい。

注
(1) 稲沢公一・岩崎晋也ほか『社会福祉をつかむ』有斐閣，2008年，69頁。
(2) 山縣文治・柏女霊峰編『社会福祉用語辞典 第8版』ミネルヴァ書房，2010年，177-178頁。（ ）内は筆者による加筆。
(3) 渡部律子『高齢者援助における相談面接の理論と実際 第2版』医歯薬出版，2011年。
(4) ラップ，チャールズ．A.・ゴスチャ，リチャード．J.／田中英樹監訳『ストレングスモデル――リカバリー志向の精神保健福祉サービス 第3版』金剛出版，2014年，69頁。
(5) 同前書，70頁。
(6) 渡部律子「アセスメントとプランニング」『社会福祉学習双書』編集委員会編『社会福祉援助技術論I』全国社会福祉協議会，2016年，192-193頁。
(7) 窪田暁子『福祉援助の臨床』誠信書房，2013年，106-107頁。
(8) 同前書，108頁。
(9) 蛯江紀雄『(老人ホーム――職員の手引き) 処遇と記録』全国社会福祉協議会，1988年，118-119頁。
(10) 野口啓示「評価・終結」岩間伸之ほか編著『ソーシャルワークの理論と方法I』ミネルヴァ書房，2010年，94頁。
(11) 尾崎新『ケースワークの臨床技法』誠信書房，1994年，116-120頁。
(12) 窪田暁子，前掲書，156-157頁。

参考文献
社会福祉士養成講座編集委員会編『相談援助の理論と方法 第3版』中央法規出版，2015年。
バイステック，F. P.／尾崎新ほか訳『新訳改訂版 ケースワークの原則――援助関係を形成する技法』誠信書房，2006年。
ヘプワース，D. H. ほか／武田信子監修『ダイレクト・ソーシャルワークハンドブック』明石書房，2015年。
マグワァイア，L.／小松源助・稲沢公一訳『対人援助ためのソーシャルサポートシステム』川島書店，1994年。

第9章　ソーシャルワークの基本技法

はじめに

　ソーシャルワークによる支援は，利用者自身がどのように望んでいるか，何をどのように求めているかという多種多様なデマンズ（要求）[1]を持った生身の人間（対象者）が，トータルケアシステムを身に付けたソーシャルワーカーという生身の人間を活用して初めて成立する。すなわち，人間対人間のかかわり合いそのものを土台にしている活動なのである。

　人間対人間のかかわり合いといっても，友人たちのそれとは些か異質のものといえよう。それは，図7-1（109頁）に示す「生きづらさの構造」から利用者を解放することを目的とした意図的なかかわり合いをいうのである。

　しかしながら，ソーシャルワーカーもまた人間であるから，個人として身に付けた価値観や，知識，経験等に基づいた主観的判断基準が内在する。一方，ソーシャルワークによる支援は，利用者を中心に据え，利用者の主体性を尊重することを使命にしている。したがって，利用者のデマンズから導き出されるニーズとは何か，ニーズを充足するためにどのような支援計画を必要とするのかといった客観的判断がつねに求められる。

　ソーシャルワーカーによる主観的判断に偏らない，客観的判断に基づいたソーシャルワークを支えるのが技法である。本章では，ソーシャルワークに必要な基本技法として，面接技法，記録法，事例研究法，評価の方法について概説する。

1　面接技法

　人間対人間の意図的なかかわり合いは，話し合いによって発展し深められる。絶え間ない話し合いを通して，利用者は，ソーシャルワーカーに信頼を寄せ，生きづらさから脱出するレジリエンス（resilience）を強め，課題解決を可能にする。

　ソーシャルワークにおいて，話し合いは面接という場面で行われる。「面接に始まり面接に終わる(2)」といわれるほど，ソーシャルワークを行うにあたり，面接は必要不可欠な道具（ツール）になる。

　ここでは，仲村優一の「面接技術」に依拠し，「面接の構成要素」について特性，成立条件に分けて概説する。

（1）ソーシャルワークにおける面接の特性

　仲村が整理した，リッチモンド（Richmond, M. E.）による四つの面接の特性(3)を加筆，修正しながら面接の特性を要約して説明してみたい。

1）意識的・意図的話し合い

　面接は，利用者の問題解決という目的を達成するために明確な意図を持って，意識的に行われる話し合いである。話し合いは，世間的，社交的会話と根本的に性質が違う。一つひとつの過程が意図的に慎重に展開されなければならない。

2）事実と感情の双方に関心を寄せる話し合い

　面接は，利用者についての具体的事実をつかむだけでなく，事実の背後にある「心の状態」，つまり，感情の動きも知ろうと努める話し合いである。事実を事実としてつかむことは大切である。しかし，そこに利用者の微妙な感情が入り混じっていることを見落とさないように，それを受容することが一層大事になる。

3）利用者とソーシャルワーカーのパートナーシップによる話し合い

　面接は，利用者とソーシャルワーカーの両者がそこに参加し，両者の協力関

係において行われる話し合いである。ソーシャルワーカーが一方的な聞き手となり，利用者に機械的に答えさせるというような面接は，利用者の参加が十分に得られない点で正しい面接とはいえない。

4）刺激＝反応の輪が目的に向かって，らせん型に向上する話し合い

望ましい面接は，「循環反応」「らせん反応」の型を示す。面接の一区切りをとってみると，質問（刺激）に対する応答（反応）というように，刺激と反応の輪を形作る。反応がそのまま刺激となり，それに反応するように，次の質問が展開される。このように，刺激＝反応の輪が，目的に向かってらせん型に向上していくような面接が理想の姿である。

（2）面接の成立条件

ソーシャルワークにおける面接の特性を支えるには，ソーシャルワーカーとして次のような条件を満たす必要がある。

1）ソーシャルワーカーの基本的態度

① 傾聴する態度

面接者は話し上手でなく聞き上手でなければならない。良い聴き手になるということは，裏を返せば，利用者に十分に語らせることである。発言量の多いソーシャルワーカーの面接には，ソーシャルワーカーから利用者に対する，指示，解釈，説諭，暗示等が多く含まれるが，そのような一方向的な面接は，パートナーシップによる話し合いとはほど遠い。

② 民主的態度

ソーシャルワーカーは，相手を積極的に理解しようとする態度でなければならない。良き聴き手であることは，「受け身」の態度と異なる。問題解決のデマンズを持った利用者にとって，その解決に役立つ支援ができるよう，利用者の立場に寄り添い，利用者を理解するといった積極的で民主的な聴き手でなければならない。多くの利用者は，必ずしも自主的にソーシャルワーカーとの話し合いを求めている訳ではない（「欲せざる利用者：unwilling client」）。ソーシャルワーカーは，利用者との関係において心理的に優位な立場に立つことを防ぐ

ことに,敏感であり続けることが大切である。
　③　受容する態度
　ソーシャルワーカーは,相手をありのままに受け入れる態度,すなわち受容する態度の身に付いた人でなければならない。ソーシャルワーカーは,自分の経験から利用者の行動を批判してはならない。個々の人間の行動には,すべてその人なりの感情的な意味がある。したがって,善悪の価値判断を加える前に,そのような行動によって示された利用者の感情を,心からありのままに認め受け入れる。ただし,受容するということは,反社会的行動に寛大となることではない。その行動自体を是認するかどうかということではなく,そのような行動に至った利用者の感情や行動の機制を,積極的に理解し受け入れることである。
　④　対等な態度
　ソーシャルワーカーは指導者でなく,支援者としての態度をとらなければならない。課題解決に立ち向かう主役は利用者である。ソーシャルワーカーが先に立って利用者を引っ張るという指導では,利用者の自発性は低下し,信頼関係(ラポール)が構築されにくい。利用者が自分の力で歩くことを傍らで支え,方向づけをすることが重要である。対話療法で著名な神田橋條治は,動機づけが乏しい利用者との面接方法として「二等辺三角形の関係の維持」[4]を提示している。図7-4(120頁)に示すとおり,「治療者(ソーシャルワーカー)と患者(利用者)が近接した位置に座って,一緒に,患者の真の苦痛を眺め・語る」[5]関係である。利用者とソーシャルワーカーの対等な関係性が,信頼関係を構築する上で効果的である。
　⑤　率直に関心を寄せる態度
　ソーシャルワーカーは良き観察者でなければならない。良き観察者とは,利用者に対して率直に関心を示すことである。例えば,面接する利用者に関係する情報や話題についてあらかじめ収集し,面接時には必要に応じて話題として取り上げる。また,話し合いを通してだけでなく,利用者の顔色,服装,臭い,態度,緊張状態等について,ソーシャルワーカーの五感を駆使し,注意深く観

察する。この場合,もちろん,利用者を一個人の人格として尊敬する気持ちが前提となる。

2）面接技法の取得

熟練した良い面接は,意図的な話し合いを可能とする技法を取得することによって実現可能になる。意図的面接技法については,マイクロカウンセリング(7)の方法が広く取り上げられるので,ここではその要素を紹介する。(8)

① かかわり技法

　a．傾聴（視線を合わせる,身体言語に気を配る,声の調子,言語的追跡）

　b．会話への導入（開かれた質問,閉ざされた質問）

　c．明確化（最小限のはげまし,いいかえ）

　d．要約技法

　e．感情の反映

　f．意味の探索と反映

② 焦点の当て方の技法

会話の流れを方向づける（利用者,面接者,主題,文化的・環境的内容,他者に焦点を当てる）

③ 積極的に関わる技法

指示,論理的帰結,自己開示,フィードバック,解釈,積極的要約,情報提供・助言・教示・意見・示唆

④ 対　　決

矛盾・混乱・葛藤の発見,非審判的態度による対決,質問,観察,反射的傾聴,フィードバック

（3）面接の型——場・時間・期間・費用

ソーシャルワーカーが行う面接は,場,時間,期間,費用の特性から,大きく二つの型に分けられる。

1）構造的面接——フォーマルな面接

面接者が意図的に設定する面接を構造的面接という。設定条件には,時間

(時間の長さ，時間が決められていること），期間（回数の頻度，期間が決められていること），場所（普通は面接室，場所があらかじめ決められていること），費用等が挙げられる。つまり，一般的には約束事，禁止事項等に関する両者の契約といえる。[9] 医療機関や公的機関で行われる面接は構造的面接である。

2）生活場面面接――インフォーマルな面接

構造的面接に対し，レドル（Redl, F.）らの考え方を手がかりとした生活場面面接は非構造的である。[10] 利用者の自宅，廊下，ベッドサイド，プレイルーム，施設の中やキャンプ等，利用者の「ふだんの状況の中での面接」が強調される。空間，時間，両者の契約という「構造」がゆるやかでルーズなところが特徴である。しかしながら，生活場面面接は専門性の放棄ではない。面接者はあくまで利用者側に寄り添うように意図し，配慮することが必要である。[11]

2 記 録 法

優れた記録は，どれも記録の目的にかなっている。簡潔で，明確で，適切で，わかりやすく，論理的で時宜にかなっており，意味があり，役に立ち，そして事実や専門職倫理，一般に認められた理論に基づいたものである。優れた記録は，専門職や他の専門家の見解を立証するが，利用者の見通しを無視しないものである。[12]

ソーシャルワークにとって記録を残すことは，利用者の生き様を証明し，利用者の存在の証と，生きづらさに立ち向かうレジリエンスの発揮を根拠づけることになる。根拠づけた記録の蓄積は，やがて，効果的で普遍的な支援方法を確立する基盤づくりにつながる。

（1）なぜ記録が必要か――記録の意義・目的・活用

ソーシャルワーカーにとって，記録を取り，これを保管する作業は欠かせない実践の一つである。なぜ記録が必要か。以下は，その意義，目的，活用について，ソーシャルワーク実践の対象別にまとめたものである。

① 利用者へのミクロ支援における記録の場合
・支援内容を記録することによって，利用者とソーシャルワーカーの間で個別化された話題や情報を共有し，利用者と信頼関係を構築することに役立たせるため。
・利用者がソーシャルワーカーに提供した情報を的確に記録することによって，利用者のニーズをはっきりさせ，適切にアセスメントし支援計画を立てるため。
・支援過程を継続して記録することによって，実行した支援が適切かどうかをモニタリングし，評価するため。
・利用者のニーズを満たすサービスの活用に必要な書類や文書（申請書，申立書，紹介状等）を適切に作成することを支援するため。
・利用者のプライバシーを守るため，利用者の個人情報について，適切に管理するため。
・利用者の権利を守るために必要な情報を適切，迅速に開示するため。
② 利用者へのメゾ，マクロ支援における記録の場合
・利用者のニーズや生きづらさの背景を構造的に把握し，より良い支援に反映させるために行われる調査に活用するため。
・スーパービジョン，コンサルテーション，同僚間の再検討を促進するため。
・ソーシャルワーク実践を普遍化（理論化）し，ソーシャルワークの実践意義と価値を，社会的に広く認知されることを目的として行われる実証的研究に調査データを提供するため。
③ 人材育成の教材として活用する記録の場合
・ソーシャルワーカーをめざす学生の教育にあたり，より実践に即した演習等を行う際に，実践記録を活用することが有効なため。

（2）どのように記録するか——記録の様式
　ソーシャルワーカーが支援の実際でとる記録は，記録の意義，目的，活用に

合わせ，さまざまな様式を組み合わせて作成する。一般的には筆記による記述がよく活用されている。それ以外に，スーパービジョンや調査，研究目的等において，録音や録画等による記録をとる場合もある。筆記による記録の様式は，記述式，項目式，図表式に大別される。

1）記 述 式

① 叙 述 体

事実を時間の経過に従って記述する文体で，過程叙述体，圧縮叙述体，逐語体の3種類がある。

まず，過程叙述体は利用者とソーシャルワーカーのやりとりを，時間の流れに沿って行動や動作，感情，態度等も含めて細部にわたって記述する文体である。

圧縮叙述体は支援過程のある部分について，その全体的なやり取りを圧縮して要点だけを比較的短く記述する文体である。

逐語体は実際の支援内容を録音，録画したものをありのまま書き写し，それに加えて観察した様子，声の状況を記述する文体である。

② 要 約 体

支援する過程や内容を選択し，ソーシャルワーカーの思考を通して利用者へのかかわりを整理し，要約して記述する文体。圧縮したものでなく，ポイントを集約した文体である。

③ 説 明 体

支援の過程や内容について，事実と事実に対する解釈を記録する中で，ソーシャルワーカーの解釈や分析，考察の結果を説明するために記述する文体である。

2）項 目 式

あらかじめ想定される事実や解釈が選択肢として項目ごとに整理され，記録者が選択肢をチェックしたり，短文で表示する記録である。インテークシートやフェイスシート，ケースマネジメント等の記録様式が挙げられる。

3）図 表 式

事実や解釈を視覚的に把握したり，理解したりすることを容易にするために，

記号や図表を用いて表示する記録である。家族関係を示すジェノグラム，エコロジカルな視点で関係を示すエコマップ，グループ内の人間関係を示すソシオグラム，社会資源の大きさや関係を示すソーシャルネットワークマップ，生活史を一覧表にしたライフヒストリー・グリッド，資源を一覧表にしたリソースマトリックス，利用者の問題等をコード化し分類するPIE（person-in-environment），支援の効果測定のための時系列記録，支援結果を示すための目的達成スケール等が挙げられる。図表式は，一般的には，これ自体単一で記録化されるというよりは，むしろ記述式，項目式とあわせて活用されることが大半である。

（3）記録に関する注意

　ある社会福祉施設の施設長が，新人ソーシャルワーカーが書いたケース記録に対して，「『大変なケースだ』と書くのはどういうことでしょう。私たちは，大変な状況にある人を受け入れているのです。大変なのは当たり前です。私たちソーシャルワーカーが大変だと記録に残すことは，その人を支援することに責任が持てないといっているのと同じになりませんか。この記録を本人が見たらどう思うでしょう」と指摘した。

　記録は，ソーシャルワーカーが記載し，記録となった時点で，すでにソーシャルワーカーだけのものだけではなくなる。近年ではソーシャルワーク記録をコンピュータに入力するソーシャルワーカーも見受けられるが，入力したデータの紛失，盗難には十分な注意が必要である。記録は，利用者のプライバシーを守るため，第三者に簡単に見られぬよう厳重に保管しなくてはならない。同時に，記録は，利用者のニーズを充足するため，また，さまざまな権利を守るため，利用者自身に，あるいは利用者の同意の下に第三者に開示する場合もある。ソーシャルワーカーは，秘密厳守，情報開示へのアクセス，開示の側面に気を配りながら，記録を取り扱わなくてはならない。

3 事例研究法

　事例研究法を理解するためには，ソーシャルワークが事例をどうとらえるかを理解する必要がある。

　窪田暁子は，社会福祉の方法，技術研究の基本的視点と方向に言及する際に，事例を通して次のような考えを示している。すなわち，「個別事例との取り組みの方から，サービスにおけるワーカーの働きかけに着目して，それがどういう目的と方法・技術をもって行われるのか，それによって明らかにされる個々の生活の課題は何か，その課題の解決を困難にしている条件は何か，といったことを手がかりに，社会福祉実践の全体をどう発展させるべきかを考えてゆく，というもの[14]」と。

　窪田は，社会福祉の方法，技術研究の基本的視点と方向を示すために必要な基本データとして事例を位置づけている。したがって，事例は，ソーシャルワーカーの単なる実践体験談ではない[15]。事例には，利用者に働きかけるソーシャルワークの目的，方法，技術，個々の生活課題，解決困難な条件が内在している。これらを明確化しながら，社会福祉実践の発展に寄与する手段として，ソーシャルワーカーは事例研究法を活用する。

（1） 事例研究法の目的と活用の実際

　事例研究法が活用される目的と，活用の実際は，次の四つに大別される。

1） ソーシャルワーク実践に向けた事例研究

　ソーシャルワークの過程で実行される支援の評価を目的にする事例研究である。活用の実際は，同僚間や職場内のチーム，連携機関によるケースカンファレンスが代表的である。

2） 専門家として資質の向上に向けた事例研究

　ソーシャルワーカーの能力を磨き，専門家として成長するために，自ら行った支援を整理しまとめた事例を基に，確認作業をし合うことを目的とした事例

研究である。活用の実際として，スーパービジョンが代表的である。

3）ソーシャルワーク実践を科学化することに向けた事例研究

ソーシャルワーカーが行った支援を事例として蓄積し，それらを典型事例として体系化する。体系化された事例を基盤にして，それを共有し，検討し合うことによって，普遍的で固有性のあるソーシャルワークとして概念化し，理論化することを目的とする事例研究である。活用の実際は，専門職団体や学会等で開催される報告会，学会発表の場で公開された研究報告書や論文等が挙げられる。

4）教育に向けた事例研究

ソーシャルワーカー養成教育においては，臨場感を持ちながら，実践について理解を深めることを目的に，事例を導入することが効果的である。また，実践の科学をめざす学問としてのソーシャルワークを教示する際に，事例を提示することによって，実践をソーシャルワークの中核として強調することをめざした事例研究である。ソーシャルワーカー養成校等で活用される。

（2）事例研究の方法

実践に取り入れられている事例研究の方法としては，以下の1），2）に示す伝統的な方法の他に，3）のFKモデルのように，独自に開発された方法も活用されている。

1）ハーバード方式

事例提供者による実践報告を基に，その内容について評価，検討し，適切な援助方法を導きだす方法である。通常20名以内の参加者が対座して行う（20名以上は小グループで実施）。所要時間は3時間以内が原則である。司会者，記録係等の役割を分担する。

進め方は，事例の発表，問題点の発見，事実の確認と整理，解決策の決定と検討，問題や解決策の一般化と評価という過程になる。

2）インシデント方式

事例の過程で事例の核心となる問題が現れた場面をインシデント（出来事）

と呼び，その場面を事例として検討していく方法である。人数は12～13人が適当である。全体司会者，事例提供者，進行役，記録係等役割を分担する。参加者全員がケーススタディの主体者となって，事例提供者と同じ立場で事例を深める。

　進め方は，インシデントを調べる，事実を集め組み立てる，問題の設定，状況を改善する対応の意思決定，まとめという過程になる[16]。

3）FK モデル

　スーパービジョンにおいて，アセスメント，課題や計画に対するソーシャルワーカーの段階別取り組みを具体的に設定し，スーパーバイザーがスーパーバイジーとともに，担当事例のアセスメントを一層的確に進める方法である。

　進め方は，課題提示，取り組み意思提示，追加情報，問題点列挙，5年後の予測，取り組み力＝ストレングスの探求，優先順位づけ，具体的対策作り，事前計画との比較，フィードバックの10ステップという過程になる[17]。

　事例研究法は，事例研究を行う目的によって，それぞれに独自の意義を持つ。ただし，目的の違いを越え，「語り手（事例提供者）にとって直接的な経験の語らいという表現を介して，より創造的なものとし，再生されていくプロセス[18]」という共通意義がある。つまり，事例そのものは，きわめて個別的である点に留意したい。しかし，個別的な支援を他者に向けて語り検討し合うことを通して，支援方法をより適切なものとして再構築することを可能にする。同時に，事例の「語らい」によりソーシャルワーカー自身の力量の向上が促進され，ソーシャルワーカーが専門家としてより洗練されることにつながる。したがって，事例研究はソーシャルワーク実践における重要な構成要素として，その方法を科学的に基礎づけられた体系として導き出す[19]ことが求められる。その実現には，第2節で取り上げた的確な記録法によって作成された記録と，第4節で取り上げる多面的な探求による緻密な評価の方法を活用することが必要不可欠である。

4　評価の方法

　ソーシャルワーカーは，支援する過程でたえず支援内容を評価し判断しながら支援を進めていく。
　ソーシャルワークにおける評価には，目的によって大きく二つの型がある。一つは，利用者にあるデマンズを基に，利用者の「生きづらさの構造」を探求し，利用者のニーズを解明することを目的に行う。二つは，ソーシャルワーク支援がもたらした影響や効果，成果等を明らかにすることを目的に行う。
　ここでは，前者を，「生きづらさの構造」の評価，後者を支援の評価ととらえて説明する。

(1)　「生きづらさの構造」の評価

　利用者の生きづらさが深刻であればあるほど，生きづらさを乗り越えるレジリエンスが弱っている（脆弱化）ことを，ソーシャルワーカーは理解しなければならない。生きづらさから解放されるためには，レジリエンスが促進され，強化される必要がある。その第一歩として，生きづらさを引き起こしている原因，要因は何かという構造を，利用者とともに客観的に解明し，理解することを目的とした評価から，取り組みが始まる。「生きづらさの構造」を解明するには，図7-2（110頁）において示したようなミクロ，メゾ，マクロの視点から生きづらさに関心を寄せる必要がある。

(2)　支援の評価

　支援の評価は，ソーシャルワーク実践の過程を踏む上で，段階的に評価することを示す。利用者の「生きづらさの構造」に積極的に関心を寄せながら，支援の過程（問題発見→アセスメント→要援助→契約→援助計画作成→援助計画実行→モニタリング→〔援助終結〕評価[20]）をたどるにあたり，アセスメント，モニタリング，評価に分け説明する。

1）アセスメント

利用者のニーズは，どのようにして満たされるのかを評価する。評価内容は，利用者の問題の特性，背景，対処能力，家族及びその他のインフォーマルな資源の存在や問題への影響，利用者のニーズ，価値観，強さ等である。これらの統合的な理解を基にした問題状況の見積もりを立てることを目的とした評価である。

2）モニタリング

援助計画実行の達成具合を評価する。評価内容は，当初の計画通り援助がなされているか，利用者側あるいはサービス提供機関側が現状をどうとらえているかである。モニタリングによる評価結果によっては，援助計画を変更，修正する等，実行し直すことも十分あり得る。

3）（援助終結）評価

支援過程の最終段階で，援助終結に向けて行われる評価である。評価内容は，当初のゴール達成度はどの程度かを，できるだけ客観化する方法で行われる。方法としては，例えば，利用者のサービス満足度について確認する方法としてのリサーチ・クエスチョンや，ゴール達成スケール，行動あるいは感情変化を測定するシングル・サブジェクト・デザイン等[21]，客観化したスケールや質問票等を用いて行う。

「生きづらさの構造」の評価，支援の評価は，共にソーシャルワーカーの一方的な評価に終始することを避けなくてはならない。いずれの評価においても，利用者とともに評価し，利用者参加による評価体制をとることが重要である。

まとめ

ソーシャルワーカーは，面接し，記録を書き，それを事例に自らの支援を振り返り，支援がうまくいったかどうかを評価し，また，面接する。面接，記録，事例研究，評価は，循環しながら，相互に影響し合ってソーシャルワーカーの客観的判断を支え，利用者の主体性を保障することにつながる。したがって，

ソーシャルワーカーには，基本技法をつねに磨き，質を保ち向上させることが求められる。

さらに基本技法を磨くことの意義として，次の指摘を引用したい。「記録しようとするとき，相手と関わる感性と客観的に認識できる力，生活をトータルにとらえる力，小さな変化も見逃さない鋭敏な調査力，他の関連機関，資源とかかわりを持ち，連携しながら実践しているかどうか等，自らの力量を自己点検することになるのである。こうして自らの実践が一人よがりでないものかどうかは記録する力量を通して問われることとなる」。この引用の中の「記録」を，面接，事例研究，評価に入れ換えて，いずれも重要な指摘として通用する。すなわち，基本技法を磨くことは，利用者のレジリエンスを強化し，主体性を保障すると同時に，ソーシャルワーカー自らの力量を高めるという交互作用が働く。この働きがらせん状になり，利用者や利用者を取り巻く環境との交互作用を引き起こし，利用者の暮らしの安寧（well-being）につながる。

注
(1) 山崎美貴子「社会福祉援助活動の構造と特徴」山崎美貴子・北川清一編著『社会福祉援助活動』岩崎学術出版社，1998年，18頁。
(2) 仲村優一『社会福祉の方法――ケースワーク論』（仲村優一社会福祉著作集第3巻）旬報社，2003年，95頁。
(3) 同前書，95-96頁。
(4) 神田橋條治『精神療法面接のコツ』岩崎学術出版，1990年，237頁。
(5) 同前書，132頁。
(6) 石川到覚「コミュニケーションと面接」久保紘章編『社会福祉援助技術演習』相川書房，2001年，69頁。
(7) アイビィ，A. E./福原真知子ほか訳編『マイクロカウンセリング』川島書店，1985年，3-17頁。
(8) 石川到覚，前掲論文，66-67頁。
(9) 久保紘章『ソーシャルワーク――利用者へのまなざし』相川書房，2004年，96頁。
(10) 同前書，91-93頁。
(11) 同前書，96-97頁。
(12) ケーグル，J. D./久保紘章・佐藤豊道監訳『ソーシャルワーク記録』相川書房，

2006年,166-167頁。
(13) 岩間文雄編『ソーシャルワーク記録の研究と実際』相川書房,2006年,33-35頁。
(14) 窪田暁子「社会福祉の方法・技術を考える」『福祉研究』第40号,日本福祉大学社会福祉学会,1979年,12頁。
(15) 山崎美貴子・北川清一「社会福祉専門職としての成長」山崎美貴子・北川清一編著『社会福祉援助活動』岩崎学術出版社,1998年,192頁。
(16) 植田寿之「ケーススタディ」黒木保博ほか編著『ソーシャルワーク』中央法規出版,2002年,101頁。
(17) 萬歳文子「スーパービジョン・ツール」福山和女編著『ソーシャルワークのスーパービジョン』ミネルヴァ書房,2005年,223-226頁。
(18) 山崎美貴子・北川清一,前掲論文,192頁。
(19) 同前。
(20) 渡部律子「ソーシャルワークの実践過程」北島英治ほか編『ソーシャルワーク実践の基礎理論』有斐閣,2002年,22-23頁。
(21) 平山尚ほか『ソーシャルワーカーのための社会福祉調査法』ミネルヴァ書房,2003年,136頁。
(22) 山崎美貴子・北川清一,前掲論文,188頁。

参考文献

岡村重夫『ケースワーク記録法』誠信書房,1978年。
北川清一『ソーシャルワーク実践と面接技法』相川書房,2006年。
ゴッフマン,E./石黒毅訳『スティグマの社会学』せりか書房,1984年。
バイステック,F. P./尾崎新・福田俊子・原田和幸訳『ケースワークの原則』誠信書房,2003年。
山崎美貴子・遠藤興一・北川清一編『社会福祉援助活動のパラダイム』相川書房,2003年。

第10章　ソーシャルワークの理論モデル

はじめに

　ソーシャルワークの営みは，看護・医療等の隣接領域における対人援助職に比べ「わかりづらい」といわれる。社会福祉の実践現場は多種多彩で，待ったなしの課題に対応していかなければならないため，実践理論の構築に時間をかけて取り組めないという声がある。また，他領域からは，借り物科学と揶揄されることもある。理論は，日々の実践から導き出されるもので，「理論，先にありき」ではない。近年は，異業種の専門職や非専門職と一緒に仕事をすることが多く，実際の支援行為が重なる部分も多くなっている。社会福祉の仕組みはドラスティックに変化し，これまで以上にソーシャルワークの力量が問われていると思う。

　IFSW（国際ソーシャルワーカー連盟）と IASSW（国際ソーシャルワーク学校連盟）のソーシャルワーク専門職のグローバル定義（2014年）には「ソーシャルワークの研究と理論の独自性は，その応用性と解放志向性にある。多くのソーシャルワーク研究と理論は，サービス利用者との双方向性のある対話的過程を通して共同で作り上げられてきたものであり，それゆえに特定の実践環境に特徴づけられる」と明記された。血の通った実践理論は，現場の実践と研究の地続きの協働作業によってできあがるものである。本章では，理論と実践をつなぐことを志向し，理論モデル形成の史的展開における主要な理論モデルを取り上げる。

1　ソーシャルワークにおける理論構築

　実践学であるソーシャルワークにとって，理論と実践をつなぐことは重要なテーマである。勘と経験に依拠する実践から一定の科学的な成果や法則を採用して応用する科学的実践へ，さらに進めて，ソーシャルワーカーらの実践活動を体系的に積み上げ，そこから一定の経験法則を抽出して「実践の科学化」の実現に向け努力が続けられてきた。そして，今日では，利用者の発信による支援理論の構築が模索されている[1]。

　そもそも，理論とは，観察された事柄について体系化と統合化を果たすための枠組みを提供してくれる一般的な考え方の体系をいう。問題をどのような理論的枠組みでとらえるかによって，その問題とその原因・背景・理由の理解の仕方が異なる。ビンター（Vinter, R.）は，ソーシャルワークにおける理論構築について検討し，専門職によって呈示される理論の関心には次の三つの方法があるとしている[2]。

① theory for social work
　社会科学やその他の領域で開発されたもので，パーソナリティ理論，小集団理論，組織あるいは地域社会の権力構造に関する理論等。

② theory of social work
　ソーシャルワーク実践のために開発された理論で，ソーシャルワーカー，保健・社会福祉組織，活動やサービスの領域としてのソーシャルワークを定式化するもの。

③ practice theory
　原理の体系からなり，システマティックに開発され，科学的知識に根ざすものであって，実践者の行動をガイドし，かつ，指示するもの。

　以上の中で，③の理論が中核にあるとされている。そして，ソーシャルワーク実践理論は，行為の望ましい結果，倫理的コミットメント，適切な知識，目

標達成のための一定の行為を備える必要があるという。すなわち，めざすべき目的，それを導き出す価値を根底にして，対象を認識するための知識体系，さらには，目標達成に向けた実際的行動が不可欠になるということである。

　また，ソーシャルワーク実践を支える理論は，実践アプローチ，実践モデル，理論モデル等と呼ばれ，一定のコンセンサスが得られていない感がある。太田義弘は，アプローチを「対象を特定の構成要素，決定要因，あるいは特定の視点によって認識し，それをもとに作成された方法や技術を用いて，クライエントの問題解決をめざす一連の体系的な実践過程のことである」とし，モデルを「認識できる事象・現象を抽象的に，ときには比喩的に描写するものである。すなわち，認識可能な複雑な実体の部分もしくは全体をある特定の決定要因に支配されず，一つの体系的思考形態によって描き，記述することによって，抽象的な理解を促し深めるものである」と規定している[3]。以上を参照すると，モデルは実物（現実）に接近する手がかりを提供し，実践ガイドを果たす概念枠組みであり，アプローチはモデルに基づき秩序化されたソーシャルワークの展開過程ととらえることができる。

　このような理論モデル形成過程において，ソーシャルワークの焦点は，個人なのか社会（環境）なのかという二元論に悩まされ，時代状況を背景に個人と社会（環境）の間を振り子のように右往左往してきた経緯がある。人びとの社会生活上の諸困難・問題のとらえ方，働き方の焦点は次の三つに大別されよう。

① 問題の原因はその人の内面にあると考え，パーソナリティ，行動や考え方を修正しようとする。
② 社会（環境）に問題の原因があるとして，環境を改良・開発しようとする。
③ 問題は人と社会（環境）との相互作用において生ずると考え，そのありようを変革しようとする。

　今日の到達点は③の立場であり，ソーシャルワークの焦点は，個人及び個人

を取り巻くさまざまなレベルの環境（家族，学校，職場，地域，社会制度等）について，複眼的な視点で理解していくところにある。個人の問題は，その人が現実に生活している状況，すなわち，環境と切っても切り離せないものという立場に立つ。

2　理論モデルの史的展開

（1）ソーシャルワークのモデル形成——ソーシャル・ケースワークの理論化

　ソーシャルワークのモデル形成は，リッチモンド（Richmond, M. E.）によるケースワークの体系化にさかのぼることができる[4]。リッチモンドの理論は，ケースワークと社会改良を相互依存関係にあるものとしてとらえることの重要性を強調し，ケースワーク過程を人の環境との調整作用とし「ソーシャル」な視点が見られた。しかし，リッチモンドのケースワーク理論は，科学性を求めて医学のメタファーを援用していた。それを基点にフロイト（Freud, S.）の精神分析理論を取り込む診断学派が形成されていった。その支援対象の焦点は，社会ではなく個人の内面，すなわち，心理・精神面に傾倒していく。そして，「予診‐診断‐治療」の図式に基づき，個人のパーソナリティの変容をめざして，ソーシャルワーカーは治療者の役割を担い，支援関係はパターナリスティックな関係となり，ソーシャルワーカーと利用者との閉じた関係の中で支援過程が完結することになる。診断学派は，後に医学モデルと称されるようになったが，専門職業化の推進と符合し，1920年代以降長らく主流をなしたモデルである。

　それに対するアンチテーゼとして，1940年代に誕生したのが機能学派である。機能学派は，治療という医学用語ではなく「援助過程」という用語を使用し，支援過程において利用者が自分自身の力で自我を発揮し，相談機関の機能を活用できるよう支援するという立場に立っていた。両学派の間には激しい論争が続いたが，折衷を図る動きの中で重要な働きをしたパールマン（Perlman, H.）は「ソーシャル・ケースワークは，人々が社会的に機能するあいだにおこる問

表10-1 ソーシャルワークの理論モデルの形成（1970年代）

Roberts & Nee (eds.) (1970)	Turner (ed.) (1974)	
心理社会的アプローチ	精神分析理論	自我心理学理論
機能派アプローチ	心理社会療法	問題解決理論
問題解決モデル	機能理論	クライエント中心理論
行動修正アプローチ	認知理論	実存主義
家族療法	役割理論	一般システム理論
危機介入	行動修正	危機理論
社会化理論	家族療法	コミュニケーション理論

出所：Roberts, R. & Nee, R. (eds.) *Theories of Social Casework*, University of Chicago Press, 1970, Turner, F. (ed.) *Social Work Treatment*, The Free Press, 1974, を基に筆者作成。

題をより効果的に解決することを助けるために福祉機関によって用いられるある過程である」と定義し，役割理論等を援用して問題解決アプローチを体系化した。

（2）理論モデルの多様化

1950年代半ばから1960年代にかけて，隣接諸科学の研究成果を吸収しながらモデル形成が活発化した。例えば，ロバーツとニー（Roberts, R. & Nee, R.）は，それらを整理して七つのケースワーク・アプローチを紹介している（表10-1参照）。

さらに，1960年代の社会問題の噴出は，個人の内面に問題の原因を求め，パーソナリティの修正を図ることによって問題の解決を図ろうとするケースワークに対する批判を呼んだ。そのような状況の中で，ソーシャルワークの焦点は個人なのか，社会（環境）なのかという二元論の克服や，ケースワーク，グループワーク，コミュニティオーガニゼーションの統合化をめざし，1960年代から1970年代にかけて新しいソーシャルワーク論の模索がなされた。こうした展開を踏まえ，ターナー（Turner, F.）は，14のソーシャルワークの諸理論に整理している（表10-1参照）。

(3) システム思考による二元論の克服

　1970年代に入りソーシャルワークの統合化が進展する中で，ピンカスとミナハン（Pincus & Minahan）[8]や，ゴールドシュタイン（Goldstein, H.）[9]のジェネリック・ソーシャルワーク論の展開が見られる。

　そして，1970年代後半以降，ソーシャルワークの主流といわれることになるエコロジカル（ecological）モデルが登場する。エコロジカルモデルは有機体と環境の関係を科学する生態学に依拠している。人間の生活の過程に着目するエコロジカルモデルの台頭の背景には，個人を社会的状況との関連の中で理解するよりも，個人の内面に焦点を当て治療を重視する医学モデルへの批判があった。

　そして，人間を成長発達する生命体ととらえ，システム相互の密接な関連性と調和を強調する生態学的思考は，システムの構造やその力動的過程に言及する一般システム理論が，人間の生活空間の複雑さに焦点を当てているものの機械的，抽象的で非人間であるという限界を越えることを企図して導入されたのである。こうして，一般システム理論による思考や生態学的思考といった，いわゆるシステム思考がソーシャルワークの統合化やジェネラリスト・アプローチ（generalist approach）の確立に貢献することになった。

(4) システム思考の限界から新潮流へ

　システム思考は個人か社会かという二元論を克服し，統合的な分析枠組みを提示した。しかし，このモデルは既存の体制の安定維持に関心の主眼が置かれ，保守的な傾向にとどまり社会認識に欠け，権力構造の不均衡の解決につながらなかった。また，抽象的な議論にとどまり，エコマップ等の道具が開発され，アセスメントには有効であったものの介入戦略には不備があった。さらに，現在に関心が向けられ，時間の枠組みが欠如しており，歴史的存在としての人間理解が欠落している等の批判がある。

　他方，女性，障害のある人，HIV感染者等の社会の周縁に追いやられ抑圧されていた，いわゆるマイノリティが主体となってパワーを獲得し，社会を変革しようとする動き，例えば，本人主導のセルフヘルプグループ（self-help

第10章 ソーシャルワークの理論モデル

表10-2 ソーシャルワークの理論モデルの発展（2000年代）

Payne（2014）	Turner（ed.）（2011）	
精神力動実践	アボリジニの理論	ナラティブ理論
危機・課題中心実践	アタッチメント理論	抑圧理論
認知‐行動実践	カオス理論	ポストモダン
システムと生態学的実践	クライエント中心理論	問題解決理論
マクロ実践，社会開発と社会教育	認知行動理論	精神分析理論
ストレングス，ナラティブ，解決実践	認知理論	心理社会理論
人道的実践，実存主義，スピリチュアリティ	構成主義	関係理論
エンパワメント，アドボカシー	危機理論	役割理論
批判的実践	自我心理学	自己効力理論
フェミニスト実践	エンパワメント	社会学習理論
実存的理論	実存ソーシャルワーク	解決志向理論
反差別，多文化アプローチ	フェミニスト理論	ストレングス視点
	機能理論	戦略的療法
	一般システム理論	交流分析理論
	ゲシュタルト理論	催眠術
	媒介	課題中心ソーシャルワーク
	ライフモデル	
	神経言語プログラミング理論	
	ソーシャルネットワーク	
	超個人ソーシャルワーク	

出所：Turner, F.（ed.）*Social Work Treatment*（5th ed.）, The Free Press, 2011, Payne, M. *Modern Social Work Theory*（4th ed.）, Palgrave Macmillan, 2014, を基に筆者作成。

group）の活動が活発になってきた。このような状況の中，従来のソーシャルワークの理論枠組みとは異なる支援理論が登場した。その理論は生活問題に対処する利用者自身をソーシャルワークの主体として位置づけ，ソーシャルワーカーとの協働関係による支援関係の構築を模索している。エンパワメント（empowerment）アプローチ，ストレングス（strengths）モデル，ナラティブ（narrative）モデルが挙げられる。

ソーシャルワークの理論は，その時代状況とソーシャルワークの研究・実践，さらには関連領域の理論動向を反映している。ソーシャルワークの支援対象とする諸問題の複雑化に対応するべく支援方法，技術の拡大が見られ，さまざまなモデルが開発され多様化してきている（表10-1・2参照）。ソーシャルワー

カーは，自らの理論枠組みに利用者を適合させ，取捨選択せず，利用者本人や利用者の抱える問題状況に応じて実践モデルを柔軟に選択的に適用することが求められている。そして，種々のモデルの知見をバラバラに取り入れるのはなく，それらの相互関連性を理解した上で実践場面に適用し，その結果を理論へフィードバックさせ実践理論の精緻化を図っていく必要がある。

3 伝統的な理論モデル

以下では，いくつかの代表的な理論モデルを取り上げる。

(1) 心理社会的アプローチ

心理社会的アプローチの代表格としてホリス（Hollis, F.）が挙げられる。リッチモンドの理論に精神分析理論や自我心理学等の諸科学を援用し，体系化したものである。中でも「個人のパーソナリティ・システムの力動性を理解する上でもっとも有用と考えられる準拠枠は，自我とその順応能力を強調したフロイト派のパーソナリティ理論である」として，自我の適応能力，問題解決能力に関する理論を取り込んでいる。そして，「根本的にはケースワークに対するシステム理論的アプローチをさしている」というように，個人を全体との関連でとらえ，人・状況・その双方の相互作用の三重の相互関連性からなる「状況のなかの人」という概念を提起し，ソーシャルワークの基本的視座を呈示したという意味でエコロジカル・モデルの先駆けといえる。

個人と状況の全体関連性をとらえる理論的枠組みは自我心理学である。したがって，問題は，その人の機能の不十分さ・欠陥の多い有害な社会的状況・この両方のさまざまな組み合わせから生じるとみなすが，その問題をその人のパーソナリティ，特に，自我機能や問題対処能力としてとらえる。そのため，支援目標は個人，環境，あるいは，双方に変化を起こさせることとされるものの自己洞察やパーソナリティの成長をめざすことに力点が置かれる。支援の過程は，ソーシャルワーカーと利用者との関係性が軸になっているものの利用者は

受動的位置にとどまっているといえる。

　ホリスは，介入技法を直接的心理的技法と環境的介入技法に分けて説明しているが，前者にその力点があり，次のような直接的心理的技法群個々について詳述するのが特徴である。①持続的支持的技法（共感的態度や受容，傾聴，利用者の力や能力について信頼感を示し，不安を和らげる），②直接的指示（示唆，アドバイス），③喚起法（鬱積した感情や，情緒的興奮を伴う記憶を吐露することを勧める），④反省的話し合い（自己の状況や自分が関係している人の実情，自分の行動が他者に及ぼす影響，自分がとった行動の背景についての理解，特定の状況における感情，態度，信念について十分に検討するよう支援する），⑤反省的話し合い（自分の反応や行動の内面的な理由について省みることを支援する。自己の行動パターンの力学の検討を勧める），⑥反省的話し合い（生活史における重要な事柄や，過去の事柄が現在の行動にどのような影響を与えているか考察するよう支援する）。その上で，利用者に影響を与えることができる手段という観点から，環境的介入技法を説き，利用者に機会を与えたり，環境上の圧力を除去したりするための環境への働きかけと，経済的支援等の直接的サービスの供給や，利用者のためにその他の社会資源を動員することを挙げている。

（2）行動主義アプローチ

　行動主義アプローチは1960年代後半，精神力動理論への批判が起こる中で，行動科学の発達を背景にして構築された。その前提には，すべての行動は経験によって学習され獲得されたものであり，変化し得るものという考え方がある。

　行動主義アプローチは，個人の内部に問題の所在があるとし，それを問題行動として理解する。しかし，診断名をつけたり，その人の心の奥深く洞察したり，行動の原因を過去にさかのぼって解明するのではない。そうではなく，すべての行動は経験によって学習され，獲得されたものであり，さらに変化し得るという理解を前提に，問題を具体的な行動としてとらえ，行動を変容することに焦点を当てる。行動主義アプローチの意義は，複雑な問題よりも単純な問題の解決，根本的問題の解決よりも具体的症状の改善に有効で，利用者自身も

問題を理解しやすく、比較的短期間で介入できる点に見出せる。そのため学習理論の条件づけに基づいた行動の変化を促進する技法を活用する。その代表的なものは、①レスポンデント条件づけ、②オペラント条件、③社会的学習理論、④認知行動理論などである。この中の認知行動理論は、行動形成における人間の内的過程を考慮するべく導入されるようになった。

　具体的な手続きとしては、問題行動は修正されるべき望ましくない行動として定式化される。つまり、個人的、社会的問題は変化させる標的となる行動とし、観察可能な、測定可能な、あるいは、変化可能な行動に変換させるのである。そして、問題となっている行動の前後に起こる反応や事象を変更させたり、環境における変化と利用者にとって重要な他者から受ける強化を変化させたり、新たな行動を習得することで生じる自己知覚を拡張させたりすることで望ましい行動を増加させ、望ましくない行動を減少させようとする。その際、行動の状態を数量化することによって効果測定が容易になる。利用者と肯定的な支援関係を構築し、利用者がアセスメントと介入の過程に積極的に参画することが重要となる。

（3）危機介入アプローチ

　キャプラン（Caplan, G.）は「危機状態とは、人生上の重要目標が達成されるのを妨げられる事態に直面した時、習慣的な課題解決法をまず始めに用いてその事態を解決しようとするが、それでも克服できない結果発生する状態である。危機状態になると混乱と同様の時期がしばらく続き、その間、打開するための様々の試みがなされる。しかし、結果的にある順応が、その人自身やまわりの人にとって最もよい結果をもたらすか、またはそうでないかもしれない結果で形成される[14]」という。人は、人生行路を歩む過程で身体的・精神的・社会的な面で達成すべきさまざまな課題に出会う。危機は、発達の変化、役割・地位による変化、偶然の出来事に遭遇した時に起こる。例えば、死別、人生の発達段階における変化、卒業・退職等による対象喪失、自然災害、心的外傷後ストレス（Post-Traumatic Stress Disorder: PTSD）につながる出来事に限らない。生

活環境の変化，つまり，在宅から施設入所した場合の生活の変化に対する適応課題も危機といえる。しかし，危機は好機ととらえ直すことができる。危機を解決することで新たな自己の創造・成長の機会になるとする点に特徴がある。

　危機介入は，第一義的なソーシャルワーク介入の方法といえ，(15)危機状態にある人が均衡を回復する，あるいは，均衡を再構築することをめざす。1960年代から1970年代にかけて，ソーシャルワークのみならず臨床心理，保健・看護，精神保健等の分野で発展した。危機介入アプローチは，危機状況にある利用者に的確にタイミングよく介入し，最もニーズのある時に必要な支援を行う点に意義がある。危機状態にある人は，無意識的に他者の支援を求めるものであり，他者を受け入れる用意ができているので適切な支援がより可能となる。危機は，長期間に及ぶことがなく，通常4～6週間程度の限定された期間とされる。即時の介入が問題状況の長期化を防ぐことになるので，アウトリーチや24時間の相談受け入れ体制が重要になってくる。

　その主要な特徴は，①根本的な解決をめざすというよりは，当面のストレス反応を緩和することに力点を置き，限定された期間・回数で短期間の支援をめざすこと。②その人の内面を深く洞察しパーソナリティの変革や成長をめざすのではなく，その人の潜在性を信頼し，新たな人生の構築を支援していくことる。したがって，危機介入の過程は，利用者の混乱状態を受け入れ，信頼関係を築き，利用者の不安を緩和しておくことが基礎になる。その上で，現在の危機状況について明確化を図り，利用者の対処能力，利用できる支援資源を評価した上で具体的な対処計画を立案していくことになる。

（4）課題中心アプローチ

　課題中心アプローチは，問題解決アプローチの影響を受けてリード（Reid, W.）とエプシュタイン（Epstein, L.）により1970年代に体系化され，利用者が重要と認識している問題に中心を据え，そこから焦点化された課題と目標に向け期間を限定して計画的に支援をしようとするアプローチである。(16)「人には，課題を与えられると，達成しようとする能力がある」とみなして，困難に立ち

向かって建設的な行動をとる人間の能力，すなわち，人びとの自発的な問題解決能力と潜在能力を最大限に活用するという原則によって導かれる。これは「人生はそれ自身問題解決の過程[17]」という考え方に通じている。

　問題となるターゲットは，対人関係の葛藤，社会関係における不満，公的な組織との問題，役割遂行に伴う困難，社会生活上の変化についての問題，反応的情緒的葛藤，不適切な資源である[18]。利用者の過去について関心を寄せるのではなく，現在のいくつかの主要な問題が何であるか，その問題に的確に取り組めるものは何かに関心を寄せる。その問題の解決のために取り組む一連の活動を課題と呼んでいる。また，時間を制限することで，利用者とソーシャルワーカーの努力を結集させ効果を得ることになる。

　課題中心アプローチの直接的目的は，利用者自身が必要とする問題解決行動を計画し，実行できるように動機づけを促進し，行動の伸展が可能になるよう支援することである。つまり，変化の第一の主体は利用者であり，ソーシャルワーカーの役割は利用者が望み，進んで取り組んでいる変化の促進者となることである。したがって，利用者が認めた問題を解決・軽減していくため，課題を明確かつ限定する。また，実行すべき課題は，具体的な用語で利用者が理解できる言葉を用いて説明する。こうして，利用者とソーシャルワーカーの同意に基づく協働関係を基に，構造化された介入の過程を順序を追って歩んでいくのである。

4　新しい理論モデル

（1）エコロジカルモデル——人と環境の統合

　生態学に依拠したモデルを提唱した代表格が，ライフモデル（life model）を体系化したジャーメインとギッターマン（Germain, C. & Gitterman, A.）である[19]。このモデルは，個人か環境かのいずれかに比重をかけることなく，個人と環境を相互に依存しあうシステムとみなし，両者を同時一体的にとらえ支援的介入を行おうとする点に特徴がある。「人と環境の交互作用」への焦点化は，ソー

シャルワークの固有の視点である「状況の中の人」を理解する基本的視座を含意している。

　エコロジカルモデルは，利用者を治療の対象とすることなく，環境との交互作用を通して成長する生活主体者ととらえ，その能動的側面を重視する。そして，生活問題を人と環境の交互作用の結果とみなす。つまり，人は，社会生活を維持していく上で必要な環境資源を活用するが，適切な環境資源が得られない時の不適合状態に着目したのである。環境には家族，友人，学校，職場，地域社会，あるいは，その時代のもつ価値観等が含まれる。環境は人間の成長・発達の支えになるが，それを妨げることもあり，その状態が悪化すると不適合の原因にもなる。したがって，問題を個人と周囲の環境との関係のありように位置づけ，双方の安定調和状態を意味する「適応」を維持することをめざす。

　こうして，人間が問題に能動的に働きかける対処能力の強化と，環境の応答性の強化（精神的サポート，適切な社会資源の活用等）を連動させ，双方の交互作用を改善させることが強調される。つまり，エコロジカルモデルは問題をとらえる時，その人を取り巻く環境に目を向けて理解し——その人に影響する人間関係や何らかの生活上の変化，その時代の社会のありよう等，さまざまな次元における多数の要因を取り上げ，問題を複眼的に検討し，多面的なアセスメントを行う——，ソーシャルワーカーと利用者の1対1のかかわりのみでなく，総合的に人とその人を取り巻く環境双方への対応も図られることになる。

　このモデルは，特定の支援方法を限定的に提示しているものでなく，支援の過程で利用者と環境との関係の質に着目し適切な技法を選択的に活用することを促す。こうして，利用者の潜在性（問題解決能力・成長力等の可能性）を引き出しながら，利用者と環境との交互作用の調整を側面的に支援し，その際の支援道具としてエコマップ（eco-map）等を活用していく。

　「状況の中にある人」という視点は，人を取り巻く環境に着目し，人と環境を取り結ぶネットワークという概念をソーシャルワークアプローチに位置づけることになった。環境から遮断された人間は社会的死に至るといえるが，多くの人は生活過程で困難に突き当たった際，家族や友人，近隣といったインフォ

ーマルネットワークを駆使し，事態の解消に向け努力をなす。ここでいうインフォーマルネットワークには，自然発生的なネットワークに加え，ボランティアグループや，当事者同士の支え合いによるセルフヘルプグループのように意図的に形成されたネットワークがある。セルフヘルプグループは，知識，情緒的支援，情報，資源を提供する重要なネットワークである。インフォーマルネットワークのメリットは，専門的支援関係が非対称な関係であるのに対し，役割交換を含む対等な相互支援関係に基づき人の持つ潜在性の開発も期待できることである。

　ソーシャルサポートネットワークアプローチは，このような利用者のインフォーマルネットワークを明確にし，インフォーマルネットワークや，専門的支援や機関・制度といったフォーマルネットワークを織り合わせていく介入方法である。ソーシャルサポートネットワークは，エコロジカルな視点に立ち，人がその人の環境との交互作用によってもたらされるネットワークの支持的機能の重要性に着目している。

（2）ストレングスモデル

　エンパワメントアプローチは，1990年代以降，サリービィ（Saleebey, D.）[20]らによって提唱された。その特徴は，ストレングス視点と関連しながら，生活問題に対処するすべての当事者に適用できるものとして個人・家族，グループ，地域社会に対する実践方法を呈示し，展開していった点にある。

　ストレングス視点は，利用者の状況をコンテキストの中で考え，利用者の抱える問題を，その対処能力の低さ，不適応としてとらえることをせず，利用者の所有しているストレングスに焦点を当て，成長し続ける人間の可能性への信頼を前提としたアプローチである。つまり，利用者は変化させられる対象でなく，変化をもたらす主体として登場するのである。それは，利用者が自分の力を発見し，未来図を描くことを鼓舞することであり，パターナリズム（paternalism）からの脱皮を意味する。ストレングス視点は，利用者とソーシャルワーカーがパートナーシップを形成し，本人（利用者）主体の支援活動を展開する

第10章　ソーシャルワークの理論モデル

基盤といえる。支援過程は，利用者とソーシャルワーカーとの相互同意に基づき利用者とソーシャルワーカーのパートナーシップによって展開される。それは，利用者とソーシャルワーカーが互いに影響を与える相互努力の過程である。利用者の参画はソーシャルワークの民主的な価値を反映している。

　サリービィは，ストレングスを構成する要素として，人びとが保有する特性，徳，才能，プライドや，教育を通して獲得したものと生活の知恵，逆境に立ち向かう中で学んだ事柄，さらに，文化的・個人的ストーリーと伝承，地域社会の福祉力，スピリチュアリティ等を呈示している。[21]つまり，ストレングスは，人びとが日常生活の中で獲得し，身に付けてきた体験知，生活課題への対処を含む生活の知恵，共同性，文化，価値，意味の創造の取り組み等，生活感あふれる，きわめて日常的で人びとの経験の意味を重視するヒューマニスティックな概念といえる。これらは，専門的知の前では客観的でも論理的でもないと久しく軽視されてきた。そのため，このモデルでは，ソーシャルワーカーに対し，このようなストレングスを人びととコミュニティの中に見出し，個人のストーリー，価値，信念の真正さを認識し，根こぎ状態にもかかわらず何とか取り組んでいる人びとの努力と成功を認めることを求めている。

　ストレングス視点は，分配の正義，平等，個人の尊厳，自律といったソーシャルワークの価値に基づくアプローチであり，当事者からの発信に学ぶ方法である。その根底には，利用者は究極的に価値ある存在であるという信念があり，ソーシャルワーカーが利用者にとって最も意味があると感じる利用者の物語と認識を受け入れることに導く。それは，利用者が日々の現実を作り上げていることの意味にアプローチすることであり，利用者の経験の意味に焦点を当てることである。利用者の経験の複雑性を考慮すれば，病理学に基づき利用者をラベリングする診断は否定される。ストレングス視点は，拡大的，包含的な理解のモードを鼓舞し適用する。そして，生活，人生が何であるかという利用者の定義に密着して耳を傾け，これを学ぶ。利用者が自身の生活上の問題を通して，理解し考える努力に参加することから，利用者は利益を得るのである。

（3）ナラティブモデル

　ナラティブモデルは，近代科学を基礎とする理論枠組みに懐疑的な社会構成主義に依拠している。社会構成主義は「コトバが世界をつくる」「現実は社会的に構成される」という認識に立っている。つまり，あらかじめ世界が存在する，あるいは，唯一絶対の真実なるものが存在するとせず，私たちが用いるコトバによって世界が構成されるという立場に立ち，真実なるものは無数に多様に存在すると考え，価値の多義性を認める。

　ナラティブモデルは，利用者の文脈からとらえる視点を強調し，利用者の日常性・主観性，つまり，利用者が生きる主観的現実，意味的な構成に着目する。言語がもつ権力性に注意を促し「利用者自身が自分の物語を書く」という考えから，利用者が自分たちのコトバで語り，自明のごとく浸透している支配的な物語が変更可能であることに気づき，それに代わって，これまで聴き取られなかった声，周辺にあった自分たちのもう一つの物語をソーシャルワーカーと共同で書き換え編集していく。利用者が自分のコトバで名前をつけ，物語を再構成することは，利用者が自らの生活の支配権を獲得することにつながるとする。つまり，ソーシャルワーカーの知識が絶対優位に立ち，ソーシャルワーカーの解釈に基づいて問題を解釈し，問題解決に導くのではなく，利用者が問題を自分からいったん切り離して外在化し，問題についての自前の物語を編集していくことで問題から解放されることを志向する。これは，専門職の知識や社会の支配的な価値観，不公正な権力構造等の変革に結びつく可能性を持っている。

　利用者を対象化し，利用者から距離を置き，客観性，普遍性を拠り所とする立場から軸足を外し，ソーシャルワーカーは，利用者の描く個人的世界についての構成を傾聴し，自分自身の声を利用者の声を求めるため抑制することが求められる。ソーシャルワーカーと利用者が対等な立場で協働作業に取り組む対話において，利用者が自身の物語を語り，自身の熱望，人生の意味を定義することができるように勇気づけるのである。対話は，ソーシャルワーカーが利用者から学習するという立場をとり，利用者の問題を評価するエキスパートでなく協力者となることを要請している。権力を持たない人びとが，自分たちのコ

第10章 ソーシャルワークの理論モデル

トバで語ることを側面的に支援することがソーシャルワーカーの役割とした。
　強制された権力作用の中で物語は生まれない。対等な信頼関係を基盤にして物語は生まれる。問題の周辺ではなく，人間，生活をトータルにとらえ，人間中心の視点に立つことによって利用者の主観的世界，日常性に着目し，人生，生活への意味づけを図り，理解することが可能になる。そして，一人の利用者の物語は，その背後にいる，周辺化され聴かれることのない人たちの語りの代弁ともなる。個人の生の意味探究の対話が起点になり，語りの次元はミクロレベルからマクロレベルまで相互に連関していく。社会的場で自発的に自らの個人的な経験を語ることが自らの社会的世界に意味を付与し，自分の言葉で名前を付ける権利を回復し，新たな生を創造する助けになる。さらに，意識高揚につながり，物語は社会的レベルにおいて聴衆に伝達され，個人的なものを社会的なものに連結する政治性をもち，社会変革につながる道を拓く。語りは，私的で個人的な行為でありながら，コミュニティ・社会・文化を語る行為でもある。

ま と め

　ソーシャルワーカーがどのような価値に依拠しているのか。そして，それにつながるどのような理論モデルに依拠しているかが，利用者，そして，利用者を取り巻く環境をどのように理解するか，どのような情報を収集し構造化するか，どのような支援介入の方法を選択するかを決定づける。しばしば学校で学んだことが実践現場で役に立たないといわれるが，実践者はいずれかの理論モデルに依拠しているととらえ直すことは必要なことといえよう。自らの実践を既成の理論モデルと対照させながら，実践から理論へのフィードバックを図ることが理論モデルの展開では不可欠である。
　日本のソーシャルワークは，長らく欧米のソーシャルワーク理論に依存してきた。本章で取り上げた理論モデルも，欧米で開発されたものである。それらがソーシャルワークの理論モデルとして，わが国の土壌にしっかり根をおろし，

育っていったかどうかには疑問がある。それらに学ぶ意義を認めながらも，日本の社会福祉の実践現場において現に行われている実践を掘り起こし理論化する作業に取り組み，わが国で生成発展した理論モデルを世界に発信していくことが期待される。

注
(1) 岡本民夫「ソーシャルワークにおける研究方法の課題」『ソーシャルワーク研究』25(4)，相川書房，2000年，11-16頁。
(2) Vinter, R. "Problem and Processes in Developing Social Work Practice Principle" in Thomas, E. (ed.) *Behavioral Science for Social Workers*, The Free Press, 1967, p. 425.
(3) 太田義弘「ジェネラル・ソーシャルワークの実践概念」太田義弘・秋山薊二編『ジェネラル・ソーシャルワーク』光生館，1999年，52頁。
(4) Richmond, M. E. *What is social case work? : An introductory description*, Russell Sage Foundation, 1922. (=1991年，小松源助訳『ソーシャル・ケース・ワークとは何か』中央法規出版)
(5) Perlman, H. H. *Social Casework : A problem-solving process*, The University of Chicago Press, 1957. (=1958年，松本武子訳『ソーシャル・ケースワーク──問題解決の過程』全国社会福祉協議会，4頁)
(6) Roberts, R. & Nee, R. (eds.) *Theories of Social Casework*, University of Chicago Press, 1970.
(7) Turner, F. (ed.) *Social work treatment : interlocking theoretical approaches*, The Free Press, 1974.
(8) Pincus, A. & Minahan, A. *Social Work Practice : Model and Method*, Peacock, 1973.
(9) Goldstein, H. *Social Work Practice : A Unitary Approach*, University of South California Press, 1973.
(10) Pinderhughes, E. "Direct Practice Overview" in Edwards, R. et al. (eds.) *Encyclopedia of Social Work* (19th), NASW, 1995, pp. 740-751.
(11) Roberts, R. & Nee, R. (eds.) op. cit. (=1985年，久保紘章訳『ソーシャル・ケースワークの理論──7つのアプローチとその比較Ⅰ』川島書店，32頁)
(12) 同前。
(13) Hollis, H. *Casework : a psychosocial therapy*, Random House, 1964. (=1966年，

本出祐之・黒川昭登・森野郁子訳『ケースワーク——心理社会療法』岩崎学術出版）

(14) Caplan, G. *An Approach to community mental health,* Grune & Stratton, 1961.（＝1968年，加藤正明監修・山本和郎訳『地域精神衛生の理論と実際』医学書院，23頁）

(15) Ell, K. "Crisis Intervention: research needs" in Edwards et al. (eds.) op. cit., pp. 661-666.

(16) Reid, W. & Epstein, L. *Task-Centered Casework,* Columbia University Press, 1972.

(17) Perlman（＝松本武子訳），前掲書，53-54頁。

(18) Reid & Epstein, op. cit., pp. 42-44.

(19) Germain, C. & Gitterman, A. *The Life Model of Social Work Practice,* Columbia University Press, 1980.

(20) Saleebey, D. (ed.) *The Strengths Perspective in Social Work Practice,* Longman, 1992.

(21) Saleebey, D. "The Strengths Approach to Practice Beginnings" in Saleebey, D. (ed.) *The Strengths Perspective in Social Work Practice* (6th ed.), Peason Education, Inc., 2013, pp. 102-105.

参考文献

岡本民夫監修，平塚良子・小山隆・加藤博史編『ソーシャルワークの理論と実践——その循環的発展を目指して』中央法規出版，2016年。

加茂陽編『ソーシャルワーク理論を学ぶ人のために』世界思想社，2000年。

久保紘章・副田あけみ編著『ソーシャルワークの実践モデル——心理社会的アプローチからナラティブまで』川島書店，2005年。

小森康永・野口裕二・野村直樹編『ナラティブセラピーの世界』日本評論社，1999年。

武田建・荒川義子編『臨床ケースワーク』川島書店，1986年。

Gergen, K. J. *Realities and Relationships Soundings in social construction,* Harvard University Press, 1999.（＝2004年，永田素彦・深尾誠訳『社会構成主義の理論と実際』ナカニシヤ出版）

Payne, M. *Modern Social Work Theory* (4th ed.), Palgrave Macmillan, 2014.

Roberts, R. & Nee, R. (eds.) *Theories of Social Casework,* University of Chicago Press, 1970.（＝1985年，久保紘章訳『ソーシャル・ケースワークの理論——7つのアプローチとその比較Ⅰ』川島書店）

Turner, F. (ed.) *Social Work Treatment: interlocking theoretical approaches* (5th ed.), The Free Press, 2011.

第11章 ソーシャルワークの新たな展開①
―― エンパワメント

はじめに

　本章においては，ソーシャルワークの新たな展開のキー概念としてエンパワメントを取り上げる。エンパワメントは，利用者の自己決定，自己実現を支える支援理論と言及されることも少なくない。近年の社会福祉制度改革の中で，政策サイドにおいても利用者のエンパワメントが強調されている。本章では，利用者が支援対象から生活主体者に脱皮し，支援者が利用者のパートナーとして利用者の自己実現を支援していく理論としてのエンパワメント概念を明確にし，エンパワメントを導入することの意義について述べる。それは，人は他者の自己実現をどのように支援できるのか，という問いに取り組む作業でもある。

1　エンパワメントとは何か

(1) エンパワメントの意義

　エンパワメントは，ヒューマンサービスに限らず，開発援助，フェミニズム，マネジメント等さまざまな分野で注目されて久しく，日常語になった感がある。エンパワメントは，一般的に「社会的に抑圧されたり，生活を組み立てていくパワーが欠如していたり，セルフコントロールしていくパワーを剥奪された人びと，グループ，地域社会が，パワーを獲得するプロセス」と理解される。

　ソーシャルワークにおいて，エンパワメントを概念化した先覚者はソロモン(Solomon, B.)である。ソロモンは黒人に対するソーシャルワークの過程を目的としてエンパワメントを概念化し，「エンパワメントは，スティグマ化され

ている集団の構成メンバーであることに基づいて付与された否定的評価によって引き起こされるパワーの欠如状態を減じることをめざして，クライエント，クライエント・システムに対応する一連の諸活動にワーカーが取り組んでいく過程である」と定義づけている。そして，支配的な社会とマイノリティグループとの間に作用しているパワーに着目し，マイノリティグループの中に見られるパワーの欠如状態を，個人，あるいはグループの目標を達成するために，資源を獲得したり，活用できないこと，価値ある社会的役割を遂行するための情報，知識，スキル，物質を管理できないこととらえている。

ソロモンは黒人という一つの属性のみで否定的評価を受け，パワーを剥奪されていた黒人のパワーを回復，あるいは，獲得していく過程を支援することをエンパワメントとみなしている。これは，黒人に限らず，他のマイノリティグループに置き換えることもできよう。マイノリティグループのメンバーは，マジョリティによって否定的評価を受け，自己決定が制限され，価値あるアイデンティティ，社会的役割の否定をもたらす傾向にある。エンパワメントは，効果的な平等のサービスの維持と改善，そして，特定の個人とグループに対して影響力を持つ他のグループによる否定的評価を減じる取り組みの側面を持つ。

エンパワメントは，社会的に抑圧されている人びとに対する支援理論として発展し，その後，利用者主体の支援展開において重要な概念となっている。支援理論としてのエンパワメントは，「人間を社会的存在，目的志向的存在としてとらえる。そして，人とその人の環境との間の関係の質に焦点を当て，人びとがその潜在性を最大限に発揮できることをめざし，所与の環境を改善するパワー，とりわけ，人びとがQOLと資源及びサービスへ公正なアクセスの機会を害する環境条件に抵抗し，それを変化させるパワーを発達させる。そうすることによって，自らの人生の主人公になるべく希望とパワーを自分，そして自分を取り巻く環境の中に見出し，自分たちの生活のあり方をコントロールし，自己決定できるように支援すると同時に，それを可能にする公正な社会の実現を図ろうとする理論」ととらえられよう。

コックス（Cox, E.）らは，エンパワメントを志向する実践の基盤にある重要

な価値として、人間のニーズの充足、社会正義の促進、資源のより平等な分配、環境保護に対する関心、人種差別・性差別・年齢差別の排除、自己決定、自己実現を挙げている。[3]エンパワメントの基本原理は正義、平等、参加、人びとの権利を搾取したり、否定しないことであり、社会正義、特に、周辺化され抑圧された人びとのために活動するというソーシャルワークのミッションの上に成り立っており、人と環境の視座に政治認識を加えるものである。そして、エンパワメント実践は、個人とコミュニティが抑圧に対処する時に、保有し、発達させる創造的な能力、強み、資源に焦点を当てる。これは人間を肯定的にとらえ、人間の成長、発達の可能性、人間の能動的積極的な側面を重視するものであり、人間の主体性、潜在性に絶対的信頼を向けることを意味する。つまり、人間が本来変化を生み出すパワー、生活状況の改善に向けて取り組むパワーを持っているとみなしている。

エンパワメントは、パワーダイナミックスの理解に基づき、パワーの欠如がいかに利用者の存在のあり方、具体的な生活のあり方に影響を与えるかに着目し、パワーの欠如した利用者と環境との間のパワー・ベース（power base）の変革、すなわち、組織的、文化的、制度的、社会経済的環境のパワーの再配置にコミットし、人と環境の関係の構造的変化、相互変容をもたらす政治的行為である。そこには、「個人的なことは政治的なこと」という考えを前提にするフェミニズムと共通する思想がある。制度的な変化に向けた努力は倫理的であるととらえられ、構造的にパワーの欠如した人びとの側に立ち、相互変容をもたらす時、中立の位置を放棄することになる。

（2）エンパワメントの多元性

エンパワメントは、以下のレベルからなる多元的概念である。

1）個人的エンパワメント

自分が自身の生活をコントロールしているという信念である自己効力感、自己信頼、自尊感情を持つような心理的パワーの獲得、そして、自分の生活をコントロールしていくための社会資源の活用といった現実的なパワーの獲得であ

る。心理的エンパワメントは，内発的に動機づけを得た状態を示す概念としてとらえられる。自分の人生をうまくコントロールしていると実感できると，有意味感，影響感，自己効力感が高まる。こうして，自分は価値ある存在であり，可能性を持っているという自己信頼を持つことが心理的エンパワメントの重要な構成要素である。これが，基本的なニーズの充足と相まって，積極的な自己概念を生み，自らの生活の支配権を握り，行動に向かわせる原動力となる。

2）対人的エンパワメント

　他者との安心できる積極的な関係を取り結び，自己主張し，効果的な相互影響作用を持つパワーを獲得することである。具体的には，その人の家族，友人，近隣といった，身近な人びととのコミュニケーションを円滑にし，対人関係に日常性を取り戻し，ソーシャルサポートネットワークを構築する。利用者がこれまでかかわりを持っていたシステムだけでなく，未知の地域社会の中に新たな支援者やつながりを見出し，創造していくことをめざす。さらに，同じような地位，問題状況に対処している仲間とセルフヘルプグループを形成し，情緒的具体的支援を促進する。

　よく似た状況にある他者との同盟は，いまだ声にしていない感情を声にする機会である。問題を共有する人びととのコミュニケーション，相互に影響を及ぼし合う経験をすることによって，メンバーは自己非難，孤立感を減じる一方，連帯感を生み，他者を支援する役割を取得し，自分の存在を受容されること，また，自分が他のメンバーにとって意味ある存在であることを実感し，自己有価値感を作り出すことになる。自分と見解を共有する人びとによる有効化の経験がパワーの経験を支持し，セルフコントロール感を養う。

3）社会的・政治的エンパワメント

　地域社会のメンバーとしての活動への参加等，制度変革的行動へ参画するパワーを獲得することである。利用者が，社会的，政治的，物理的環境の文脈的変化に影響を及ぼす道を拓く。地域の福祉力向上に向けてグループ行動をとることは，ニーズに対応した社会資源の整備，ボランティア，ナチュラルヘルパーの増加に結び付く。さらに，利用者がサービス供給システムの優先順位の決

定と，デザインに参画するといった社会的意思決定の機会を獲得し，社会的発言力を付けていくことにつながる。管理的，受動的な生から創造的，主体的な生への転換である。

　以上のように，エンパワメントは多元的レベルを包摂しており，各レベルが相互浸透しながら展開していく。パワーの源泉への利用者のアクセスを最大限にするべく，個人的，対人的，社会的成長と，組織，コミュニティ，社会の変化という，多元的なレベルで支援活動が展開され，支援者グループ，組織，さらにはより広範な社会の構造的変化，すなわち相互変容に至るのである。

2　ソーシャルワークにエンパワメントを導入する意義

　ソーシャルワーク理論は，個人と社会の両極の間を右往左往してきた歴史性を持っている。ソーシャルワークは，貧困と社会不正義を減じるための運動として始まった。しかしながら，その展開において，「問題‐欠陥」の志向に基づき，個人の側に焦点を当てた専門的合理的な介入の戦略が追求され，人間の問題が発生する個人的な説明を鼓舞し，より大きな社会変数への考慮を希薄にさせた。これへの反省から，差別，抑圧といった種々の社会不正義に注意が向けられ，エンパワメントは人びとの潜在性の解放と社会の構造的変化を統合する支援理論として登場したのである。

(1) 支援対象者の周辺化
　ソーシャルワークの対象者は社会の周辺に位置づけられ，対象者自身も，社会のそうした期待を内面化して生きることを余儀なくされ，抑圧の中にあって，スティグマ化された社会的アイデンティティが構築されてきたといえる。
　生活問題の解決において，最良の効果を及ぼすために合理性と科学的知に強調点がおかれ，目的的存在としての人間観がその背後に追いやられ，利用者は操作化の対象になり，ソーシャルワーカーの手に委ねられることになった。ソ

ーシャルワーカーが科学的な根拠に基づき，正当化された既成の枠組みに沿って評価することは，人の生の文脈を無視し，ソーシャルワーカーは被支援者にとって手の届かないロール・モデルになる。こうした立場に立脚する限り，支援者と被支援者の役割分離にとどまり，双方の相互的関係は存在せず，一人ひとりの人間が持っている価値や独自性についての関心が薄れていくことになる。

自然科学で活用される経験的方法の採用は，組織化され，科学として自身を定義するべく，産声をあげた専門職にとって魅力的であった。合理的な介入の戦略がなされるように，人びとの生活上の問題を定義することに注意が払われ，因果論的思考によって原因追求をなすという科学的信念の下，診断的カテゴリーに基づき個人の行動に焦点を当てることになった。すなわち，個人の内部に問題，責任の所在を求め，個人を変革のターゲットにし，無力化する個人還元主義に至った。中井久夫は，「治療は，どんなよい治療でもどこか患者を弱くする」[4]という。

被支援者の声を聴くのではなく，ソーシャルワーカーの必要な情報を収集し，被支援者は矯正，治療されるべき対象とされ，「よい利用者」として，サービス供給者側の支援活動に協力する，あるいは，服従することが本人の生活問題の軽減になり，生活の安定につながると考えられた。その結果，専門職の支援に抵抗するような対象を排除し，標準モデルと技術に合致する対象を選択し，サービスに人を適合させるという現象を生んだ。被支援者になるということは，専門職への追従者としてハイアラーキーの底辺におかれ，弱い存在，保護されるべき存在としてラベリングされ，ソーシャルワーカーにコントロールされる関係に入ることを意味するのである。

問題を抱えるということは，問題がその人に属することを示し，その人についての重要な事実を表現する。問題の存在は専門的なソーシャルワーカーの存在理由を提供する。これまで名前が付いていなかったものに名前が付き，一つの問題の原因が定義されることによって，その問題はこれまでと異なる姿に変わり，治療的努力が志向されなければならない現実として措定され，解決，あるいは治療できるという幻想を作り出す。その人が経験している漠然とした不

安,なす術を見出せないでいる状態から,困難の源泉が特定され,理解できるようになる。

未知のものであったものがカテゴリー化され,ラベリングされ,問題を合理的なプロセスに従属させることによって,困難を抱えている人は,それがある型を持ち,対処されうるものと見なすのである。このように,名前を付けることに伴うコントロール感は信頼感を生む。知識はそれを活用する人にとってはパワーとなり,困難を抱えている人にもう一つの壁を作る。専門職のパワーは,問題に名前を付けること,困難を克服するための戦略を立てることから生じる。こうしてみると,パワーは支援構造に論及する時,重要な概念であることがわかる。

(2) パワーの理解

パワーに着目したのがエンパワメント理論の特徴であるが,それはソーシャルワークがパワーとパワー関係を包含しており,政治的であることを改めて示した。パワーは,個人的,対人的,社会的レベルで行使される複雑な現象である。それは,時に他者を支配したり,その人の意思に反して何かをするように強制する能力と結び付くこともある。パワーは個人の内部に保有しているものであり,その人の内発的エネルギーを意味する個人的概念であると同時に,関係概念としてとらえることもできる。そこでは,依存と保護が交換され,依存される度合いが大きい側の方が,パワーを他者に対して持っていることになる。パワーのハイアラーキーは,制度化された地位とそれらに結び付いた不平等と考えられる。

パーソナリティ,情動への焦点化は,貧困,ジェンダー,社会的不平等といった社会的,イデオロギー的問題への注意を弱める危険性がある。前述のように,現実の社会は同質化した水平な構造にあるというより,パワーのインバランス状態にある。人の技能,能力,希望等の個体要因は,環境の影響や状況の要請・期待と無関係には存在しない。したがって,その人を取り巻く環境の質と環境との相互作用の質を考慮しなければならない。

人は個人的な喪失と環境の制約の相互作用によって，無力化の知覚に至る。すなわち，自分のしていること，あるいは，自分の存在は他者に何も影響を与えないし，自分の人生はうまくいかない，自分は無意味な存在であると自己知覚することによって居場所も所属感もなく，学習された無力感，自己非難，社会的な影響力の喪失感を増し，パワーの欠如した状態に慣らされ，閉塞状況に陥るのである。エンパワメントはこのような状況から脱皮し，周辺化された人びとがメインストリームを形作るアプローチに導く。

3　利用者のエンパワメントを支援する活動の枠組み

　エンパワメントアプローチは，人びとが自分たちのより良い生活に影響を与える決定に参画するという民主主義の原理に基づいており，自己決定を社会と個人の全体的状況の中で再検討することを要求する。問題の特定というより解決志向，病理欠陥というより長所，問題解決からコンピテンスの促進，環境資源に焦点を当てる。現在と過去の問題から利用者の意思，希望に焦点をずらし，現状より「より良い生活」に目を向けていく未来志向のアプローチである。そして，人びとの潜在性の解放と政治的・構造的変化を統合するプロセスであり，ミクロレベルからメゾ・マクロレベルまでつながっていく，解放的，創造的な変化志向のアプローチといえる。

（1）利用者－ソーシャルワーカーとの協働作業

　支援関係が支援過程の核にあり，支援関係の質が支援活動のあり方を左右するということに疑問の余地はないであろう。支援関係はソーシャルワーカーの方が利用者より大きなパワーを持っているため，支援者が実質的な権限を持ち，利用者の生活，人生のあり方に大きな影響力を持っている非対称な関係であり，パワー・インバランスがある。パワー・インバランスがある関係は，マクロの社会構造にあるパワーの差異を反映しており，支援関係に潜むパワーについては，構造的にとらえ，ソーシャルワーカー－利用者関係の中に利用者が社会の

中で経験する相対的なパワーの欠如した状態を映し出すことを避けなければならない。

　ソーシャルワーカー－利用者関係は組織によって構造化されており，利用者のコンピテンスと自己尊重の感情を最大限にするサービスを提供する際の困難さもある。ソーシャルワーカーは，このような事実を認識した上で，協働して問題に対処する機会を，利用者に提供するのである。

　利用者のエンパワメント支援は，ソーシャルワーカーと利用者の役割分離，自律か保護かといった二律背反ではなく，利用者本人を主体とし，受け身の客体としてコントロールされる被支援者から，「自分自身の生活の専門家」として生活主体者である利用者の生活過程を，ソーシャルワーカーが共に歩んでいく協働作業である。利用者とソーシャルワーカーは対抗的な関係でなく，「ソーシャルワーカーから利用者に対して」という一方通行の上意下達的な関係から，「利用者不在の利用者のために」を超えて，「利用者とともにある関係」，つまり双方向の相互作用関係への転換である。

　協働作業は，利用者とソーシャルワーカーが問題に対処すべく，利用者との参加的関係を展開させ，利用者とともに，利用者によって定義される問題と目標に取り組む，民主的な相互努力の過程である。ソーシャルワーカーは利用者との間に関係の橋を架け，利用者の生活世界に入り，利用者のいる場所に共に立ち，利用者の具体的な現実をとらえるべく利用者の語りを傾聴し，利用者が状況を理解する能力を信頼し，利用者による問題の定義を支えていく。傾聴が協働作業に取り組んでいく基盤であり，これを基に，利用者は自分のおかれている状況を把握し，問題に気づきニーズを明らかにし，目標を設定する主体となる。

　利用者とソーシャルワーカーは異なる役割，異なる強み，知を持っているということを認め，利用者とソーシャルワーカーが，それぞれ保有する知識とスキルを共有することによって，教え学び合う関係を作り上げることができる。利用者とソーシャルワーカーの協働関係は，利用者の潜在性への絶対的信頼を基礎として成立し，ソーシャルワーカーは，受容，共感的理解，支持的態度を

基盤にして，コンサルタント，ファシリテーターといった役割を担う。利用者が否定的なステレオタイプ，制限のある政策，サービス供給システムといった抑圧的な条件に適合するようにするのではなく，利用者の所与の状況を改善するために，利用者とパートナーシップを持つのである。こうした支援過程におけるパワーの行使が自尊感情，自己肯定感を高めることになり，サービスの利用者として成長のみならず，生産者としての成長が促進され，より大きな社会環境の中でのパワーの行使につながっていくのである。

（2）ストレングス視点

協働作業を展開していくための基盤として，ストレングス（strengths）視点を挙げることができる。ゴールドシュタイン（Goldstein, H.）は，人びとの失敗，病理に焦点を当てる関係は，他者のパワーと地位を上昇させるのに対して，ストレングス視点に基づく関係は対等とパワーの共有を迫ることになるという[5]。

ストレングスの内容について，サリービィ（Saleebey, D.）は，逆境に立ち向かう中で学んだこと，人びとが保有する特性，徳，教育や生活経験を通して獲得したもの，才能，プライドや，文化的，個人的ストーリーと体験知，地域社会の福祉力，スピリチュアリティ等を提示している[6]。つまり，ストレングスは，人びとが日常生活の中で獲得し，身に付けた体験知，生活課題への対処を含む生活の知恵，共同性，文化，価値，意味の創造の取り組み等，生活感あふれる，きわめて日常的で，人びとの経験の意味を重視するヒューマニスティックな概念といえる。

従来，これらは，専門的知の前では客観的でない，論理的でないと軽視されてきた。そして，ストレングス視点のキーとなる仮説は，以下の点を含んでいる[7]。①すべての人，グループ，家族，コミュニティはストレングスを持っている。②外傷経験，虐待，疾病，闘争は苦難であるかもしれないが，挑戦と機会の源泉ともなる。③個人，グループ，コミュニティの変化と成長の可能性は無限である。④ソーシャルワーカーが利用者の協働者となることが利用者にとって，最も有益である。⑤すべての環境は変化のために動員できる資源に満ちて

いる。⑥ケアリングとコンテキスト，である。ソーシャルワーカーは，利用者と環境双方の資源，潜在性，コンピテンスの積極的な貢献に着目し，個人のストーリー，価値，信念の真正さを認識し，現実の困難な問題に対処している，その人の努力と成功を認め，諸困難が良い変化へのチャレンジと機会に転換するとみなし，機会と希望が欠如しているように見える環境の中にも，活用できる資源と機会や支援を見出し活性化していくのである。

ストレングス視点は，ライアン（Ryan, W.）のいう「犠牲者非難」という概念のアンチテーゼとしての側面を持つ。彼は，犯罪，精神疾患，失業等の重要な社会問題は，このイデオロギーの枠組みの中で分析されるとし，貧困，不正義，スラムの生活，人種による不利益の源泉が，個人の欠点と不適応に求められ，貧困な人は怠惰であるとみなされ，その人の属する文化，家族生活によって貧困に慣らされ，その環境によって豊かな社会から疎外されるようになる，いわゆる貧困の悪循環に投げ込まれるという。

犠牲者非難は社会的不正義の基礎の一つであり，問題，社会的スティグマが外的要因に基づくものであっても，その犠牲者である個人に欠点を見出し，犠牲者を非難することである。その結果，社会ではなく個人を変革するための方策が正当化される。問題の所在を個人に求め，それらに社会的地位を与えることによって，その人が本来持っているパワーを奪ったり，あるいは，少なくとも人びとから勇気，機会を取り上げ，サービス，支援の名の下に利用者を支配することになる。それを否定するストレングス視点は，人びと，社会の否定的な側面への偏見のオルタナティブであり，分配の正義，平等，個人の尊厳，自律という価値を内包している。

ストレングス視点は，社会福祉専門職の社会的目的と，ヒューマニスティックな価値に合致するといえる。その根底には，人びとが自分たちにとって最善の決定をする能力があり，人びとが可能な最善の道を歩むという信頼がある。他者がどのように最善の人生を送るべきか判断することは，最もよく訓練を受けた専門職であっても不可能である。ソーシャルワーカーは判断できないし，判断することを要求されてもいないのである。こうした認識によって，利用者

の表現する熱望とゴールを誠実に受容し，それに価値をおくことが，利用者の実行可能性への懐疑に取って代わる。

4　利用者のエンパワメント支援をめぐる課題

（1）利用者が主体になるということ

　エンパワメントは利用者主体の支援理論であるが，利用者の動機づけ，参加する用意は多様である。ソーシャルワーカーは，サービス利用にまつわるスティグマが利用者の反応を複雑にすることを認識しておかなければならない。自発的でない利用者は，ソーシャルワーカーとの協働作業を拒否するかもしれない。ソーシャルワーカーは，利用者の内発的動機づけを高め，希望が湧いてくるように支援関係を活用しなければならない。利用者のストーリー，理論，考慮に対する専門職の理論の優勢は，利用者を消極的にし自己防衛を生み，自尊感情，自分のライフスタイルを守るために，利用者に真実を語らせないようにさせる。専門職化とは技術の熟練とイコールではない。技術的合理性の呪縛から解放される必要がある。自分が知っていることを新たに反省し，すでに確定した理論や技術のカテゴリーに依存するのではなく，固有の事例についての新たな理論を形成していく反省的実践が求められている。[9]

　また，久保紘章は，「いわゆる『専門家』『援助者』は，当事者の重さの前で色あせるほどの経験，無力になる経験をする必要があるのではないか」[10]と指摘している。利用者の生の声に学び，それを活用し，利用者の経験，認識，解釈を優先するのである。ソーシャルワーカーは，利用者の世界の環境についてのみならず，その世界についての利用者の解釈についても知る必要がある。意味は対人的相互作用の中で作り出されるのであり，個人の意味の内容は，環境の中での個人の経験を反映している。人びとを行動に突き動かす源泉は，客観的事実ではなく，意味や価値意識である。協働的関係は，知識，制度のパワーの行使としての専門職の活動，専門職支配からの脱皮，専門職による定義の政治を否定することから始まる。

つまり，専門職は，利用者にとって何が最善か知っているとする幻想から自由になり，ソーシャルワーカーが不確実性と多元性を支援の中に位置づけることが重要である。ソーシャルワーカーがエキスパートの位置から降りるということは，ソーシャルワーカーが受動的になるということを意味しているのではない。そうではなくて，ソーシャルワーカーの意見は，たくさんの可能性のある考えの一つとして提示されるのである。具体的には，専門的コトバを避けることが求められる。ソーシャルワーカーは利用者が理解できるコトバを使い，支配的な価値観に基づいて作り上げられた問題，否定的なラベルを取り去り，利用者自らのコトバで問題に名前を付けることによって，利用者は無力感から解放され，自らの生活の支配権を獲得することにつながる。

こうしてみると，利用者主体の支援理論においては，利用者の支援過程への主体的参画というより，ソーシャルワーカーが利用者の生活の過程に，協力者として参画するという発想の転換が必要である。これによって，孤立無縁な人，あるいは，社会的弱者として保護され，サービス供給者側の論理によって変化させられる対象としての利用者ではなく，より豊かに生きる権利主体，変化の主体としての利用者が登場するのである。利用者は支援関係の中でメンバーシップ，オーナーシップを獲得し，さらに，コミュニティの中にメンバーシップを確立していく。

市民として，誰もが自分の権利を行使すべく，コミュニティ資源にアクセスできるのが当然であり，コミュニティへの参加を通して，自分の価値を経験したり，他者の承認を得たりすることによって，自尊感情，自己肯定感が高まる。ソーシャルワーカーの課題は，利用者のコミュニティへの意味ある参加の機会を用意し，より広いコミュニティにおける市民として，利用者がこれまでと違った経験をすることができるように利用者を解放することである。ウォルツァー（Walzer, M.）が「共通の場所とアイデンティティは分配の正義の実現である」というように，メンバーシップを保つことが尊厳，責任を持つことにつながり，社会の不公正な価値観等の変革に結び付く可能性を持っている。ミクロレベルのパートナーシップに基づく協働的な関係は，ソーシャルワーカー‐利

用者関係を越えて，ソーシャルワーカーと同僚，ソーシャルワーカーと機関，機関と機関，利用者とコミュニティの関係といった他のレベルの協働的関係に拡大していく。

（2）エンパワメントのパラドックス

　利用者の積極的位置づけは，利用者が究極的に価値がある存在であるという信念に基づく。ここで注意しなければならないのは，それが，抑圧に転じてはならないということである。協働作業で支援過程が展開していくため，専門職，利用者の役割は，このアプローチにおいてドラスティックに変化している。利用者はリスクを負う自由を持ち，その権利を行使するのである。そこにおいて，個人に責任をおくことを志向し，利用者の弱さを否定し，自己責任と自己決定がセットで強調され，利用者の自助努力を要請する道具にされることになってはならない。

　また，エンパワメントは，人と環境が長所を持っているととらえる立場に立つが，不利な条件にあったり，抑圧されている利用者は，資源と機会を得るために必要な知識とスキルに制限があることもまた事実である。したがって，利用者の長所を可能な限り引き出し，利用者の社会的機能を高め，環境への対処能力を高めるように，利用者の権利，活用できる社会資源を得るための手続き等，利用者に必要な情報，知識を伝授し，ソーシャルスキルを学習する機会を提供していくことが必要である。ソーシャルワーカーはコンサルタント，あるいは，ファシリテーターとして，問題解決スキルをはじめとして，子育て，高齢者の介護，求職，自己防衛等の生活スキルや情報，自己主張，セルフアドボカシーといった対人関係スキルを教えるのである。これは，利用者が支援の一方的な受け手の位置にとどまるのではなく，動機づけを得て，自らが問題解決の主体であると自覚し，生活スキル，自己統率力等を獲得し，自己効力感を得ていくのを支援する試みでもある。

　人は，他者のエンパワメントを支援できるのだろうか。バンクス（Banks, S.）は，当事者運動の台頭に見るように反専門職主義がパワーを付けていく中

で，専門職と利用者の新たな関係のあり方として，アドボカシー，利用者の参画，コミュニティを拠点とした利用者の巻き込み，エンパワメントを取り上げる。そして，新たな専門職主義は，専門的関係のコンテキストにおいて，利用者により多くのパワーを与えることにかかわるが，その焦点は，パワーを与える側としての専門職にあるという。利用者本人の立場から，「誰も他の人に力を与えることはできない。しかし，人は他の人が力をなくすのをとめることはできる。また，人は他の人が自分自身の力を回復するのを手助けすることもできる。これがエンパワメントの意味である」「もし，支援者が力がなく，価値がないと感じているなら，他の人を力づけたり，自信と誇りを持たせることはむつかしい」という声がある。エンパワメントは権限委譲と表現されることもあるが，パワーのある側からパワーの欠如した側にパワーを付与するということを意味しているのではない。誰も他者にパワーを与えることはできない。権限を与えるのではなく，人間の持つ内なるパワー，潜在性を発見し，環境側のパワーの再配置を行い，その人自身がパワーを獲得していくのを支援するのである。端的にいうと，利用者のセルフエンパワメントの側面的支援である。そして，エンパワメントがなされていないソーシャルワーカーには，他者のエンパワメントを支援することはできない。ソーシャルワーカー自身のエンパワメント支援が，利用者のエンパワメント支援には必要条件である。

また，マルゴーリン（Margolin, L.）は，エンパワメントを次のように批判的に論じている。利用者は，自由になるためには，まず，服従しなければならない。エンパワーされるためには，まず謙虚にならなければならない。本当になりたい自分になり，本当に自分がしたいことをするためには，他者の定義や解釈や処方箋を取り入れなければならない。これがエンパワメント理論のパラドックスである。

そして，ソーシャルワーカーはパワーを行使する際に，利用者と同様に，パワー装置の中に捕われている。ソーシャルワーカーが自分の解釈を利用者に押し付けていることが問題なのではなく，ソーシャルワーカーの主張がソーシャルワーカー自身に押し付けられていることが問題である。このことは，社会的

に不利な立場にある人の側に立って社会正義を実現するという，ソーシャルワークのミッションや善行原理を疑いのない自明のものとするのでなく，パワーの行使としてのソーシャルワークを認識し，支援過程を利用者とソーシャルワーカーの協働作業と位置づけ，利用者主体の支援理論として措定されたエンパワメントという言説の政治性を問うことであろう。

（3）エンパワメントが支援理論となるために

　ソーシャルワークは複雑化する社会福祉問題に対応するべく，支援方法，技術の拡大を図り，さまざまなモデルを開発してきた。理論は実践を支え方向づけるものであるが，理論が実践レベルで技術化され具現化されることによって，初めてその意味をなす。エンパワメントの概念そのものの吟味が十分になされないまま，パースペクティブの拡散を招き，概念的混乱をもたらしているように思われる。単なるスローガンでなく，支援理論としてのエンパワメントの枠組みを構築していく必要がある。エンパワメントアプローチは，利用者自身の経験についての理解を，利用者自身の目的のために，利用者自身のコトバで語ることを主眼とする。それは，ソーシャルワークの実証主義的な科学性，専門職性に対立するものである。

　エンパワメントが，望ましい結果と目的だけでなく，支援の過程を含んだ概念であるため，支援の即効性，結果主義に反するものともいえる。したがって，エンパワメントアプローチの実際的有効性を検証し，とりわけ，具体的な支援活動の蓄積を通して，具体的介入技法を抽出していく作業が求められる。それは実践の中から理論を導き出す作業でもあり，研究者，実践者，さらには支援を求めている利用者を含めた連携によって可能となる。まさに協働作業である。

　支援活動の担い手は，専門職のみに限らず多様な形態が存在する。とりわけ，セルフヘルプグループ，ピアカウンセリングといった当事者主導の運営による支援活動が位置を占めている。だからこそ，ピアではない専門職に何が期待されているのか探求すること，支援活動を行いながら，その活動内容について思考する反省的実践が求められている。

第11章　ソーシャルワークの新たな展開①

ま と め

　中園康夫は，「どのような専門職業者の自己への問いかけがあろうとも，現実の社会関係においては，専門職業者は普通の市民としてその権利や生活を（不十分とはいえ）保障されている者であり，そのおかれている社会的地位は援助を受ける者とは異なっている」[17]と指摘している。この事実を認めた上で，利用者のいる場所から始め，利用者と共にあることは，どのようなことなのか，さらには，利用者にとって，ソーシャルワーカーは対等な立場でパートナーシップを組む同盟者たりうるのかを問い続けなければならない。エンパワメントは，専門職であるソーシャルワーカーの権威，パワーに切り込んだ。この上に立って，エンパワメントは，他者のエンパワメントにコミットするとはどういうことなのか，ソーシャルワークのミッションとは何か，その根源的なところに向き合うことが，エンパワメントが幻想ではなく，ソーシャルワークを支える理論たりうるためには不可欠であろう。

注
(1) Solomon, B. *Black Empowerment : Social Work in Oppressed Communities*, Columbia University Press, 1976, p. 19.
(2) *Ibid.*, p. 28.
(3) Cox, E. & Parsons, R., *Empowerment-Oriented Social Work Practice with Elderly*, Brooks / Cole Pub. Com., 1994, p. 41.
(4) 中井久夫『精神科医療の覚書』日本評論社，1982年，64頁。
(5) Goldstein, H. "Strength or Pathology : Ethical and Rhetorical Contrasts in Approachs to Practice", *Families in Society* 71(5), 1990, p. 270.
(6) Saleebey, D. "The Strengths Approach to Practice" in Saleebey, D. (ed.) *The Strengths Perspective in Social Work Practice* (4th ed.), Allyn and Bacon, 2006, pp. 82-84.
(7) *Ibid.*, pp. 16-20.
(8) Ryan, W. *Blaming the Victims*. Vintage Books, 1972, pp. 6-7.

(9) Schön, D. *The Reflective Practitioner*, Basic Books, 1983.
(10) 久保紘章『自立のための援助論』川島書店, 1988年, 227頁.
(11) Walzer, M. *Spheres of Justice : A Defence of Pluralism and Equality*, Basic Books Inc., 1983, pp. 31-63.
(12) Banks, S. *Ethics and Values in Social Work* (2nd ed.), Palgrave, 2001, pp. 121-133.
(13) リード, J. & ウォールクラフト, J./久保美紀訳『精神保健サービス・ユーザーが力を獲得するのを支援する人のためのガイドライン』全国精神障害者家族会連合会, 1997年, 18頁.
(14) 同前書, 16頁.
(15) Margolin, L. *Under the Cover of Kindness*, University Press of Virginia, 1997, p. 124.
(16) *Ibid.*, pp. 130-134.
(17) 中園康夫『ノーマリゼーション原理の研究』海声社, 1996年, 13頁.

参考文献

久木田純・渡辺文夫編『エンパワーメント』(現代のエスプリ376) 至文堂, 1998年.
グティエーレス, L.・パーソンズ, R.・コックス, E./小松源助監訳『ソーシャルワーク実践におけるエンパワーメント』相川書房, 2000年.
コックス, E.・パーソンズ, R./小松源助監訳『高齢者エンパワーメントの基礎』相川書房, 1997年.
Saleebey, D. (ed.) *The Strengths Perspective in Social Work Practice* (4th ed.), Allyn and Bacon, 2006.
Solomon, B. *Black Empowerment : Social Work in Oppressed Communities*, Columbia University Press, 1976.

第12章 ソーシャルワークの新たな展開② ——社会福祉と調査

はじめに

　調査とは「ある分野で事実，または，原理の確立のために行われる組織的で慎重に行われる研究」[(1)]である。

　社会福祉分野では，例えば，1900年代初頭にイギリスの著名な社会調査家ラウントリー（Rowntree, B. S.）が行った貧困調査で，労働者のライフサイクルで3回の貧困生活に陥る可能性を明らかにした。その結果，年金制度，家族手当（児童手当）等の社会保障制度が国民すべてに必要であることを指摘し，貧困の社会的予防を含め，イギリスの福祉国家の諸制度の基盤づくりに貢献したことで知られる[(2)]。

　このように，社会福祉における調査は，人びとの暮らしに棲みつく生活課題と「生きづらさ」に分け入り，その現実を明らかにし，抑圧された声なき声を代弁することによって，人びとの暮らしの安寧（well-being）を保障することに寄与するものとなっている。本章では，社会福祉における調査の定義，特徴について明らかにしながら，その意義について，社会福祉リサーチとその一部を構成するソーシャルワーク・リサーチ（social work research）の種類，方法，倫理的配慮について概説する。

1　社会福祉リサーチとは

（1）社会福祉リサーチの構造と定義・意義・特徴

　ソーシャルワークは，人と人の暮らしに直接かかわる働きかけである。人は

生きている限り成長し続ける。その成長は，図7-2（110頁）に示す通り，ミクロ，メゾ，マクロすべての環境の交互作用によって促される。どのような環境もたえず変化し，そのことは人びとの成長に直接的・間接的に影響を及ぼす。社会福祉は，その成長を支える組織的な活動である以上，そのような変化に応じて効果的に行われているかどうかについてモニタリングを通して評価し，その結果を再び活動に活かすという循環が必要になる。ここに社会福祉分野における調査（社会福祉リサーチ）の意義がある。

　社会福祉分野に関係する調査は，ミクロ，メゾ環境における福祉ニーズや支援効果に関するソーシャルワーク・リサーチと，ミクロ，メゾ，マクロレベルを包含したすべてのソーシャルワークを対象とした社会福祉リサーチとに区別される。[3] 社会福祉リサーチは「（ミクロからマクロのソーシャルワークに：筆者加筆）合理的，効果的に取り組むために必要となる情報を，その背後に潜む社会経済的要因との関連を視野に入れ，主に現地調査の方法を用いて収集・分析するための方法」[4]と定義され，次のような特徴がある。[5]

1）すべてのソーシャルワークに必要とされる共通の基礎

　社会福祉リサーチは，ソーシャルワークの体系において社会福祉調査法と呼ばれ，間接支援技術に位置づけられる。調査のデータ収集・分析は，マクロ支援（社会福祉計画や地域支援）のためのものだけでなく，ミクロ・メゾ支援を行うためにも必要なものとなる。したがって，社会福祉リサーチの特徴は，すべてのソーシャルワークに必要とされる共通の基礎をなすものといえる。

2）現地調査による情報収集

　社会福祉リサーチとは，現地調査を行って事実を把握するタイプの情報収集である。事実を把握せず，どのような問題があるのかわからないままでは問題解決の糸口にたどりつくことも難しい。つまり，現場を訪問して暮らしの事実をつかむ必要がある。ただし，現地調査は，直接目で見る狭い意味の観察だけでなく，大量の質問紙を配布して質問に答えてもらう等，多様な方法も含まれる。

3）基礎調査と応用調査の両面性

　調査には，基礎調査と応用調査の2種類がある。基礎調査は，人間行動の理解や社会科学の理論として論じることを主眼に行われるものである。したがって，実践的な諸問題の解決にすぐに役立つとは限らない。一方，応用調査は，解決や改善を必要とする問題が現に存在しており，そのような問題への対応を進めるための情報を把握するものである。社会福祉そのものが社会問題へ対応する活動の総体を意味することから，そのための社会福祉リサーチは応用調査といえる。ただし，社会福祉学の理論の発展や，ソーシャルワークの基礎となる人間行動の理解を深める目的の調査も欠かせない。このことから，社会福祉リサーチは，応用調査のみとはいえず，基礎，応用両方の調査を包含したものである。

4）アクション・リサーチ

　アクション・リサーチとは応用調査の一種である。現に生じている社会福祉問題の解決に向け，被害を受けている人びとやその支援を担うソーシャルワーカー等の当事者が実施する調査である。現状を明らかにするだけでなく，そのデータを基にして問題解決へのアクションのための戦略を立てるために行われる。

（2）社会福祉リサーチの目的

　社会福祉リサーチの目的について，坂田周一は，モネットらが提示する六つの課題に依拠し次のように概説している。[6]

1）人間行動と社会環境への理解

　ソーシャルワークでは，対象となる人びとを理解し，かつ，その人びとの置かれた社会的環境との関連を理解することが必要となる。すなわち，社会福祉分野の調査は，人を「状況の中にある人」ととらえ，人と環境との全体関連性の中で，人びとの苦しみの構造のあり方を重視するソーシャルワーク固有の視点を持ちながら支援の対象者をとらえる方法の一つである。

2）福祉ニーズの把握

ソーシャルワークを展開するためには，対象となる人びとが暮らす環境に，どのような社会福祉問題が存在し，それがどの程度深刻であるか，さらに，そのような社会福祉問題に苦しむ人びとがどの程度の数にまでのぼるかを把握する必要がある。社会福祉分野の調査は，このような福祉ニーズの正確な把握を図り，解決方法が考案され，社会福祉サービスの種類や量がどれだけ必要かを把握することである。

3）社会資源の把握

ソーシャルワークでは，実現可能性がある問題解決方策を立案する際に活用されるヒト，モノ，カネ，組織，制度等の社会資源に着目する。社会資源は社会的状況に影響を受け，その質・量がたえず変化する。社会福祉分野の調査は，社会資源が対象となる人びとの暮らす環境の中にどのように存在するか，その活用可能性や運営にはどのような問題があるか等を把握するために行われる。

4）社会福祉サービス事業の効果評価

ソーシャルワークを効果的に展開するには，社会福祉サービス事業の的確な計画と立案が必要となる。その際，事業を拡大すべきか，改善点はどこにあるのか，廃止した方がよいのか等の判断が求められる。社会福祉分野の調査は，このようなマクロ支援としての社会福祉サービスの効果評価（プログラム・エバリュエーション）に関し，判断に必要な情報を提供するために行われる。

5）支援対象者の能力の把握

ソーシャルワークは，支援方法の選択や個別支援計画を立てるため，困難に直面した人や家族が持つ逆境を跳ね返す力（レジリエンス：resilience）の程度を把握するアセスメントが必須である。その際，個別の事例ごとに経験を積んだ専門職の直感的な技能に頼るのではなく，蓄積されたデータに基づく根拠を持って行うことが求められる。社会福祉分野の調査は，根拠に基づく実践を担保するために行われる。

6）ミクロ・メゾ支援の効果の評価

ケースワークやグループワークのようなミクロ・メゾ支援の効果評価は，マ

クロ支援の社会福祉サービス事業のプログラム・エバリュエーションとは異なる。プログラム・エバリュエーションは，サービス利用者を集団ととらえ，その平均値で評価する。なぜなら，ミクロ・メゾ支援の効果評価では，集団としてとらえた時には見落とされていた個別ケースのもつ特殊性が表面化するからである。個別ケースへのミクロ・メゾ支援の効果を測定することは，社会福祉分野の調査の大きなテーマであり，特有の目的である。

（3）社会福祉リサーチの種類

　社会福祉リサーチは量的リサーチと質的リサーチの大きく二つに分けられる。量的リサーチは，一定の統計的集団について，人間の属性や意識や行動の断片的で皮相的な側面に注目する。一方，質的リサーチは，さまざまな要素を絡めた暮らしの全体像を理解するために用いる。個人，家族，小集団，組織，機関等，直接目で見て観察したり，インタビューをして小規模の対象について記録を取って分析したりする方法である（表12-1）。

　両者は，リサーチ法をめぐる議論の中で優劣を問題にする意見もあるが，社会福祉リサーチにおいては両方とも重要な方法である。なぜなら，社会福祉が対象とする人びとの「生きづらさ」は，個人の問題で片づけられるべきものでないからである。さらにいえば，ソーシャルワーカーは，個人を図7-2のように「状況の中にある人」ととらえるが，この時，ミクロ，メゾ，マクロ環境の中のインターフェース（接触面）に生ずる不具合こそ「生きづらさ」を生み出す源泉と見るからである。すなわち，第7章で詳述したが，ソーシャルワーカーの支援は，利用者の「生きづらさ」を引き起こしている原因，要因は何かという「生きづらさの構造」を，利用者とともに客観的に解明し，理解することを目的とした評価から始まるからである。

　例えば，アルコール依存症から生ずる「生きづらさ」に苦しむ人びとを支援する場合，ソーシャルワーカーは，人と環境（ミクロからマクロ）双方への二重の視点をもって取り組むことが求められる。なぜなら，アルコール依存症に苦しむ人びとは，自業自得のレッテルを張られ社会的偏見の強さから支援の対象

表12-1 量的リサーチと質的リサーチの比較

	量的リサーチ	質的リサーチ	
	実証主義的視点	解釈主義的視点	批判主義的視点
目的	人々の行為には普遍的な法則・規則がある。客観性、予測、反復可能性を重視し、因果関係を説明するための調査を目的とする。科学的で実験主義的な調査を通して得られた知識は客観的で定量的であり、現実世界（reality）は静的で観察・測定可能なものである。	人々の経験は文脈に縛られており、時、場所、人間という行為者の心と切り離すことはできない。多元的な現実世界（reality）は人々により社会的に構築されている。参加者の行為や経験、教育のプロセスの意味を探究し理解することを目的とする。	客観的や中立的な知識は存在せず、知識は常に社会的利害に影響されている。人間の行動を解釈し、理解するだけでなく、社会的批判をすることで、社会的あるいは組織的な変化を起こすことを目的とする。
アプローチ	・狭い焦点・結果志向・文脈に左右されない・意図的な場でなされる	・幅広い焦点・プロセス志向・文脈に縛られる・多くは自然な場でなされる・データに忠実である	
対象	・回答者・対象・研究開始前に標本抽出枠の決定	・調査参加者・情報提供者・場、時、概念のような構成単位を選択・流動的な選択	
研究・分析方法	・実験研究・相関研究・準実験研究 ・比較研究・事例研究・調査研究	・会話分析・現象学・歴史分析 ・グラウンデッド・セオリー ・事例研究・記述民俗学	・批判的会話分析 ・批判的記述民俗学 ・アクション・リサーチ ・フェミニスト研究
データ収集方法	・質問紙・実験・厳密な構造化観察 ・無作為対照実験・記録物	・徹底的な非標準化面接・質問紙・記録物（文書、写真、ビデオ）・参加観察／フィールドワーク・日記・フォーカス・グループ	
結果	・測定可能な結果	・物語・民族誌・理論	
関係性	・研究者のかかわりは限定される ・隔てのある研究関係	・研究者が参加者に深くかかわる ・親密な研究関係	
研究評価の厳密さ	・内的妥当性・外的妥当性・信頼性・客観性	・信用性・移転性・信憑性・確証性	

出所：ホロウェイ，I・ウィーラー，S／野口美和子監訳『ナースのための質的研究入門——研究方法から論文作成まで』医学書院，2006年，デンジン，ノーマン・K・リンカン，イヴォンナ・S／平山満義監訳『質的研究ハンドブック 第2巻』北大路書房，2006年，フリック，ウヴェ／小田博志監訳『新版質的研究入門』春秋社，2011年，を基に筆者作成。

となりにくいため，回復に必要な治療や支援にアクセスしにくい。この問題を解決するには，アルコール依存症を社会的問題として位置づけ，治療や支援を受けやすくする方策が必要となる。そのためには，アルコール依存症に苦しむ人びとの規模をマクロの視点から数値的に明らかにする量的リサーチが不可欠となろう。一方，同じアルコール依存症でも，一人ひとりの「生きづらさ」を数値で表すことには限界がある。その点については，ミクロ・メゾの視点から個人の体験を通じて浮上する「生きづらさ」の語り（ナラティブ：narrative）を記録に残し，分析する質的リサーチが有効であろう。つまり，社会福祉分野における調査は，量的リサーチか質的リサーチかという選択に縛られず，一人ひとりの「生きづらさ」を解決するために最も適する方法を選択することが肝要なのである。近年は，研究結果の妥当性や信頼性等を担保する方法としてトライアンギュレーション[7]の一つであるミックス法（mixed methods research）[8]のように，量的，質的両方のリサーチを用いる方法が注目されている。

2　社会福祉における量的リサーチ

（1）量的リサーチの目的・アプローチ・対象

　調査研究デザインを行う際，量的リサーチは実証主義的視点に立って行われる。この視点は，人びとの行為には普遍的な法則・規則があるという考えに基づくものである。これは客観性，予測，反復可能性を重視し，因果関係を説明するための調査を目的とする。また，科学的で実験主義的な調査を通して得られた知識は客観的で定量的であり，現実世界（reality）は静的で観察・測定可能なものという理論的視点も，このリサーチの根拠の一つである。

　アプローチの焦点は，例えば，「ひとり親家庭の所得の現状」等のように調査対象を限定し，結果志向である。また，個別的な文脈に左右されず意図的な場でなされる。調査対象は回答者や対象と呼ばれ，場合によっては，調査開始前に標本抽出枠の決定がなされる。

（2）量的リサーチの研究・分析方法・データ収集・結果

　量的リサーチの研究・分析は，実験研究，相関研究，準実験研究，比較研究，事例研究，調査研究等の方法を用いる。

　研究・分析の対象となるデータは，質問紙（アンケート），実験，厳密な構造化観察，無作為対照実験，記録物等から収集する。近年は，インターネットを用いたウェブ調査が増加しつつある。測定した結果，既存の理論から引き出される主張により仮説を立て，実証的な証拠と対照して試される。仮説は棄却されるか保持されることになる。

　量的リサーチは，結果が画一的であり対象を深く掘り下げることが難しいという問題があるものの，サンプル数が十分に多くかつ選定が適切であれば客観性があり，事象全体を把握することができる。

（3）調査者（研究者）との関係性

　量的リサーチでは，統計や実験から得られたデータや分析結果を数量化する，あるいは，質問紙票を事前に標準化する方法等により情緒的関与をできるだけ排除する等，個々の調査対象者からできるだけ距離を置き，普遍的に当てはまるような形で結果を出す。したがって，調査者（研究者）と調査対象者とのかかわりは隔てのある研究関係に限定される。

（4）研究の評価の厳密性

　量的アプローチにおける研究の妥当性については，①測定したい対象を正確に測定できているか，あるいは，データから結果が導けるか等の内的妥当性，②結果がどれだけ一般化できるか，あるいは，条件を変えて研究をしても同じ結果が得られるかという外的妥当性，③結果に一貫性があるか，あるいは，同じ調査方法で同じような結果が得られるかという信頼性，④中立的で偏りがないかという客観性のこれら四つの判断基準によってその厳密性を担保する。

3　社会福祉における質的リサーチ

（1）質的リサーチの目的・アプローチ・対象

　調査研究デザインを行う際，質的リサーチは，解釈主義的視点，批判主義的視点をもつ。

　解釈主義的視点は，人びとの経験は文脈に縛られており，時，場所，人間という行為者の心と切り離すことができないという立場である。批判主義的視点は，客観的や中立的な知識は存在せず，知識はつねに社会的利害に影響されている。人間の行動を解釈し理解するだけでなく，社会的批判をすることで，社会的あるいは組織的な変化を起こすことを目的とする。どちらの立場のアプローチも，幅広い焦点・プロセス志向・文脈に縛られ，多くは自然な場でなされるためデータに忠実である。調査対象は，調査参加者，情報提供者，場・時・概念のような構成単位の変化により流動的な選択をすることになる。

（2）質的リサーチの研究・分析方法・データ収集・結果

　質的リサーチの研究・分析の場合，解釈主義的視点においては，会話分析，現象学，歴史分析，グラウンデッド・セオリー，事例研究，記述民俗学等の方法を用いる。批判主義的視点においては，批判的会話分析，批判的記述民俗学，アクション・リサーチ，フェミニスト研究等の方法を用いる。

　研究・分析の対象となるデータは，解釈主義的視点，批判主義的視点の双方とも徹底的な非標準化面接，質問紙，記録物（文書，写真，ビデオ），参加観察，フィールドワーク，日記，フォーカス・グループインタビューから収集する。データを分析した結果は，物語（ライフ・ヒストリー），民族誌，理論等の成果として現れる。

　質的リサーチは，調査結果についての客観性の担保や一般化が難しい問題があるものの，対象を深く掘り下げて調査することが可能である。また，何を発見できるかを予測するものではなく，ある方向を示すものであり，オープン・

エンドなものであるから,研究のプロセスの中で変化することも想定している。

(3) 調査者(研究者)との関係性

　質的リサーチは,インタビュー,参加観察,既存の書類の検討等の方法を用いながら,調査対象者の経験を詳しく記述することにより,対象者の解釈・行為に関する感情や意味を明らかにする。また,調査者(研究者)と調査対象者との相互作用があり,さらにデータ収集と分析も同時に行われることから,相互に影響するのが特徴である。得られたデータは,数値ではなくナラティブ(語り)のような形式の言葉(文字データ)が用いられる。したがって,調査者(研究者)と調査対象者(参加者)とのかかわりは深く親密な研究関係となる。

(4) 研究の評価の厳密性

　質的アプローチにおける研究の妥当性は,①データは信頼できるかという信用性,②ある特定の研究データや結果をその質的研究が当てはまる母集団に移転して読み取れるか否かという移転性,③研究が明解であるかという信憑性,④研究の結論や解釈がデータから直接引き出されていることが読者に確かめられるかという確証性の四つの判断基準によってその厳密性を担保する。

4　ソーシャルワークの専門性と評価
──ソーシャルワーク・リサーチと倫理的配慮

(1) 専門職としての責任を担保するソーシャルワーク・リサーチ

　ソーシャルワークの最終目的は,社会福祉サービスの利用者への貢献に置かれていることはいうまでもない。ソーシャルワーカーが,利用者に対して最善のサービス,支援,政策を提供するのは専門職としての責任(アカウンタビリティ)である。利用者に対する責任を担保するには「ニーズや問題をはっきり把握しているか」「効果的な支援を提供しているか」等の評価が必要不可欠であり,その方法がソーシャルワーク・リサーチである。ソーシャルワーク・リサーチは「クライエント(利用者:筆者加筆)を援助(支援:筆者加筆)する際に必

第12章 ソーシャルワークの新たな展開②

要な知識や情報の収集に有効であり，アクティブ・リスニングやケース・マネジメントなどと同じように，ソーシャルワーカーにとって不可欠な技法」と定義されている。

ソーシャルワーク・リサーチは，図7-2に示すように，社会福祉リサーチ全体の構造の中に含まれるミクロ，メゾレベルの支援に焦点化する[11]。すなわち，福祉ニーズや問題の把握，個別ケースでの介入や支援の効果測定，さらに，それらのレベルの支援に必要な知識の蓄積や理論構築に関する質的・量的な実証研究の総称である。

（2）ソーシャルワーク・リサーチの方法と種類

ソーシャルワーク・リサーチの方法は，社会福祉リサーチと同様に，量的アプローチ（第2節）や質的アプローチ（第3節）を用いる。ソーシャルワーク・リサーチは，ソーシャルワークにおけるミクロ・メゾレベルの支援に関する評価となるため，これを評価できる方法の選択が必要となる。量的・質的のどちらの方法が優れているかではなく，何よりも，リサーチの目的によって最善の方法を選択することが肝要となる。そのことを前提とし，収集するデータの種類，リサーチ対象者，調査者の知識や能力，時間とコスト等の条件によってリサーチ方法を選択することになる。

以下では，ソーシャルワーク・リサーチの効果的な評価方法について，量的リサーチと質的リサーチに分けて概説する[12]。

（3）ソーシャルワーク・リサーチの方法①──量的リサーチ

ソーシャルワーク・リサーチにおける量的リサーチは，社会福祉に関係する問題や現象の把握が，結果を普遍化・一般化することが目的の場合や，質的リサーチによって浮上する仮説や因果関係を確認・検証する説明的なリサーチを目的とする場合に有効である。

① 集団比較実験計画法（グループ・デザイン）

介入を受けるグループと受けないグループを比較する等，因果関係（介入や

政策の効果，問題の原因）の確認に優れている。

② 単一事例実験計画法（シングル・システム・デザイン）

単一のケースにおいて，繰り返し測定された問題の程度を，介入の前後で比較して，介入の効果を確認したり，モニターしたりする。

③ 社会調査（サーベイ）

多くの人を対象に質問紙やインタビューを用いて情報を収集し，社会の状態や人びとの意識を明らかにするのに優れている。

（4）ソーシャルワーク・リサーチの方法②──質的リサーチ

ソーシャルワーク・リサーチにおいて，質的リサーチは，特定のケースの理解を目的とする探索的なリサーチ，社会福祉に関係する問題や現象の把握，問題発生の原因，要因の探求等に有効である。

① 事例研究法（ケーススタディ）

さまざまな情報を基に，特定の期間（介入中）における特定のケースや出来事の背景や状況を説明するのに優れている。

② バイオグラフィー

調査参加者との会話や観察を基に特定の個人についての「物語（ライフ・ストーリー）」を明らかにする。

③ エスノグラフィー

特定の集団の役割や行動の文化的な意味を明らかにする。

④ フェノメノロジー

特定の現象や，その意味を明らかにする。

⑤ グラウンデッド・セオリー

主にインタビューによって体系的に得られた情報を分析し，理論の構築をめざす。近年，わが国の社会福祉研究においても，積極的に用いられるようになっている。同じグラウンデッド・セオリーでも，オリジナル（グレーザー：B. G. Glaser）[13]版，ストラウス（Strauss, A. L.）・コービン（Corbin, J.）[14]版，修正ストラウス・グレーザー（M-GTA）[15]版に，比較的新しい社会構成主義版[16]と複数

のタイプがあり，それぞれに特徴がある。

(5) 社会福祉リサーチにおける倫理的配慮

社会福祉リサーチでは，以下の通り，研究（調査）参加者の倫理的配慮に注意する必要がある。

① インフォームドコンセント

研究者（調査者）は，研究参加者にデータ収集を行う前に研究の手続きに関する情報を与え，研究に参加する承諾を得なければならない。

② 欺いてはならない

研究参加者を欺くことはあってはならない。

③ 辞退する権利

研究参加者が罰を恐れることなく自由に参加を辞退できなければならない。

④ 説明責任（アカウンタビリティ）

研究者（調査者）はデータを収集した後で，研究参加者に研究全体の目的について知らせなければならない。

⑤ 守秘義務

研究者（調査者）は，研究のプロセスで研究参加者について得たいかなる情報に対しても守秘義務を完全に守らなければならない。

社会福祉リサーチは，評価や効果測定によるソーシャルワークの有効性の評価だけでなく，ニーズ把握や支援過程のモニタリング等，現場ですぐに役立つ情報を提供する。したがって，ソーシャルワーカーは，リサーチによって得られた知識や情報を活動に活用する「消費者」としてだけでなく，自らの活動や担当するプログラムの中で積極的に「協力者」「実行者」として参加する姿勢が求められる。それを保障するため，調査の倫理的配慮は欠かせない。特に，近年は，「人」を対象とする場合，これまで以上に調査が対象者に対して身体的・精神的・社会的に侵襲する程度が倫理審査によって吟味され，特別の配慮が求められるようになっている。調査・研究の倫理的配慮は，これを行うソ

ーシャルワーカーや研究者が所属する場，あるいは，調査対象者が所属する場（医療機関等）等が規定する倫理審査の手続きに則り，審査を受けることが必要となる。

ま と め

　ソーシャルワークは，ソーシャルワーカー一人ひとりの活動から積み重ねられた有効な支援の経験知を，ソーシャルワーカーであれば誰もが実践できるよう理論化した，優れて実践の科学である。ソーシャルワークが対象とする支援課題は，図7-1（109頁）に示すように複雑で多様な「生きづらさ」である。「生きづらさ」の解決には，ミクロからマクロまでの環境の相互作用からなる全体（構造）の視点を持って支援に臨む必要がある。

　社会福祉リサーチは，サービスの利用者とソーシャルワーカーのミクロからマクロレベルのソーシャルワークを両輪とするハブ（hub：中枢）の機能を果たすものと考える。しかし，わが国において，現場のソーシャルワーカーが社会福祉リサーチをソーシャルワークの支援方法として認識し，支援のハブとして活用するには多くの課題があることは否めない。

　それを象徴する例を以下に取り上げてみたい。

　2014年6月より施行された「アルコール健康障害対策基本法」を追い風とし，アルコール関連問題の支援に従事する関係者の間では，早期発見，早期治療に向けたアウトリーチに対するインテンシブ（診療報酬化）を実現させる機運が高まっている。その実践の適役として，ソーシャルワーカーに向けられる期待には大きいものがある。インテンシブの実現化は，政策（マクロ環境）に働きかけることが必須である。つまり，ソーシャルワーカーを適役と認めもらうためのミクロ・メゾを中心とした支援の成果を，量的，質的リサーチから導き出した信頼性や信憑性の高い調査結果を示すことが求められる。しかし，社会福祉領域でアルコール関連問題の支援の方法に対する汎用化の必要を説くソーシャルワーク実践の証拠（エビデンス）がきわめて少ない。そのため，ソーシャ

ルワーカーの介在について，これを法律として明確に反映することができなかった現状がある。このような実態は，社会においてアルコール依存症の回復支援の実態にみられる複雑で深刻なデマンズが遷延化し，支援の対象になりにくい現状を助長する要因になるといっても過言でない。[19]

　このような例は，他の領域におけるソーシャルワークに共通した課題である。豊かな日本社会にある社会的排除の問題は，残念ながら一段と深刻化する様相を見せている。今日ほど，ソーシャルワーク実践理論の必要性と汎用化の重要性が求められている時代はない。社会福祉リサーチを，改めてソーシャルワークのアイデンティティの一つとして見直す必要があろう。

注
(1) 平山尚ほか『ソーシャルワーカーのための社会福祉調査法』ミネルヴァ書房，2003年，14頁。
(2) 岩田正美ほか『ウェルビーイング・タウン 社会福祉入門』有斐閣アルマ，2002年，86-87頁。
(3) 武田丈『ソーシャルワーカーのためのリサーチ・ワークブック——ニーズ調査から実践評価までのステップ・バイ・ステップガイド』ミネルヴァ書房，2004年，4頁。
(4) 坂田周一『社会福祉リサーチ——調査手法を理解するために』有斐閣，2003年，17頁。
(5) 同前書，17-22頁。
(6) 同前書，23-25頁。
(7) トライアンギュレーションとは，一つの現象に関する研究の中で，研究方法，データ収集方法，調査者，理論的視点が異なっているものを組み合わせるプロセス（例：質的方法と量的方法，面接と観察等）を意味する（フリック，ウヴェ／小田博志監訳『新版 質的研究入門』春秋社，2011年，491-494頁）。
(8) クレスウェル，J. W. & プラノ・クラーク，V. L.／大谷順子訳『人間科学のための混合研究法——質的・量的アプローチをつなぐ研究デザイン』北大路書房，2010年，5-6頁。
(9) 黒木保博ほか編『ソーシャルワーク』（福祉キーワードシリーズ）中央法規出版，2004年，176頁。
(10) 武田丈，前掲書，1頁。

⑾　坂田周一，前掲書，17頁。
⑿　黒木保博ほか編，前掲書，176-177頁。
⒀　グレイザー，B. G.・ストラウス，A. L.／後藤隆ら訳『データ対話型理論の発見——調査からいかに理論をうみだすか』新曜社，1996年。
⒁　ストラウス，アンセルム・コービン，ジュリエット／南裕子監訳『質的研究の基礎——グラウンデッド・セオリー開発の技法と手順』医学書院，1999年。
⒂　木下康仁『グラウンデッド・セオリー・アプローチの実践』弘文堂，2003年。
⒃　シャーマズ，キャシー／抱井尚子・末田清子監訳『グラウンデッド・セオリーの構築』ナカニシヤ出版，2008年。
⒄　黒木保博ほか編，前掲書，177頁。
⒅　社会福祉リサーチの倫理的配慮の基準については，文部科学省／厚生労働省による「人を対象とする医学系研究に関する倫理指針」平成26年12月22日が参考になる（http://www.mhlw.go.jp/file/06-Seisakujouhou-10600000-Daijinkanboukouseikagakuka/0000069410.pdf，2016年8月1日アクセス）。
⒆　稗田里香「人権視点に立ったアルコール依存症者へのソーシャルワーク実践——一般医療機関の実態から」北川清一編著『社会福祉の未来に繋ぐ大坂イズムの継承——「自主・民主・平和」と人権視点』ソーシャルワーク研究所（私家版），2014年，102頁。

参考文献

クラインマン，アーサー／江口重幸ほか訳『病いの語り』誠信書房，1996年。
Glaser, Barney G,. Strauss, Anselm L.／木下康仁訳『死のアウェアネス理論と看護——死の認識と終末期ケア』医学書院，1988年。
ショーン，ドナルド・A／柳沢昌一ほか監訳『省察的実践とは何か』鳳書房，2007年。

第13章 ソーシャルワークの新たな展開③
——クリティカル理論

はじめに

　現在，ソーシャルワーカーとして向き合う社会問題は，一段と多様化かつ複雑化する傾向にある。このような実態がある中で，ソーシャルワーカーのアイデンティティの喪失に手を貸しかねない事態が顕在している。一つは，今なお多くのソーシャルワーカーを震撼させている，同業者による利用者に対する「不適切なかかわり（maltreatment）」や「事故」「不祥事」の問題である。二つは，人間の尊厳を軽んじる風潮がある中で，「いと小さき者の最後のひとり」の存在も大切にする思想を根底にもつ「実践」や「かかわり」が形骸化している問題である。

　ソーシャルワークとは，対応すべき課題と方法を検討するにあたり，「公（為政者）」が着手する前に対応すべき課題を利用者の生活実態から見出し，積極的に対応する取り組みを含み込むものであり，そこに，ソーシャルワーカーのアイデンティティの内容を特徴づけるものがあった。業務の遂行過程で顕在しつつある問題の存在は，ソーシャルワークの存在意義が，利用者サイドから厳しく問われかねない内容を含んでいると銘記すべきであろう。ソーシャルワーカーの実践も「科学的証拠にもとづく実践」を志向する責務があるという。しかし，そこに留意すべき課題が顕在している。ソーシャルワーカー個々の考え方次第であるが，あたかも合理的な雰囲気を醸し出す理由を恣意的に付与しながら，実は，利用者の存在を片隅に追いやり，再び「ソーシャルワーカー中心主義」「ソーシャルワーカーによる操作主義」を現出するような「知識」への関心の高まりである。ソーシャルワーカーの実践も時に「自明性の罠」に陥

ることがある証左といえよう。

　本章が取り扱うクリティカル理論は，このような状況を踏まえ，①ソーシャルワーカーとして自己認識を深めることと併せて，内省的思考を繰り返しながらソーシャルワーカーのアイデンティティを体現した支援の展開をいかに現出するか，②その場面で求められるソーシャルワーカーとしての職務遂行能力（実践力）をいかに高めるか，といった課題と向き合う際の枠組みを提示するものである。

1　ソーシャルワーカーのアイデンティティの喪失と混迷

　社会福祉基礎構造改革（2000年）以降に新たに出現した「格差社会」は，人間らしく暮らすに難しい状況を顕在させた。そこには，個々人のうちにある経験や勘等によって形作られる慣習行動化された対処方法の範囲を遙かに超えた「苦しみの構造」[(1)]が横たわっているといえよう。このような状況を克服するにあたり，ソーシャルワークは，利用者の「語り」や「現実」に寄り添うことで可能となる「利用者の暮らしから発信」する取り組みの必要性を理論的に明らかにし，ソーシャルワーカーは，強靱かつ新鮮な思考力の涵養を図り，新たな事態に向き合うための「分析視角」を自らのうちに取り込むように求められてきている。

　なぜならば，ソーシャルワークは，多様な形態からなる協働作業の成果を蓄積し，利用者主体の視点を重視し，利用者の「暮らし」＝「現実」に寄り添いながら取り組むシステムや組織の再編成に貢献してきたからである。また，多様な実践場で，ソーシャルワークは，単独で，あるいは，いくつかを組み合わせながら実践の方法や方略（strategy）として取り込み，「公」からではなく，利用者から寄せられた期待や要請に応える機能を担ってきたからである。

　ところが，ソーシャルワーカーによる業務遂行過程にも，看過できない問題が多く噴出している。そして，それらの問題を生み出す元凶の一つにソーシャルワーカーとしての実践力の脆弱さを指摘する向きもある。例えば，ソーシャ

ルワーカーは，利用者個々の「人権」の擁護者として機能することを期待されている一方で，自らが利用者に対する「差別と選別と抑圧」の加担者になっているという二面性の問題，すなわち，権威（authority）が権力（power）に変容し，その慎重な使い分けもないまま，利用者に対してソーシャルワーカーへの服従関係を強いてきたような実践の実態がそれである。その典型例が，居住型の社会福祉施設内における施設職員による利用者への「不適切なかかわり」，すなわち，体罰や虐待に代表される暴力問題といえよう。これまでの支援関係では対等・平等の視点を強調しつつも「ソーシャルワーカー中心主義（worker centered）」ともいえるような状況が払拭できないままにあり，そのため，ややもするとソーシャルワーカーが意のままに利用者を「操作する」「あやつる」ような状況が常態化してしまっている。今日の「不適切なかかわり」の蔓延は，そのことへの内省が欠けた事態が沸騰した状態といえるのかもしれない。私たちが知っていること，知っていると思い込んでいることは，必ずしも絶対的でない場合が多い。したがって，本章が扱うクリティカル理論から，私たちは，自分が知っている事柄の修正をたえず必要としていることの示唆を受けることになる。

　ところで，市民生活の中で日常的な営為として繰り広げられるようになった，何かの助けを必要とする人に「手をさしのべる」かかわりと，「利用者の暮らしから発信」するかかわりの間には，はたして，同じ地平に立って説明できる「側面」を見出すことができるであろうか。もし，「手をさしのべる」ことが，一人ひとり人間の経験や勘に頼るだけで良いものであるならば，ここで，「側面」について問い直すことも，また，ソーシャルワークのあり方を学ぶ必要性について強調することもなくなる。「手をさしのべる」かかわりは，利用者一人ひとりの生活に影響を及ぼし，結果，以後の暮らしを良い意味でも悪い意味でも変える力になることがある。

　また，個人のみならず，家族や地域社会における生活のあり方を変えるだけではなく，置かれた環境や社会そのものを変える力になりうる場合もある。このような力を含み込んでいる「手をさしのべる」かかわりは，常識的な対応と

して行われるべきものであろうか。多様な側面から話される利用者の「語り」や「現実」と向き合うにあたり，日常的な体験から得られた常識的な知識に依拠したり，慣習や慣行，惰性等による行為がもたらす問題性に気がつくことがないとするならば，そのこと自体が「不遜な態度」といえるかもしれない。ソーシャルワークを揶揄するような「小さな親切，大きなお世話」「社会福祉の常識，世間の非常識」なる表現は，社会福祉に注がれている利用者の実感なのかもしれない。

したがって，自らのうちにある，気づくに難しい「不遜な態度」を内省し，対等・平等の視点から「市民的努力で形成する社会福祉」を協働しながら作り上げる取り組みの一員となるには，何らかの自己変革が求められていることを自覚したい。社会福祉専門職と非専門職とのボーダレス化の時代にあって，本章が，人間の尊厳を重視する視座に立ってソーシャルワーカーのアイデンティティの「共有化」を強調する所以である。

人口減少化の時代にあって，社会福祉は，あらためて制度改革の断行を余儀なくされたが，その端緒は，いわゆる「2005年改革」[2]である。この改革過程では，階層格差，地域格差の拡大化問題との向き合いに関する実践課題も浮上してきた。従来の生活問題とはまったく異質な「格差」や「差別」「排除」等の課題に対して，利用者の生活を支援し権利を擁護する取り組みをいかに展開できるかが問われている。社会福祉とセーフティネットのと関係が論じられるようになったのも，この頃からであった。前述したソーシャルワークを駆使した実践を取り巻く混乱は，このような状況への対応にネガティブに影響しかねないものがある。したがって，本章が標榜するクリティカル理論とは，社会福祉としての支援に参与するすべての人びとが，同じ地平に立つための「分析視角」の「明確化」と「共有化」に貢献したいとする願いを込めたものとしておきたい。

2 内省的思考と自己理解

　現実に取り組まれているソーシャルワーカーとしての職務遂行過程に見出せる苦悩と困難に共通する課題は，科学としての社会福祉の基底を支える基礎となる学問（discipline）が未だ明確になっていないことと関連して，ソーシャルワークに関する「思考形式」に共通性・一貫性が欠け，そのため，専門性を唱える共通基盤（common ground）との同一化も図りにくい構造によってもたらされたと考える。したがって，ここで検討すべき素材となる現実の中には，これまで「自明の理」のように取り組まれてきたソーシャルワークそのものも含まれることになる。ソーシャルワークが，利用者の生活に，そして，ソーシャルワーカーとして織りなす業務全般に，どのような影響を及ぼし，効果をもたらしたのかについても検討の素材にすべきなのである。

　社会福祉の実践現場に身を置くと，利用者の語りや生活の営みの中から「きしみ」「苦悩」「悲鳴」「諦め」の声が聞こえてくる。しかも，社会福祉サービスとの出会いが，新たな生活の営みを構築する契機になることもあるが，社会福祉の組織が，あるいは，ソーシャルワーカーをはじめとする支援者が，利用者の権利を侵襲する存在として立ちはだかる場合もある。それを利用者の生活の中に散見する「苦しみの構造」と表現したが，その構造にはこのような二重の意味があることを認識しておかなければならない。ソーシャルワーカーは，その「現実」とどのように向き合うべきか。

　社会福祉の実践現場は，規模としては小さな組織であることが多い。この規模の小ささは，特定の考え方や存在が絶対的な影響力として機能し，時としてそれと対峙することが必要な状況（葛藤）が生じても，その影響力の大きさゆえに適切に向き合えなくなる場合もある。結果として，有能な人材は次第に枯渇し，ますます絶対的な力に「従順」に従う「文化」「関係」が浸透することで，「課題」「問題」の見落としに一段と拍車がかかることになる。このような不祥事を起こす温床にもなりかねない「文化」「関係」が組織の中にある以上，

問題を起こした当事者や組織上の責任者を処罰しても本質的な解決に至らないことは明白である。不祥事を，処罰を受けた人が引き起こした特殊な「事故」であり，その意味で他人ごととする限り，その「事故」を自己にも内在する課題としてとらえることはできないし，不祥事を生んだ「文化」「関係」を組織から払拭することも難しい。では，不祥事を生んだ「文化」「関係」を組織の構成員が共通の課題として外在的に受け止めることははたして可能であろうか。本章は，その手がかりを「分析視角」の共有化をめざす作業に求めてみたい。

一見揺るぎない，疑いの余地のない証拠や現実のように見えても，実際には多様な見方や認識の仕方があることは，多くのソーシャルワーカーが共通して実感してきたところである。すると，証拠や現実を解釈することと知識とは相互に関連し合い，そこから浮上する実態は，実は絶対的なもの／普遍的なもの／科学的なものとして存在するわけではないことに気がつくことになる。このような考え方を一つ前に進めてみると，知識とは／証拠や情報とは／現実とは，誰が認めたものなのかとの問い直しも必要になることが明らかになろう。現実，証拠や情報，知識とは，少しも客観的でも普遍的でも科学的でもないことがわかる。

したがって，本章で言及するクリティカルな視点に立った思考方法では，語られる現実が，一体どのような価値観や立場に依拠したものなのかに着目し，分析することを重視する。言い換えると，何がどのように表現されているかについて，何よりも言葉に注目し，その「語り」がどのように構築されているのかを分解すること，すなわち，脱構築分析と再構築及び内省を思考方法の共通した枠組みとすることを重要視する。社会科学分野で台頭してきたクリティカル理論とは，このような考えをベースに体系化されてきた点に特徴がある。

現実，情報，知識そのものを脱構築，再構築することを強調するクリティカル理論に依拠するクリティカルな視点に立った思考方法とは，ソーシャルワークを駆使した支援の過程で，利用者各人が体験した現実についての「語り」に耳を傾け，分析しながら，「人間の尊厳」を実体化するための共通基盤を築く試みを意味することにもなる。そして，その結果が，ソーシャルワーカーのア

第13章　ソーシャルワークの新たな展開③

イデンティティの確立に貢献するものと考えたい。

　ソーシャルワーカーを取り巻く状況の中に苦悩と困難が垣間見られる限り，個々のソーシャルワーカーは，社会福祉専門職として向き合う課題にどのように介入するかの理論（知識）とそれに支えられた支援方法の共有化に向けた努力を止めることはできない。その際，支援の過程で，ソーシャルワーカー自身が，これまでのような安直な経験至上主義と結びつきやすい傾向にあった生活改善あるいは課題解決に実際に役立ったと自ら認識した方略に検討を加えてきた方法から抜け出す必要がある。つまり，自分の意見（信念・信条）や感想（持論：practice theory-in-use）を絶対視することなく，他のとらえ方と相対化する中で，内省的に自己の知見を点検する意識的な作業（→自己認識）と併せて，利用者が直面している「現実」への分析・理解を欠落させない視点に立つ介入方法（→それは「現実」を客観的に見る，あるいは，主観的に見るということではなく，利用者にとって何が「現実」であり，それをソーシャルワーカーとしてどのような価値観に立って認識しようとしているのかを把握すること）を共有することである。

　なお，ここで言及するクリティカルな視点に立った思考方法とは，松岡敦子が提唱するストレングス（strength）を重んじた実践理論のことをいう。[3]その特質は，希望や可能性との関連で利用者のストレングスに着目しながら再構築を進める点にある。以下，ここでは，ソーシャルワーカーとして取り組む支援の過程で利用者の「現実」を認識する際に，ソーシャルワーカー自らがその思考の過程で動員している要素を点検する意識的な作業を欠落させない「分析視角」として，次節以降では九つの項目を取り上げたい。

3　暮らしにおける関係性の構造特徴をつかむ
　——ソーシャルワークとクリティカル理論①

　本節では，ソーシャルワーカーとして利用者の「語り」や「現実」に寄り添うことを可能とする「分析視角」として四つの項目を取り上げてみたい。

（１）社会構造と制度

　クリティカルな視点に立った思考方法は，ソーシャルワーカーに対して，利用者と社会構造や制度の関係に着目し，その状況を分析する必要を説く。その際，具体的には何を分析の対象とするのか。それは，社会構造や制度を形作る要素にもなるが，地位，学歴，年収，性別，人種，偏見，差別，地域等があり，各々の要素は，相互に関連し影響を及ぼす関係にある。以下，具体例を挙げながら説明する。

　社会構造と関係して学歴や人種，性別が問題となり地位等に影響を及ぼす場合がある。女性であるため不本意な地位に置かれたり，納得のいかない指示や要請に振り回されるような事態がその典型例である。ある人が，同じ人間であるにもかかわらず，民族（出自）の違いを理由に差別を受けることがある。これは，民族の違いが社会における地位を示す例であり社会構造の構成要素となっていることを示している。

　年齢，偏見，差別，地域も社会構造との関連でとらえる必要がある。「都会がいい」「田舎者は駄目」のような表現も差別であり，「方言ではなく標準語で話すようにする」との思いも差別との関連で形成されている場合がある。これらは，いずれも社会構造が生み出す一つの価値の表れといえよう。さらに，社会構造との関連では，障害に関する問題がある。障害者／健常者は，そのような言葉自体が差別的である。違った扱いを受ける人が見る現実は，その立場に置かれていない人が見る現実と必ずしも同じにならないことがある。差別される者，差別する者の関係がそのような状況をもたらしている。

　ここでは，制度が障害者をどのように支援しているのか，障害者自身がそのような立場をどのように感じているのか，制度がその当事者をどのように見ているのかを把握することで，現実の問題性をさらに明確にすることができる。例えば，昇進も制度として平等であるべきだが，女性からすると「昇進しにくい」「昇進できない」という現実は，女性に力がないのでなく，制度や構造が平等に作られていないためということにもなる。

（2）価　　値

　例えば，年配者は重要な地位に就くべきという考えがある。あるいは，健常者が，障害のある人間よりも優れているという見方もある。いずれも，それを唱える個人，組織，社会が持つ一つの価値の表れである。したがって，そこに介在する価値を分析することで，制度がどのように作られているのかを把握する良いきっかけが得られることもある。

　日常の出来事として，どちらを選択するのか判断に迫られた時，そこに介在するのが価値といえよう。何かを選択する時，多くの考えが頭の中をよぎる。その際，価値からの影響を受けざるを得ない。ソーシャルワーカーとして判断し，利用者への対応を図る場面では，多様な価値が交叉している様子がわかる。ソーシャルワーカーは，その一つひとつの状況を把握しながら，重要な事柄は何か，どこまで把握できているのかを整理し，状況を分析する。したがって，内省とは「どのようなことをしたのか」だけにとどまらず，「どのような価値に基づいて私は物事を判断したのか」「それは社会構造の何に影響を受けてのものか」「制度からどのような影響を受けたのか」と考え，理解に努めることをいう。さらに，その制度の中でどのように暮らしているのか，あるいは，制度をどのように変えることで差別や偏見，偏りがなくなるのかを考えることになる。

（3）力関係・権力

　社会構造や制度と価値の関係の中では抑圧に関する問題にも注目する必要がある。抑圧は，力関係や権力が介在しているがゆえに問題性を含んでいるからである。社会構造や制度を概観すると，そこには上下関係の存在が明らかになる。いかなる制度も完全な形で機能していないため，上下関係の問題を内包している。それが下地になりある種の力関係が生じる。力関係は，社会構造や制度に大きく左右される側面があり，個々人に及ぼす影響力が社会構造や制度を大きく変える契機になる事実にも注目しておきたい。

　この力関係をソーシャルワークの中で見ていくと，ソーシャルワーカーと利

用者が，可能な限り対等な関係にあるよう配慮すべきことがわかる。それは，利用者本人の意見が，支援の過程に反映されやすい場や関係を作り出すことになるためである。したがって，両者の関係が平等か否かを分析するには，この力関係を検討するとよいことになる。

　ソーシャルワーカーも専門家として力や知識を持っている。知識は権力そのものではなく権力につながるものといわれているが，力の一つとして機能することは間違いない。ソーシャルワーカーも，ある種の知識を持ち，制度を熟知しており，それを駆使して何かを動かすこともできるからである。

　一方，利用者は力がないかというと必ずしもそうではない。利用者も，暮らしを通じて得た豊かな知識や経験を持っている。さらに，利用者にも家族や友人がいたり，そのことが利用者に大きな影響力を及ぼす場合がある。したがって，ソーシャルワーカーは，そのような力を汲みとり，活用しながら，個々人が持つ影響力の構造や特徴をとらえる必要がある。つまり，ソーシャルワーカーの価値のみを重視するのではなく，利用者の価値にも重きを置くことが力関係を是正していく上で重要になる。

　ソーシャルワークの場面でも，人間関係のプレッシャーがなくなると，人は素直に話ができる場合がある。対等な関係を実感できると，自分が陥っている状況をソーシャルワーカーに説明する際も，相手と自分の関係を冷静に分析しながら説明できるようになる。そのような「語り」に耳を傾けることにより，ソーシャルワーカーは利用者のとらえている世界を認識することも可能になる。

　このようなかかわりは，これまで，ラポール（rapport＝信頼関係）を図る取り組みとして説明されてきた。しかし，ラポールは，必ずしも力関係に配慮していたと限らない。そこでは，ソーシャルワーカーが利用者の語りを反復・反映するやり方を通じて信頼関係の形成に努力し，最終的には利用者が自分で解決できる道筋を発見できるよう働きかける過程を重視してきたからである。つまり，ラポールとは，ソーシャルワーカーが利用者から話を聞き出しやすい環境を作ることであり，その場面では，利用者に何かを話さなければならないというプレッシャーをかけていたとも考えられよう。いわゆる「非対称性」の問

題である。結果，力関係を考えることでソーシャルワーカーと利用者の間に生起する逆機能的働きかけへの気づきを促すことになる。

（4）抑　　圧

　抑圧の課題は力関係や権力との関連から顕在する。例えば，子どもにとっては，教師や親に言いたいことも言えない，女性にとっては，自分が女性であるため発言しにくい状況の存在がこれに該当する。あるいは，障害があるがゆえに行動を制約され，そのために受ける抑圧も多いと感じる人もいるに違いない。障害について本人がどのように受け止めていようが，私たち自身が，制度として欠格条項的なものまで規定していることも含めて，社会的な偏見や差別と抑圧を織り交ぜながら障害の事実を見ている側面が浮上してくる。

　そこで，ソーシャルワーカーには，個人レベルで決めつける欠格条項的なもの，制度が規定する欠格条項，あるいは文化的な形をとる欠格条項等の意味と現実を十分把握することが求められる。例えば，わが国の場合，単一民族として形作る「日本の文化」を語る一方で，実はそのこと自体が一つの抑圧になっている事実も散見する。そのため，特定の，あるいは，少数の人びとを差別する歴史が存在した。そこには文化的な差別があり，制度的にも差別を助長していた側面があった。そのことが当事者には抑圧となり，力はあるが自己実現の道を塞ぐ状況に追いやられた人びとも存在した。このような状況が抑圧の一部となり，何かを無言のうちに押し付けているような事態も垣間見られた。

　そのため，ソーシャルワーカーでさえ，選択肢そのものを利用者に押しつけるようなことも行ってきた。確かに，制度的に，また，時間的な制約や課題の緊急性ゆえに押し付けざるを得ないこともある。それでも，最終決断は，当事者に委ねる必要がある。ソーシャルワーカーによる温情主義的な押し付け（パターナリズム）は抑圧の表れといえよう。ただし，抑圧そのものを認識できていても，それを排除する方向で即座に対応できるか否かは別問題である。しかし，抑圧を生む構造が理解できているならば，徐々に事態が変化することも期待できる。

4　利用者に寄りそう方法をつかむ
――ソーシャルワークとクリティカル理論②

　本節では、ソーシャルワーカーとして利用者の「暮らし」＝「現実」に寄り添いながら取り組むシステムや組織を再編成したり、利用者の生活を支援し権利を擁護することを企図した実践の方法や方略の構築を可能とする「分析視角」として五つの項目を取り上げてみたい。

（1）協働性

　協働性を伴う支援となるには、社会構造や制度、力関係、私たちが持っている価値、抑圧の状況を見ていく必要がある。そして、この協働性への志向では、ソーシャルワーカーとして可能な限り対等な立場に立つことが求められる。クリティカルな視点に立った思考方法では、これができるか否かを重視する。

　実際の支援の過程では、どうしてもソーシャルワーカーが主導的になりがちとなる。しかし、協働の場面では、ソーシャルワーカーと利用者が、これから何をするかという「契約」を取り結ぶことになる点に着目したい。この場面では、ソーシャルワーカーから一方的に、あるいは押し付けるのでもなく、利用者の納得を得ながら進めることが肝要となる。ソーシャルワーカーとして、ただ単に一緒に進めているから協働をしていると思い込んではならない。時間的制限もあるが、利用者の意思を重視する取り組みが重要となる。

　なお、利用者の意思とソーシャルワーカーの目標が一致できるよう努める場合、すなわち、「契約」を成立させる場合、ソーシャルワーカーは、自分の持っている何かが利用者にとって抑圧とならないために可能な限り対等な形で「契約」を結べる配慮が必要になる。そうすることによって協働性が生まれてくる。したがって、社会構造や制度、力関係、抑圧、価値等の内容と実態を理解しなければ、自分としては協働性の構築に努めていると思っていても実際には押し付けであったり、一方的であったりする事実を見落とすことになる。

(2) 言葉・語り

　協働性のあり様は，価値や力関係，抑圧の状況等を理解し分析するソーシャルワーカーの力量によって影響を受ける。そのような力を高めるには何が必要になるのか。それは，利用者の言葉や語りに着目することである。

　利用者に「現実」をどのように受け止めているのかを尋ねる時，ソーシャルワーカーとしては，その人の「語り」や言葉が何を表現しているのか，言葉の持つ意味を考える必要がある。また，言葉で表現されるものが同じ現象でも，世界や時代が変わるととらえ方も大きく違ってくることについて考慮すべきであろう。したがって，ソーシャルワーカーと利用者が，お互いに言葉や「語り」で表現している事柄は同じでも，「現実」のとらえ方，理解の仕方によって同じ「現実」をとらえていない場合も生じてくることに留意したい。

　なお，クリティカルな視点に立った思考方法は，利用者とソーシャルワーカーの目線や意味のすれ違いも問題とするが，その違いを明らかにしようとしているのではない。利用者の訴えを踏まえ，ソーシャルワーカーとして「そうですか」「状況を少し説明して下さい」と尋ねるのは，利用者が「現実」をどのように「語り」，とらえているのかを分析する必要を感じているからである。利用者が語っている状況を把握しながら，お互いに共有できる「現実」を作り上げられるよう努めることが肝要である。認識の共有を図ることで「現実」の「語り」に変化が生まれるかもしれないし，利用者の生活の安全を守れるかもしれない。また，そのような状況の創出につながっていく可能性もある。重要なことは，言葉が表す「現実」は何かを再確認することである。ソーシャルワーカーが利用者の言葉について「このように受け取れますが」と語りかけることで，利用者の自覚が促されることもある。その結果，利用者が自らの置かれている状況に積極的に向き合えるような変化も生まれたりする。

　ここでもう一つ理解しておきたいことは，言葉が持つ社会的な意味合いである。

　私たちは，言葉を使うことで多様な現実を描くことになる。現実とは，単にそこにあるというものではなく，私たちが選択する言葉によって作り上げられ

ているのである。しかも，その言葉には，私たち自身の価値観が内包されている。ところが，言葉が媒介する時，語った人と理解した人の間に認識のズレが生じることもある。クリティカルな視点に立った思考方法が関心を示す「語り」は，例えば「あなたが語られた言葉から，私はこのように理解したのだけれども，この理解の仕方でいいですか」のように，ソーシャルワーカーが自分の言葉で理解した内容を利用者に伝えていく点に特徴がある。仮に，ソーシャルワーカーが利用者の語った言葉を用いても，それを単に反復するだけでなく，もう少し深い意味合いを探ることになる。その場合，利用者が語ったことに対し，ソーシャルワーカーは「なるほど，お話をして下さったことについて，あらためて私はこのような理解ができたのですが，それでいいですか」と尋ねることになる。そのような過程を経て，最終的にはソーシャルワーカーの言葉でなくなり，利用者の言葉や「語り」になるのである。言い換えると，利用者の現実をソーシャルワーカーのレンズを通じて見ていた時代とは異なり，利用者のレンズを通じてソーシャルワーカーが利用者の現実に接近していくことがクリティカルな視点に立った思考方法の大きな特徴である。

（3）希望・可能性

　希望，可能性は，困難に直面している場合，その事態を乗り切る原動力になることがある。例えば，信頼できるはずの人から虐待を受けたり，薬物依存に陥ったり，餓死寸前に陥ったり等，絶望の淵にあっても，そのような困難を切り抜け，教育を受ける機会を得たり，就労したりすることで事態を乗り切れる者がいることは事実である。そのような「成功例」を実際に見聞することは，困難に直面した時，将来への希望や可能性を見出す契機になることがある。ソーシャルワーカーは，そこで見出せた可能性を一つひとつ現実に結びつけていくかかわりを考えることになる。また，ソーシャルワーカーは，希望の明かりを持ち続けられる達成可能な目標を作り，成功体験をストックできる支援を企図する。

　なお，希望や可能性への働きかけは，困難を乗り越えた人の話を聴くだけに

とどまらない。友人もなく，孤立し，絶望していた人が，ソーシャルワーカーから褒められることで，自覚できていなかった自分の力を可能性として認めることができる場合もある。これまでのようなソーシャルワーカーの聞き出し方であると，利用者中心とはいいつつも，本当は包括的に受け止めてはいなかった可能性が残る。本人の「語り」を単に繰り返しているだけでは，その人の全体像をとらえていたのかが判然としないことになる。ナラティブの視点に立つことにより，その人の見方で理解を深めることができ，その人が希望することやその人の持つ可能性を理解できるようになるかもしれない。

　このようにして，ソーシャルワーカーとその人が，希望や可能性を認めていくことで新しい対応の方向が見えてくるかもしれない。同時に，制度の欠点が明確になり，より包括的な制度を生み出す契機になることもあろう。このように，クリティカルな視点に立った思考方法では，希望や可能性が大切な位置を占めることになる。

（4）ストレングス

　ストレングス（strength）・アプローチとは，従来までの利用者の課題を個人の病理・欠陥ととらえ，それを治療するとしてきた立場と異なり，利用者の潜在性に絶対的信頼を寄せ，利用者が対処し，生き抜き，回復し，成長し，変化するあり方・可能性に着目しつつ支援することをいう。利用者の積極的な側面，長所に焦点を当て，ソーシャルワーカーと利用者がパートナーシップを形成しながら向き合うことが，このアプローチの最大の特徴であり本質である。ソーシャルワーカーは，利用者が理解できる言葉を活用し，利用者の「語り」に耳を傾け，利用者の持っている生活技術・強み・能力を見出し，利用者自身もそれに気がつき，支援を受ける過程で活かしていく。このような視点は，社会における有益な資源の選択肢の分配や機会の確保，資源の発見と創造に結びつけるものであり，社会正義や人としての尊厳性と密接な関係にある。

　そこで，クリティカルな視点に立った思考方法が可能性や希望を大切にするのは，利用者の力（ストレングス）や長所を見出すことで利用者自身の可能性

や希望の発見につながるとの思いがあるためである。クリティカルな視点に立った思考方法は，利用者のストレングスを活かしながらゴールを達成する上で役に立つような社会や利用者自身の資源の発見に努め，それを活用しながら利用者の夢や希望の実現に貢献できるよう機能する。その際に不可欠なのは，個人の長所や今まで気がつかなかったもの，頑張り耐えてきたもの，すなわち，困難な状況を跳ね返す力（resiliency）を見出すことである。それをソーシャルワーカーが敬意を表するように「大変頑張られたのですね」と語りかけ，そのように受け止めている事実を伝えることで，利用者に元気がわき上がり，新しい方向が見えてくることにもなる。同時に，今まで使ってこなかった個人の資源も活かせるようになる。

（5）社会資源──利用者（個人）の資源と社会の資源

　社会資源は，ストレングス・アプローチの視点に立つと，個人の資源と社会の資源に分けて考えることもできよう（個人の資源と社会の資源は相互に関連していることはいうまでもない）。

　社会の資源とは，多様な形態からなる生活課題を解消するために準備された社会福祉の諸サービスを提供する際に活用する人，物，制度等々を総称して用いる。具体的には，各種の法律，施設・機関・団体，設備，資金，専門家，ボランティア，市民の理解と協賛，あるいは，有形・無形の資源等が含まれる。そして，ソーシャルワークは，このような多様な資源と利用者の間を「橋渡し」する作業を行うことになる。「橋渡し」の方法は多岐にわたるが，そこでは，利用者のストレングスをいかに引き出すかの課題と関連させて検討されなければならない。

　個人の資源とは，各人が持つ特性，才能，プライド，教育を通して得たもの，生活の知恵・ストーリー，逆境に立ち向かう過程で習得・獲得したもの，生活知等のことをいう。これとは別に，ソーシャルワーカーは，社会の資源にはどのようなものがあり，どのような資源がコミュニティの中にあるのかを理解していなければならない。そのようなことを認識することによって，何か（資

源）があれば臨機応変に使う機会も生まれてくることになる。コミュニティにおける資源の分布状況を知らなければ，何か問題が起きても，どのような選択可能な資源があるのかを考えることもできない。また，コミュニティの中にあるストレングスを見逃すことにもなる。しかし，見方を変えると，ストレングス・アプローチを企図することで，今まで見逃していた社会の資源もとらえ直すことができる。

ま と め

　社会福祉制度の基礎構造に関する議論が展開されて以降，社会福祉の立場から繰り広げられるソーシャルワークの体系は，利用者によってサービスが選択され，利用することを決定できる支援システムへと変革する途をたどっている。そこには，これまでと明らかに異なるコンセプトが見てとれる。ソーシャルワーカーとして担う機能と役割の遂行は，久しく制度化された一定の枠組み（システム）の中で取り組むことを基本としてきた。しかし，今日では，利用者中心の視点に立って，場合によっては，既存の枠組み（システム）をはるかに超え，利用者が必要とする「制度」や「体制」の変革を志向すること，すなわち「社会変革」を視野に入れるべきとする論考も散見されるようになった。そのため，ソーシャルワーカーは，自分を知る作業（＝自己認識）と併せて，利用者としての個人，集団（組織），地域，社会（政治・文化）等の現状をいかに認識できるかも厳しく問われるようになっている。人びとの暮らしに多くの苦悩と困難が横たわる中で，ソーシャルワークの目的を以下のように説明しておきたい。

　社会正義の実現を志向すること，個人の独自性や尊厳性を守るため利用者のエンパワメントの強化に努めること，自己決定を促し自己実現の達成を支援すること，すなわち，人の「社会的に機能する力（social functioning）」の強化に貢献することにあると。これは，ソーシャルワークの大義（cause）と呼ぶこともできる。したがって，本章で言及した思考方法とは，このような目的の実現

に向けて取り組まれる支援の過程をクリティカルにとらえようとする（critical perspective）点に特徴がある。

　すなわち，ソーシャルワークとはソーシャルワーカーが利用者とともに直面している，あるいは，認識している諸困難と建設的に向き合う過程のことをいう。しかし，建設的に向き合うこととは，肯定的にすべての事柄を受け入れるということではない。クリティカルな視点に立った思考方法では，私たちが当然のように思い込んでいる事柄（価値，制度，対処方法等も含む）をあらためて見直し，分析していくことを重視する。要するに，現実の社会的経済的政治的状況を踏まえ，利用者が置かれている現実の全体像を鳥瞰図的に把握し，分析した上で，困難をもたらす構造を利用者と協働しながら理解し，対応策を創り出していくことをいう。したがって，クリティカル理論とは，単に「批判すること」ではなく，「内省」し，一見揺るぎなく疑いの余地のない証拠や現実を「脱構築」しながら，利用者の「語り」を手がかりに，支援の過程を利用者とともに「再構築」するための「思考の方法」であることが明らかになろう。

注
(1) 稗田里香による造語。詳細は，稗田里香「〈コンピテンス〉を促進するソーシャルワークに関連する実証的研究」（2003年度明治学院大学大学院修士論文）を参照されたい。
(2) 「2005年改革」については，『社会福祉研究』鉄道弘済会が，第94号（2005年）・第95号（2006年）の各々で「特集」として取り上げている。
(3) 詳しくは，松岡敦子「クリティカル・ソーシャルワークと家族への支援」『社会福祉研究』第88号，鉄道弘済会，2003年，41-47頁，および，北川清一・村田典子・松岡敦子「脱構築（deconstruction）分析による事例研究──ソーシャルワーカー・アイデンティティの形成を目指して（その１）（その２）」『ソーシャルワーク研究』Vol. 31, No. 2／Vol. 31, No. 3, 相川書房，2005年，61-69頁・55-65頁，北川清一・松岡敦子・村田典子『演習形式によるクリティカル・ソーシャルワークの学び──内省的思考と脱構築分析の方法』中央法規出版，2007年，を参照されたい。

参考文献

小山聡子「豊かな知識と批判的精神を育むソーシャルワーク教育――現状の整理とクリティカルな視点からみた今後」『ソーシャルワーク実践研究』第4号，ソーシャルワーク研究所，2016年，2-15頁。

松岡敦子「ソーシャルワーク専門職のグルーバル定義が示す実践とは――これからのソーシャルワーク教育」『ソーシャルワーク実践研究』第3号，ソーシャルワーク研究所，2016年，2-13頁。

あとがき

　社会福祉の領域でソーシャルワークを取り上げる際，久しく，学問的には「横文字を縦文字にするだけの非科学的なもの」と揶揄され，仕事の仕方としては常に「カウンセリング」との異同が問われてきた。間もなく，そのような指摘への一つの応答として，ソーシャルワークの「日本的展開」「専門性」について社会福祉の実践分野の違いを超えて論じられるようにもなった。その時々の先覚の努力の跡から，今も学ぶべきものが多い。

　現在，社会福祉士をはじめとする社会福祉関連国家試験制度の下で養成された資格取得者のための職域拡大を企図してのことか，ソーシャルワークに連辞符を付した表記法が増えている。司法ソーシャルワーク，学校ソーシャルワーク，保育ソーシャルワーク等がそれである。社会福祉学の学びとは異質な学的体系を持つ領域とクロスオーバーするような新たなソーシャルワークを論じる時に，なぜ，どのような組み合わせをすることで，新たなものを作り出せるのかの緻密な議論もないまま用語だけが飛び交う状況に，歴史が踏襲されないソーシャルワークの閉塞状況を感じる。多くの先覚が実践現場で草の根を耕すように希求してきた取り組みの成果のような「形」になっていないのはなぜなのか。

　そこで，本書は，社会福祉専門職の資格化の促進と，それに伴う各種の制度改革が進展する中で，ソーシャルワークの取り組みに新たな課題が浮上していることに警鐘の意味を込め，学びの視座の共有が急務であることを論じた。国家試験制度の発足以降，人びとの暮らしに散見される生活課題の解消に向けた社会福祉の支援活動の場で駆使される道具について，これを社会福祉援助技術として呼称する流れに与せず，世界共通用語としてのソーシャルワークを論じる点を本書の特徴とした。あえて日本語に訳し直さず，時間を超えて，民族の違いを越えて人と環境の関係を語り合える時代に備えたいとの願いを込めてのものである。

2017年1月

　　　　　　　　　　　　　　　　　　　　　　　　　　　編　　者

索　引

あ　行

愛他的感情　45
アイデンティティ　189
アウトリーチ　132, 133
青い芝の会　72
アカウンタビリティ　119, 145, 215
アクション・リサーチ　205
アセスメント　135, 162
アドボカシー　88
アルコール健康障害対策基本法　216
医学モデル　170
生きづらさの構造　107
意思決定支援　78, 79
意思決定能力　77, 78
　　──法　76
意図的な感情表現の原則　69, 70
意図的な面接技法　153
医療社会事業専門職員　29
インシデント方式（事例研究）　159
インテーク　133
インフォーマルな資源　142
インフォームドコンセント　215
インボランタリー・クライエント　134
ウェーバー，M.　40
ウェブ調査　210
エコマップ　141, 170, 177
エコロジカルモデル　170
エスノグラフィー　214
エビデンス（証拠）　216
エリザベス救貧法　20
援助関係の展開過程　67, 131
エンパワ（ー）メント　34, 59, 185
　　──アプローチ　171
応用調査　205
大きな決定事項　73, 75, 142
お金（貨幣）　122
岡村重夫　43

か　行

解釈主義的視点　211
外的妥当性　210
介入技法　173
科学的証拠　219
学習理論　174
「過去-現在-将来」の文脈　73, 79
課題中心アプローチ　175
語り　222, 224, 231
価値　227
間接的介入　143
間接的資源　122
神田橋條治　152
管理機能　126
危機介入アプローチ　174
記述式（記録）　156
基礎調査　205
基礎となる学問　223
ギッターマン，A.　176
機能学派　168
希望　232
基本的人権　44
逆境を跳ね返す力　112, 206
救世軍　28
教育機能　126
教会　17
共感　117
共通基盤　223
共同金庫の規定　20
協働作業　193
協働性　230
キリスト教社会主義　27
記録法　149, 154
『近代都市における良き隣人』　23
久保紘章　196
グラウンデッド・セオリー　214
クリティカルな思考　13

241

クリティカル理論　220
傾聴　151, 193
契約　230
現地調査　204
権利擁護活動　88
権利擁護システム　89
権力　180, 227
効果評価　206
交互作用　9, 39
構造的面接　153
行動主義アプローチ　173
幸福追求権　44
項目式（記録）　156
国際ソーシャルワーカー連盟　34, 165
国際ソーシャルワーク学校連盟　165
国際連合　4
互助　5
個人情報　155
個人的自己　82
個人の資源　234
コックス, E.　186
言葉　231
個別化の原則　68, 70
コミュニティソーシャルワーカー　132
コミュニティソーシャルワーク　98
孤立化　108
ゴールドシュタイン, H.　194
困難な状況を跳ね返す力　234
コンピテンス　193

　　　　　　さ　行

再アセスメント　145
再構築　224, 236
サリービィ, D.　48, 194
ジェネラリスト　120
　　──・アプローチ　170
ジェノグラム　141
支援関係　108
支援契約　117
支援実施　118
支援の過程　161
支援の「道具」としての自己　85
支援目標　118

思考形式　223
思考の枠組み　2
自己活用　82
自己決定　9
　　──の原則　69, 70
　　──の尊重　49
自己肯定感　197
自己効力感　187
自己実現　35
自己認識　12, 220, 225
自己非難　188
自己理解　223
支持機能　127
自助　5
システムエラー　54
慈善活動　18
慈善事業家が協同する地域社会の諸力　24
慈善組織協会　21, 22
自尊感情　187
実践アプローチ　167
実践環境を整える　93
実践者の違いによる個別処遇の特徴　30
実践の科学化　166
実践モデル　167
質的リサーチ　207
児童保護協会　21
嶋田啓一郎　36
ジャーメイン, C.　176
社会構成主義　180
社会構造と制度　226
『社会事業個別取扱の実際』　29
社会資源　118, 234
『社会診断』　23
社会生活機能　39
社会正義　41, 90, 200
社会調査　214
社会的機能　198
社会的に機能する能力　11
社会的排除　108
社会的不正義　195
社会に機能する力　235
社会の資源　234
社会福祉基礎構造改革　11, 220

索　引

社会福祉士及び介護福祉士法　101
社会福祉調査法　204
社会福祉の政策主体　8
社会福祉リサーチ　203
社会変革　90
集団比較実験計画法　213
修道院　17
守秘義務　215
受容　152
　——の原則　69, 70
自立　9
　——支援　8, 36
事例研究法　149, 158, 214
新救貧法　20
シングル・ケース・デザイン　146
人権尊重　44
診断学派　168
信頼関係　117, 152, 181, 228
心理社会的アプローチ　172
スティグマ化　189
ストレングス　136, 225, 233
　——視点　179, 194
　——モデル　136, 171, 178
スーパーバイザー　125
スーパーバイジー　125
スーパービジョン　96, 124
図表式（記録）　156
生活権　44
生活史チャート　141
生活場面接　154
生活歴　138
制度の狭間　98
生命の尊厳　38
聖路加国際病院社会事業部　29
世界人権宣言　43
世俗的宗教の労働　20
絶対的ニーズ　121
説明責任　48, 145, 215
セツルメント活動　25
　——における人格の交流　28
セルフアドボカシー　88, 198
セルフヘルプグループ　146, 188
戦時厚生事業　31

　——を推進する専門職の制度化　31
全米ソーシャルワーカー協会　34
専門職業的自己　82
専門職倫理　51
専門職連携　98
専門的なソーシャルワークの基盤　22
側面的支援　199
組織コミュニケーション　94
組織的障壁　92
ソーシャルアクション　88
ソーシャルインクルージョン　42, 61
ソーシャル・ケース・ワーク　23
『——とは何か』　23
ソーシャル・サポート・ネットワーク　122
ソーシャルサポートネットワークアプローチ　178
ソーシャルワーカー機能としてのアドボカシー　92
ソーシャルワーカーのアイデンティティ　222
ソーシャルワーカーのジレンマ　92
ソーシャルワーク教育協議会　35
ソーシャルワーク実践の基礎的定義　33
ソーシャルワーク専門職のグローバル定義　165
ソーシャルワークの大義　235
ソーシャルワークの展開過程　131
ソーシャルワーク・リサーチ　203
ソロモン，B.　185

た　行

対象者　115
対等の生活原理　10
他者理解　12
脱構築　224, 236
ターナー，F.　169
多様性の尊重　41
単一事例実験計画法　146, 214
短期目標　142
地域福祉権利擁護事業　89
小さなサイズの決定事項　72
力関係　227
チームアプローチ　47
チームワーク　118

243

長期目標 142
調査研究デザイン 211
調査に基づく慈善事業 23
直接的介入 143
強い個人 107
　──の限界 107
強み 143
適応 177
デニスン, E. 25
デマンズ 110
ドイツ人街救済協会 21
トインビーホール 26
統制された情緒的関与の原則 69, 70
トータルケアシステム 120
トライアンギュレーション 209

な 行

内省的思考 220, 223
ナイチンゲールの誓詞 52, 53
内的妥当性 210
中園康夫 201
仲村優一 150
ナラティブモデル 171, 180
ニーズ 38, 121
2005年改革 11, 222
日常生活自立支援事業 89
ネイバーフッド・ギルド 27
ネットワーク 118
ノーマライゼーション 42

は 行

ハイアラーキー 190
バイオグラフィー 214
バイステック, F. P. 67, 68, 70, 81-83, 134
博愛精神 18
パターナリズム 14, 73, 178
パートナーシップ 179, 233
バートレット, H. M. 40
バーネット, S. A. 26
ハーバード方式（事例研究）159
ハル・ハウス 27
パワー 191
　──・インバランス 192

　──ダイナミックス 187
バーンアウト 124
反省的実践 196
ピアカウンセリング 200
ピア・グループ・スーパービジョン 97
非審判的態度の原則 69, 70
非対称性 228
必需財 121
人手としての資源 122
人と環境の接点 143
批判主義的視点 211
ヒポクラテスの誓い 52, 53
秘密保持 49
　──の原則 69, 70
ヒューマンエラー 54
評価 149, 162
ビンター, R. 166
フェノメノロジー 214
フォーマルな資源 142
物質的な資源 122
不適切なかかわり 219
ブトゥリム, Z. T. 42, 78
フロイト, S. 168
分析視角 224, 230
分配の正義 195
分離不安 147
ベスト・インタレスト 77
ベネディクトゥス 17
弁護（代弁）的機能 88
保健婦が取り組む個別処遇 30
ボーダレス化の時代 222
ボランタリー・クライエント 134
ホリス, F. 172
本人の最善の利益 77

ま 行

マイクロカウンセリング 153
マイノリティグループ 186
『貧しい人たちへの友愛訪問──慈善事業家のためのハンドブック』22
マッピング技法 141
マハヤナ学園 29
ミックス法 209

索　引

無力化　192
メインストリーム　128
面接技術　117
面接技法　149
モニタリング　118, 144, 162, 204
問題解決アプローチ　175

や・ら　行

役割理論　169
やりくり　7
友愛訪問　23
抑圧　229
ライフモデル　176
ラウントリー，B. S.　203
ラポール　→信頼関係
リカバリー概念　112
リスクを負う権利　10
リッチモンド，M. E.　150, 168
リーマー，F.　47
利用者主体　197
利用者の力　233
量的リサーチ　207

倫理綱領　34, 46, 51
倫理審査　215
倫理的ジレンマ　46, 56
倫理的配慮　215
ルターの宗教改革　19
レジリエンス　150, 206
レドル，F.　154
ロイヤリティのジレンマ　94

欧　文

ADL　37, 139
CAS　→児童保護協会
COS　→慈善組織協会
CSWE　→ソーシャルワーク教育協議会
FK モデル（事例研究）　160
IASSW　→国際ソーシャルワーク学校連盟
IFSW　→国際ソーシャルワーカー連盟
Life　80, 81
NASW　→全米ソーシャルワーカー協会
QOL の向上　37
SOL　→生命の尊厳

執筆者紹介（所属，執筆分担，執筆順，＊は編者）

＊北川 清一（きたがわ せいいち）（編著者紹介参照：第 1 章・第13章）

坪井 真（つぼい まこと）（作新学院大学女子短期大学部幼児教育学科教授：第 2 章）

＊久保 美紀（くぼ みき）（編著者紹介参照：第 3 章・第10章・第11章）

川向 雅弘（かわむかい まさひろ）（聖隷クリストファー大学社会福祉学部教授：第 4 章・第 6 章）

福田 俊子（ふくだ としこ）（聖隷クリストファー大学社会福祉学部教授：第 5 章・第 8 章）

稗田 里香（ひえだ りか）（武蔵野大学人間科学部教授：第 7 章・第 9 章・第12章）

編著者紹介

北川清一（きたがわ・せいいち）
　1952年　北海道生まれ。
　1978年　東北福祉大学大学院社会福祉学研究科修士課程修了。
　現　在　ソーシャルワーク研究所所長・明治学院大学名誉教授。
　主　著　『三訂・児童福祉施設と実践方法――養護原理とソーシャルワーク』（編著）中央法規出版，2005年。
　　　　　『ソーシャルワーク実践と面接技法――内省的思考の方法』相川書房，2006年。
　　　　　『演習形式によるクリティカル・ソーシャルワークの学び――内省的思考と脱構築分析の方法』（共著）中央法規出版，2007年。
　　　　　『未来を拓く施設養護原論――児童養護施設のソーシャルワーク』ミネルヴァ書房，2014年。

久保美紀（くぼ・みき）
　1995年　同志社大学大学院文学研究科社会福祉学専攻博士後期課程満期退学。
　現　在　明治学院大学社会学部教授。
　主　著　『ソーシャルワーク理論を学ぶ人のために』（共著）世界思想社，2000年。
　　　　　『ソーシャルワークの技能』（共著）ミネルヴァ書房，2004年。
　　　　　『ソーシャルワークの理論と実践――その循環的発展を目指して』（共著）中央法規出版，2016年。

　　　　　　　　　　シリーズ・社会福祉の視座　第2巻
　　　　　　　　　　　ソーシャルワークへの招待

　2017年4月10日　初版第1刷発行　　　　　　　〈検印省略〉
　2023年3月30日　初版第4刷発行
　　　　　　　　　　　　　　　　　　　　　　定価はカバーに
　　　　　　　　　　　　　　　　　　　　　　表示しています

　　　　　　　　　　　編　著　者　　北　川　清　一
　　　　　　　　　　　　　　　　　　久　保　美　紀
　　　　　　　　　　　発　行　者　　杉　田　啓　三
　　　　　　　　　　　印　刷　者　　江　戸　孝　典

　　　　　　　　　　　発行所　株式会社　ミネルヴァ書房
　　　　　　　　　　　607-8494　京都市山科区日ノ岡堤谷町1
　　　　　　　　　　　　　　　　電話代表　(075)581-5191
　　　　　　　　　　　　　　　　振替口座　01020-0-8076

　　　　　　© 北川清一・久保美紀ほか，2017　共同印刷工業・藤沢製本

　　　　　　　　　　ISBN978-4-623-07951-3
　　　　　　　　　　　Printed in Japan

シリーズ・社会福祉の視座
（全3巻）
Ａ５判・並製カバー・各巻平均250頁

第1巻　社会福祉への招待　　　　　　　　北川　清一　編著
　　　　　　　　　　　　　　　　　　　川向　雅弘

第2巻　ソーシャルワークへの招待　　　　北川　清一　編著
　　　　　　　　　　　　　　　　　　　久保　美紀

第3巻　子ども家庭福祉への招待　　　　　北川　清一　編著
　　　　　　　　　　　　　　　　　　　稲垣美加子

―――――――― ミネルヴァ書房 ――――――――
https://www.minervashobo.co.jp/